Otto N. Bretzinger |
Richtig vererben und verschenken

Unser Service für Sie

Wenn neue Gesetze und Verordnungen in Kraft treten oder sich zum Beispiel Förderbedingungen oder Leistungen ändern, finden Sie die wichtigsten Fakten in unserem Aktualisierungsservice zusammengefasst. Mit dem Klick auf www.ratgeber-verbraucherzentrale.de/aktuell sind Sie dann ergänzend zu dieser Auflage des Buches auf dem neuesten Stand.

Diesen Service bieten wir so lange, bis eine Neuauflage des Ratgebers erscheint, in der die Aktualisierungen bereits eingearbeitet sind. Wir empfehlen, Entscheidungen stets auf Grundlage aktueller Auflagen zu treffen. Die lieferbaren aktuellen Titel finden Sie in unserem Shop: www.ratgeber-verbraucherzentrale.de

Dr. Otto N. Bretzinger

Richtig vererben und verschenken

BELEGEXEMPLAR

verbraucherzentrale

Inhalt

1 Allgemeines übers Vererben und Verschenken

8 Individuelle Lebenssituation
12 So stellen Sie ein Vermögensverzeichnis auf

2 Wenn Vermögen zu Lebzeiten übertragen werden soll

18 Motive für die lebzeitige Vermögensübertragung
18 Vor- und Nachteile der lebzeitigen Vermögensübertragung
19 Instrumente zur lebzeitigen Vermögensübertragung

3 Wenn über die gesetzliche Erbfolge übertragen werden soll

42 Gesetzliche Erbfolge mit Überraschungseffekt
42 Grundsätze des gesetzlichen Erbrechts
46 Gesetzliches Erbrecht nicht ehelicher Kinder
48 Gesetzliches Erbrecht der Eltern und Geschwister

4 Wenn das Vermögen durch Testament oder Erbvertrag übertragen werden soll

58 Verfügungen von Todes wegen
59 Testierfreiheit
60 Gesetzliche Zuwendungsverbote
61 Testier- und Geschäftsfähigkeit
63 Eigenhändiges Testament
68 Notarielles Testament
71 Gemeinschaftliches Testament der Eheleute
77 Berliner Testament
86 Erbvertrag

5 Welche erbrechtlichen Anordnungen getroffen werden können

98 Erbeinsetzung

101 Einsetzung eines Ersatzerben
103 Enterbung
104 Vor- und Nacherbfolge
112 Vermächtnis
122 Auflage
125 Testamentsvollstreckung
129 Anordnungen für die Auseinandersetzung der Erbengemeinschaft
131 Familienrechtliche Anordnungen
133 Regelung des „digitalen Nachlasses"
136 Rechtswahlbestimmung bei Vermögen im EU-Ausland

6 Warum bei der Nachlassplanung Pflichtteilsansprüche zu berücksichtigen sind

140 Grundsätzliches zum Pflichtteilsrecht
140 Pflichtteilsberechtigte Personen
141 Anspruch auf den Pflichtteil
142 Höhe des Pflichtteils
145 Restpflichtteil
145 Pflichtteil bei Anrechnung von Zuwendungen zu Lebzeiten
146 Pflichtteilsergänzung bei Schenkungen der vererbenden Person
149 Vermeidung und Beschränkung von Pflichtteilsansprüchen

7 Welche steuerlichen Gesichtspunkte zu beachten sind

158 Steuerpflichtige Zuwendungen
159 Steuerfreie Zuwendungen
161 Bewertung des Vermögens
162 Abzug von Nachlassverbindlichkeiten
163 Berechnung der Steuer
167 Persönliche Steuerpflicht
167 Entstehung und Fälligkeit

168 Individuelle steuerliche Gestaltungsmöglichkeiten

8 Wie über Vermögen in individuellen Lebenssituationen verfügt werden kann

176 Vermögensübertragung auf den Ehemann oder die Ehefrau
183 Verfügungen getrennt lebender Eheleute
183 Verfügungen geschiedener Eheleute
185 Vermögensübertragung auf die Kinder
192 Vermögensübertragung in der Patchworkfamilie
195 Vermögensübertragung auf den nicht ehelichen Lebenspartner
198 Vermögensübertragung auf verschuldete Personen
200 Verfügungen einer alleinstehenden Person
201 Testamentarische Gestaltung für die Versorgung von Tieren

Anhang

204 Stichwortverzeichnis
208 Impressum

1

Allgemeines übers Vererben und Verschenken

Sonja Schmidt möchte ihr Haus an ihren Sohn Thomas übertragen. Sie ist sich allerdings noch nicht sicher, ob sie die Übertragung bereits jetzt, als vorweggenommene Erbfolge, oder erst später nach ihrem Tod vornehmen soll. Einerseits will sie sich nicht mehr als Eigentümerin um das Haus kümmern, andererseits fällt es ihr auch schwer, sich von der Immobilie, die sie bewohnt, zu trennen.

IN DIESEM KAPITEL ERFAHREN SIE,

warum für Ihre Entscheidung Ihre individuellen Lebensumstände von Bedeutung sind ■ **Seite 8**

welche rechtlichen Rahmenbedingungen Sie beachten sollten ■ **Seite 9**

warum es sinnvoll ist, zunächst eine Bestandsaufnahme Ihres Vermögens zu machen ■ **Seite 2**

was Sie bedenken sollten, wenn Sie Ihr Vermögen zu Lebzeiten oder nach Ihrem Tod übertragen wollen
■ **Seiten 9** und **10**

wie Sie ein Vermögensverzeichnis aufstellen ■ **Seite 11**

Individuelle Lebenssituation

Wenn Sie sich mit der Frage befassen wollen oder müssen, Vermögen auf Ihren Ehemann, Ihre Ehefrau, dem Menschen, mit dem Sie als Paar zusammenleben, oder Ihre Familienangehörigen zu übertragen, ist eine Reihe jeweils individueller Gesichtspunkte zu berücksichtigen. Zunächst sollten Sie Ihre momentanen persönlichen, finanziellen und rechtlichen Lebensumstände ermitteln und beurteilen.

Es empfiehlt sich, auch bereits absehbare Veränderungen zu berücksichtigen. Und nicht zuletzt sollten Sie sich darüber klar werden, welche individuellen Wünsche und Interessen Sie mit Ihren vermögensrechtlichen Entscheidungen verfolgen wollen.

Beginnen Sie zunächst mit einer Bestandsaufnahme Ihrer aktuellen persönlichen Lebensumstände. Dabei hilft die folgende Checkliste. Halten Sie Ihre Antworten auf diese Fragen schriftlich fest – das kann Ihnen die Entscheidung erleichtern, wann und an wen Sie Ihr Vermögen übertragen wollen.

✔ **CHECKLISTE: BESTANDSAUFNAHME**

☐ Sind Sie ledig, verheiratet, geschieden oder leben Sie in einer nicht ehelichen Lebensgemeinschaft?

☐ Wenn Sie verheiratet sind: In welchem Güterstand leben Sie mit Ihrem Ehemann oder mit Ihrer Ehefrau?

☐ Ist Ihre Ehe harmonisch, befindet sich Ihre Ehe in einer Krise oder ist sogar eine Scheidung beabsichtigt?

☐ Waren Sie bereits verheiratet?

☐ Sind Ihre Familienangehörigen geschäftsfähig?

☐ Sind Ihre Familienangehörigen verschuldet?

☐ Haben Sie (eheliche/nicht eheliche) Kinder?

☐ Mit welchen Familienangehörigen verstehen Sie sich am besten?

☐ Mit welchen Familienangehörigen haben Sie persönliche Probleme?

☐ Versteht sich Ihr Ehemann oder Ihre Ehefrau mit den Kindern?

☐ Kommen Ihre Kinder miteinander klar oder gibt es Probleme?

☐ Haben Ihre Kinder Eheprobleme?

☐ Können Ihre Familienangehörigen pflichtbewusst mit Vermögen umgehen?

Überprüfen Sie nach der Bestandsaufnahme Ihrer persönlichen Lebenssituation Ihre aktuelle Vermögenslage. Fertigen Sie eine schriftliche Vermögensaufstellung an (siehe dazu auch Seite 5). Wenn Sie verheiratet sind, ordnen Sie die einzelnen Vermögenswerte der Person zu, der sie gehören. Bedenken Sie auch, dass sich Ihre wirtschaftliche Situation gegebenenfalls verändern kann (zum Beispiel Ruhestand, Erbansprüche).

Auf der Grundlage Ihrer Vermögensaufstellung sollten Sie anschließend die rechtlichen Rahmenbedingungen klären. Prüfen Sie insbesondere, ob und inwieweit Sie bereits rechtlich wirksame Verfügungen getroffen und ob Sie in der Vergangenheit schon Vermögenswerte an einzelne Familienangehörige übertragen haben. Die folgende Checkliste hilft Ihnen, hierbei alle wichtigen Fragen im Blick zu behalten.

✓ **CHECKLISTE: RECHTLICHE RAHMENBEDINGUNGEN**

- ☐ Haben Sie bereits ein Testament verfasst?
- ☐ Bestehen rechtliche Bindungen durch ein gemeinschaftliches Testament mit Ihrem Ehemann oder Ihrer Ehefrau?
- ☐ Bestehen rechtliche Bindungen durch einen Erbvertrag?
- ☐ Haben Sie bereits in der Vergangenheit Vermögenswerte auf Ihre Familienangehörigen übertragen?
- ☐ Welche Familienangehörigen würden im Wege der gesetzlichen Erbfolge erben?
- ☐ Welche Familienangehörigen könnten gegebenenfalls Pflichtteilsansprüche geltend machen?
- ☐ Haben Sie gesetzliche Unterhaltsverpflichtungen?
- ☐ Haben Sie Versorgungsverpflichtungen?
- ☐ Bestehen Erb- und/oder Pflichtteilsverzichtsverträge?
- ☐ Haben Sie eine Lebensversicherung? Wenn ja, wen haben Sie in der Police als bezugsberechtigte Person genannt?

Im nächsten Schritt sollten Sie sich mithilfe der nachfolgenden Fragen über Ihre persönlichen Interessen und Wünsche klar werden. Detaillierte Informationen zu den Fragekomplexen finden Sie in diesem Ratgeber (siehe die entsprechenden Verweisseiten) – einschließlich vieler Empfehlungen, um Ihr Problem zu lösen.

→ **DAS IST WICHTIG:** Überlegen Sie zunächst, wann Sie Ihr Vermögen übertragen möchten, noch zu Lebzeiten (siehe Seite 9) oder erst im Wege der Erbfolge (siehe Seite 10).

Wenn Sie sich von Vermögensteilen zu Lebzeiten trennen wollen, bedenken Sie bitte:

▶ Welche Motive veranlassen Sie zu dieser Entscheidung? (siehe dazu Seite 8)
▶ Wie sieht dann Ihre wirtschaftliche Versorgung aus?
▶ Ist Ihnen bewusst, dass die lebzeitige Vermögensübertragung Auswirkungen unter anderem auf etwaige Pflichtteilsansprüche hat? (siehe Seite 140)
▶ Wollen Sie die lebzeitige Vermögensübertragung von Gegenleistungen des Zuwendungsempfängers abhängig machen (zum Beispiel Rentenzahlung)? (siehe dazu Seite 30)
▶ Wollen Sie sich das Recht vorbehalten, die Zuwendung unter bestimmten Voraussetzungen wieder rückgängig zu machen? (siehe dazu Seite 34)
▶ Wen wollen Sie mit der Vermögensübertragung absichern – sich selbst, Ihren Ehemann oder Ihre Ehefrau, Ihre

Kinder oder andere Familienangehörige?
▶ Wem räumen Sie Priorität bei der Versorgung ein?
▶ Wollen Sie einzelne Familienangehörige bevorzugen?
▶ Wollen Sie einzelne Familienangehörige enterben?
▶ Wollen Sie Ihr Vermögen möglichst innerhalb der Familie gebunden wissen?
▶ Haben Sie rechtliche Unterhalts- oder Versorgungsverpflichtungen?
▶ Bestehen bereits wirksame Schenkungs- und Übergabeverträge? (siehe dazu Seite 19).

Wenn Ihr Vermögen erst nach Ihrem Tod auf Ihre Familienangehörigen übergehen soll, bedenken Sie bitte:

▶ Entspricht die gesetzliche Erbfolge (siehe Seite 42) Ihren Wünschen? Oder wollen Sie davon abweichen und ein Testament (siehe Seite 59) erstellen oder einen Erbvertrag (siehe Seite 85) abschließen?
▶ Können Sie frei über Ihr Vermögen verfügen oder unterliegen Sie erbrechtlichen Bindungen (zum Beispiel durch ein gemeinschaftliches Testament nach dem Tod Ihres Ehemanns oder Ihrer Ehefrau oder durch einen Erbvertrag)?
▶ Wollen Sie im Rahmen Ihrer Nachlassplanung gewährleistet wissen, dass Ihre Vorstellungen auch nach Ihrem Tod berücksichtigt werden und wollen Sie Ihre Erben dahin gehend binden?

Erbschaftssteuer

1

- Sind für Sie steuerliche Gesichtspunkte bei der Vermögensübertragung von Bedeutung? (siehe dazu Seite 158)
- Wollen Sie Ihr Vermögen vor Gläubigerzugriffen schützen? (siehe dazu auch Seite 198)

Im Rahmen Ihrer Wünsche und Interessen sollten Sie auch berücksichtigen, dass die Person, die Sie versorgen wollen, im Erbfall über genügend Barmittel verfügt, um die Nachlassverbindlichkeiten (Pflichtteilsansprüche, Steuern, Bestattung usw.) erfüllen zu können. Beispielsweise könnte Ihr Ehemann in arge finanzielle Bedrängnis geraten, wenn er im Fall der Fälle nicht ausreichend liquide ist.

Letztlich liegt die Entscheidung bei Ihnen, wann und wie Sie Ihr Vermögen übertragen. Diese zu treffen, ist in vielen Fällen sicherlich nicht leicht. Und möglicherweise werden nicht alle Beteiligten zufrieden sein. Leider gibt es kein Patentrezept für die richtige Strategie. Insbesondere gibt es kein Testament „von der Stange". Jeder Fall liegt anders. Gleichwohl zeigen wir Ihnen ab Seite 176 für typische Vermögens- und Familienverhältnisse gängige erbrechtliche und finanzielle Lösungen zur Vermögensübertragung auf, bewerten sie und stellen mögliche Gestaltungsmodelle vor.

➡ **GUT ZU WISSEN:** Sinnvoll kann es sein, Ihre Wünsche und Interessen mit den nächsten Familienangehörigen, insbesondere mit Ihrem Ehemann, Ihrer Ehefrau und den Kindern zu besprechen. Alle Beteiligten sollten ihre Vorstellungen offen darlegen. Das kann als Orientierung für die richtige Strategie dienen.

So stellen Sie ein Vermögensverzeichnis auf

Wenn Sie Vermögen übertragen wollen, sollten Sie sich zunächst einen vollständigen Überblick über Ihre aktuelle Vermögenssituation verschaffen. Deshalb ist es ratsam, ein aktuelles Vermögensverzeichnis zu erstellen, in dem alle Vermögensgegenstände aufgelistet werden (siehe Muster).

Bei Verheirateten ist es sinnvoll, für jeden Ehepartner jeweils ein Vermögensverzeichnis anzulegen. Darin sollte festgehalten werden, welche Vermögenswerte bereits vor der Ehe bestanden und welche während der Ehe erworben wurden. Später kann ein derartiges Verzeichnis unter Umständen im Rahmen des Zugewinnausgleichs von Bedeutung sein.

In Ihrer Vermögensübersicht müssen Sie auch Ihre derzeitigen und eventuell künftigen Verbindlichkeiten berücksichtigen. Sie sollten auch prüfen, in welchem Zeitraum Sie Ihre Verbindlichkeiten abbauen oder unter Umständen Vermögensübertragungen zu Lebzeiten mit der Übertragung von Verbindlichkeiten verknüpfen wollen (wie zum Beispiel die Übertragung des Wohnhauses an ein Kind gegen Übernahme der Belastungen in Form von Grundschulden).

Beachten Sie auch, dass sich der Wert Ihres Gesamtvermögens und der Wert einzelner Vermögensgegenstände noch ändern können. Insbesondere wenn Sie mittels vorweggenommener Erbfolge Ihr Gesamtvermögen oder Vermögensteile übertragen wollen, müssen Sie auf der Grundlage Ihrer jetzigen Vermögenssituation eine Prognose über Ihre künftigen finanziellen Verhältnisse vornehmen. Kalkulieren Sie in diesem Zusammenhang Ihre Ausgaben eher großzügig, zu erwartende Einnahmen hingegen eher zurückhaltend.

Aufstellung der Vermögenswerte und Schulden

1

Stand:	Ehefrau (in Euro)	(Ehemann (in Euro)
Vermögen		
Bargeld		
Guthaben auf Girokonten, Sparkonten, Sparverträgen und sonstigen Spareinlagen		
Wertpapiere		
Forderungen aus Lebensversicherungen		
Forderungen aus Bausparverträgen		
Forderungen aus Darlehen		
Ansprüche aus Erbschaften		
Beteiligungen an Kapital- oder Personengesellschaften		
Grundvermögen (Grundstücke, Eigentumswohnungen, Erbbaurechte)		
Anteile an geschlossenen Immobilienfonds		
Kraftfahrzeuge		
Eine bescheidene Lebensführung übersteigende Hausratsgegenstände (zum Beispiel Möbel, Fernsehgeräte, wertvolle Gebrauchsgegenstände)		
Rechte oder Ansprüche aus Urheber- oder Patentrechten		
Betriebsvermögen		
Sonstiges Vermögen		
Vermögen insgesamt		

14 Allgemeines übers Vererben und Verschenken

Stand:	Ehefrau (in Euro)	(Ehemann (in Euro)
Schulden		
Verbindlichkeiten gegenüber Banken		
Verbindlichkeiten aus Bausparverträgen		
Sonstige Verbindlichkeiten gegenüber Dritten		
Schulden insgesamt		

ZUSAMMENGEFASST – DAS IST WICHTIG:

1

Berücksichtigen Sie bei der Frage, ob Sie Vermögen bereits zu Lebzeiten oder erst nach Ihrem Tod auf Ihre Angehörigen übertragen wollen, vor allem Ihre persönlichen Lebensumstände.

Klären Sie die rechtlichen Rahmenbedingungen und prüfen Sie insbesondere, ob und inwieweit Sie bereits rechtlich wirksame Verfügungen über Ihr Vermögen getroffen haben.

Befassen Sie sich eingehend mit Ihren Wünschen und Interessen, wenn Sie Ihr Vermögen oder einen Teil davon bereits zu Lebzeiten oder erst durch Erbfolge übertragen wollen.

Erst wenn Sie sich über Ihre Wünsche und Interessen im Klaren sind, sollten Sie entscheiden, ob Sie Vermögen zu Lebzeiten oder erst nach Ihrem Tod übertragen wollen.

Verschaffen Sie sich einen vollständigen Überblick über Ihre Vermögenssituation und fertigen Sie ein aktuelles Vermögensverzeichnis an. Berücksichtigen Sie dabei auch Ihre derzeitigen und künftigen Verbindlichkeiten.

2

Wenn Vermögen zu Lebzeiten übertragen werden soll

Sonja Schmidt hat sich entschieden, Ihrem Sohn das Haus doch schon zu Lebzeiten zu übertragen. Die Übertragung soll als Schenkung erfolgen. Sie möchte aber sicherstellen, dass sie bis zu ihrem Tod das Erdgeschoss bewohnen kann und ihr Sohn die Kosten der Instandhaltung und Instandsetzung übernimmt. Ferner soll gewährleistet werden, dass ihr restliches Vermögen nach ihrem Tod ausschließlich an ihre Tochter Hannah fällt.

IN DIESEM KAPITEL ERFAHREN SIE,

welche Vor- und Nachteile die lebzeitige Vermögensübertragung hat ■ **Seite 18**

in welchen Formen Vermögen übertragen werden kann ■ **Seite 19**

ob eine Schenkung widerrufen werden kann ■ **Seite 21**

welche Gegenleistungen Sie sich im Rahmen einer lebzeitigen Vermögensübertragung vorbehalten können
■ **Seite 28**

welche Konsequenzen die Vermögensübertragung auf das Erb- und Pflichtteilsrecht der gesetzlichen Erben hat
■ **Seite 33**

Motive für die lebzeitige Vermögensübertragung

Unter Umständen kann es sinnvoll sein, sich bereits zu Lebzeiten von Vermögenswerten zu trennen. In der Praxis stehen dabei häufig steuerliche Motive im Vordergrund. Davon allein sollten Sie sich aber auf keinen Fall leiten lassen. Vielmehr ist mit Blick auf die konkrete Vermögenssituation und künftige Entwicklungen zu entscheiden, ob aus familiären und/oder wirtschaftlichen Gesichtspunkten eine Vermögensübertragung bereits zu Lebzeiten in erster Linie den eigenen Interessen und den Interessen der nächsten Familienangehörigen entgegenkommt.

Wenn zu befürchten ist, dass es nach dem Tod der vererbenden Person, auch „Erblasser" genannt, Streit unter den Erbberechtigten geben wird, liegt es nahe, dass Sie bereits zu Lebzeiten den künftigen Nachlass regeln. Auch wenn sich Kinder eine eigene Existenz aufbauen wollen und dafür Kapital benötigen, kann eine lebzeitige Vermögensübertragung sinnvoll sein. Entsprechendes kann gelten, wenn in größerem Umfang Fremdkapital für die anstehende Renovierung Ihres Hauses gebraucht wird und in diesem Zusammenhang die Übertragung der Immobilie auf die Kinder mittels einer vorweggenommenen Erbfolge zweckmäßig ist. Und nicht zuletzt kann es sinnvoll sein, einzelne Vermögenswerte zu übertragen, um die schenkung- und erbschaftsteuerlichen Freibeträge besser ausnutzen zu können.

Vor- und Nachteile der lebzeitigen Vermögensübertragung

Bei den Überlegungen, Vermögenswerte zu Lebzeiten zu übertragen, sollten die Vor- und Nachteile sorgfältig gegeneinander abgewogen werden. Maßgebend sind aber letztlich allein Ihre individuellen familiären und wirtschaftlichen Lebensumstände. Sinnvoll kann es auch sein, fachlich fundierten rechtlichen und/oder steuerlichen Rat einzuholen. Und auch mit guten Bekannten kann sicherlich die eine oder andere Frage besprochen werden. In den nachfolgenden Checklisten sind einige wichtige Vor- und Nachteile der lebzeitigen Vermögensübertragung zusammengefasst.

Vorteile der Vermögensübertragung zu Lebzeiten:

► Werden Vermögensteile zu Lebzeiten übertragen, können die eigenen Lebensumstände und die der Nachfolgegeneration besser beurteilt und es kann entsprechend reagiert werden.

► Die Nachkommen erhalten Vermögen zu einem Zeitpunkt, zu dem sie es benötigen (zum Beispiel zur Gründung einer Familie oder zum Aufbau einer Existenz).

► Ihr Vermögen kann schrittweise übertragen werden. Damit haben Sie die Gelegenheit zu beobachten, wie Ihre Kinder oder Ihre Begünstigten damit umgehen. Sie können dann mit einer entsprechenden letztwilligen Verfügung noch reagieren und gegebenenfalls gegensteuern.

▶ Bei größerem Vermögen haben Sie die Möglichkeit, Steuerfreibeträge besser auszunutzen und die nachfolgende Generation damit steuerlich zu entlasten.

▶ Durch die Übertragung von Vermögenswerten zu Lebzeiten können Pflichtteilsansprüche beziehungsweise Pflichtteilsergänzungsansprüche bei geschickter Gestaltung minimiert werden.

▶ Regressansprüche des Sozialhilfeträgers werden vermieden, weil Schenkungen nach zehn Jahren nicht mehr zurückgefordert werden können.

Nachteile der Vermögensübertragung zu Lebzeiten:

▶ Sie verlieren Ihr Vermögen, selbst wenn Sie sich die Nutzung vorbehalten oder sich im Gegenzug Versorgungsleistungen zusichern lassen.

▶ Eine Vermögensübertragung zu Lebzeiten verlangt von Ihnen eine Prognose Ihrer künftigen Lebensumstände. Damit tragen Sie das Risiko, wie sich diese künftig wirtschaftlich entwickeln.

▶ Mit der Übertragung von Vermögenswerten verlieren Sie zwangsläufig an Einfluss, die Entwicklung von Lebensumständen Ihrer Familienmitglieder zu steuern.

▶ Die Durchführung einer vorweggenommenen Erbfolge kann erheblich höhere Kosten (insbesondere Notar- und Grundbuchkosten) verursachen als die Vermögensübertragung mittels des Erbrechts.

Instrumente zur lebzeitigen Vermögensübertragung

Zuwendungen zu Lebzeiten können rechtlich unterschiedlich ausgestaltet sein. In Betracht kommt insbesondere die Schenkung, die gemischte Schenkung oder die Schenkung unter Auflagen.

Schenkung

Die Schenkung ist eine unentgeltliche Zuwendung (§ 516 Abs. 1 BGB) einer schenkenden Person, oft als „Schenker" bezeichnet, an eine beschenkte Person, oft „Beschenkter" genannt. Diese Form der Zuwendung hat als Instrument der Vermögensübertragung zu Lebzeiten große Bedeutung.

Motive für eine Schenkung gibt es viele: So kann die vorzeitige Zuwendung von Vermögenswerten den Kindern beim Aufbau einer eigenen Existenz helfen. Lebenspartnerin, Lebenspartner oder eine dritte Person kann finanziell versorgt oder für Pflege- und Betreuungsleistungen entschädigt werden. Eine

Schenkung kann auch sinnvoll sein, wenn damit ein Erbverzicht der beschenkten Person verbunden wird. Auf diese Weise können die testamentarisch eingesetzten Erbberechtigten vor Pflichtteilsansprüchen geschützt werden. Durch eine Schenkung beziehungsweise einen Übergabevertrag kann etwa der eigene Betrieb oder das eigene Unternehmen noch zu Lebzeiten in jüngere Hände gegeben werden. Und schließlich können für eine Schenkung steuerliche Motive ausschlaggebend sein. Denn nach dem Erbschaft- und Schenkungsteuergesetz können die jeweils maßgebenden Freibeträge alle zehn Jahre geltend gemacht werden, sodass diese mehrfach genutzt werden können.

➜ **DAS IST WICHTIG:** Die Schenkung ist für die schenkende Person ein riskantes Rechtsgeschäft; schließlich verliert sie ihr Vermögen. Sie sollten deshalb gründlich überlegen, ob die Übertragung von Vermögenswerten zu Lebzeiten richtig und vernünftig ist. Eine Rückforderung ist nur in Ausnahmefällen möglich.

Bei der Schenkung ist zwischen der sogenannten Handschenkung und der Vertragsschenkung zu unterscheiden.

▶ Bei der Handschenkung wird die Zuwendung sofort vollzogen, das heißt, das Eigentum am geschenkten Gegenstand sofort übertragen. Typische Beispiele sind Geburtstags- und Weihnachtsgeschenke. Die Handschenkung bedarf keiner besonderen Form.

▶ Von der Handschenkung zu unterscheiden ist die Vertragsschenkung. In diesem Fall verpflichten Sie sich durch Vertrag zu einer unentgeltlichen Zuwendung. Das ist beispielsweise der Fall, wenn A sich verpflichtet, der Vertragspartei B seine Briefmarkensammlung zu schenken. Ein Schenkungsversprechen in dieser Form bedarf der notariellen Beurkundung. Wenn die Zuwendung allerdings vollzogen, der Schenkungsgegenstand also bereits übereignet wurde, ist die Schenkung auch ohne notarielle Beurkundung wirksam (§ 518 Abs. 2 BGB). Bei Grundstücksschenkungen ist neben der notariellen Beurkundung auch die Eintragung im Grundbuch erforderlich.

Zu beachten ist zudem, dass Sie unter Umständen auch für Mängel des geschenkten Gegenstands haften und von der beschenkten Person haftbar gemacht werden können. Allerdings haftet die schenkende Person gesetzlich grundsätzlich nur für Vorsatz und grobe Fahrlässigkeit (§ 521 BGB). Grob fahrlässig würde sie handeln, wenn sie nicht beachtet, was im konkreten Fall jedermann einleuchten musste. Das wäre beispielsweise der Fall, wenn der Schenker C die Beschenkte D nicht ausreichend darauf aufmerksam macht, dass das geschenkte Spielzeug nicht schadstofffrei ist und Gesundheitsschäden verursachen kann.

➡ DAS IST WICHTIG: Mit einer Schenkung verlieren Sie das Eigentum an der Sache. Eine Rückforderung oder ein Widerruf ist nur in wenigen Ausnahmefällen möglich. Deshalb kann es sinnvoll sein, sich im Schenkungsvertrag ein Rückforderungsrecht vorzubehalten (siehe auch Seite 34).

Wären Sie nach Ihrer Schenkung außerstande, einen angemessenen Unterhalt zu bestreiten oder die gegenüber Verwandten, dem Ehemann, der Ehefrau, dem Lebenspartner oder der Lebenspartnerin oder früherem Ehemann, Ehefrau, Lebenspartner oder Lebenspartnerin gesetzlich obliegende Unterhaltspflicht zu erfüllen, können Sie die Schenkung zurückfordern (§ 528 Abs. 1 BGB). Die beschenkte Person kann die Herausgabe allerdings dadurch abwenden, indem sie den für den Unterhalt erforderlichen Betrag zahlt. Die Rückforderung ist ausgeschlossen, wenn die Bedürftigkeit vorsätzlich oder durch grobe Fahrlässigkeit herbeigeführt wurde oder wenn zum Zeitpunkt des Eintritts der Bedürftigkeit seit der Leistung des geschenkten Gegenstands zehn Jahre verstrichen sind (§ 529 Abs. 1 BGB).

Sie können sich durch Widerruf von Ihrer Schenkung lösen, wenn sich der oder die Beschenkte durch eine schwere Verfehlung gegen Sie oder einen Ihrer nahen Angehörigen „groben Undanks" schuldig gemacht hat (§ 530 Abs. 1 BGB). Im Fall des Widerrufs können Sie dann verlangen, dass die Schenkung wieder herausgegeben wird. Ausgeschlossen ist der Widerruf, wenn Sie der beschenkten Person verziehen haben oder wenn seit dem

Zeitpunkt, ab dem diese von ihrem Widerrufsrecht Kenntnis erlangt hat, ein Jahr verstrichen ist (§ 532 BGB).

§ SO ENTSCHIEDEN DIE GERICHTE:
Grober Undank liegt vor, wenn der beschenkte Sohn die Vorsorgevollmacht seiner Mutter dazu nutzt, um sie dauerhaft – ohne ihren anderslautenden Willen angemessen zu berücksichtigen – in einem Pflegeheim unterzubringen (BGH, Az. X ZR 94/12).

Schenkungen unterliegen der Erbschaft- und Schenkungsteuer. Steuerpflichtig ist die beschenkte Person. Die Höhe der Steuer hängt vom Verwandtschaftsgrad zur schenkenden Person und von der Höhe der Zuwendung ab. Nahen Angehörigen, insbesondere Ihrem Ehemann oder Ihrer Ehefrau und den Kindern, stehen Steuerfreibeträge zu, innerhalb deren Grenzen keine Steuer anfällt. Schenkungsteuerfreibeträge können alle zehn Jahre voll ausgeschöpft werden.

➡ GUT ZU WISSEN: Wenn Sie ein großes Vermögen möglichst steuergünstig weitergeben möchten, sollten Sie frühzeitig mit der Planung beginnen.

In der Praxis wird eine steuergünstige Übertragung von Vermögenswerten häufig über Kettenschenkungen versucht. Aufgrund der unterschiedlichen Höhe der Freibeträge und der unterschiedlichen Steuerklassen kann es sinnvoll sein, eine Schenkung mehrfach steuerlich auszunutzen. Eine Kettenschenkung kann vorliegen, wenn die unmittelbare Schenkung vom Schenker an den Beschenkten steuerlich ungünstiger ist als die Einschaltung einer Zwischenperson.

BEISPIEL: Sie wollen Ihrer Enkelin 400.000 Euro schenken; bei einem Freibetrag von 200.000 Euro und einem Steuersatz von elf Prozent (zum Freibetrag und Steuersatz der Enkelin siehe Seite 164) wäre Schenkungsteuer von 22.000 Euro fällig.
Stattdessen schenken Sie Ihrer Enkelin nur 200.000 Euro. Die übrigen 200.000 Euro schenken Sie Ihrem Sohn zur Weitergabe an dessen Tochter (Ihrer Enkelin). In diesem Fall ist keine Schenkungsteuer fällig, weil die Schenkungen innerhalb der jeweiligen Freibeträge liegen. Hier könnten aber eine verbotene Kettenschenkung und damit ein steuerlicher Gestaltungsmissbrauch vorliegen.
Die übliche, weil einfachere Gestaltung wäre die gewesen, dass Sie Ihrer Enkelin die 400.000 Euro direkt und ohne Umwege geschenkt hätten.

Sie sollten in jedem Fall vermeiden, dass mit einer Schenkung ausdrücklich die Verpflichtung zur Weitergabe verbunden wird. Ferner sollte vor der Weitergabe eine „Anstandsfrist" von mindestens einem Jahr abgewartet werden.

· Bei einer Schenkung zu Lebzeiten ist immer zu beachten, dass diese den sogenannten Pflichtteilsergänzungsanspruch (siehe Seite 146) auslösen kann. Das ist grundsätzlich bei allen Schenkungen der Fall, die zehn Jahre vor dem Erbfall vorgenommen wurden.

Dabei gibt es folgende Ausnahmen:

▶ Kleinere Zuwendungen aus besonderem Anlass wie zum Beispiel Geburtstag, Weihnachten, Taufe, Jubiläum gelten als Anstandsschenkungen und bleiben bei Pflichtteilsergänzungsansprüchen unberücksichtigt.

▶ Entsprechendes gilt für Pflichtschenkungen. Hier kommen auch größere Zuwendungen in Betracht. Beispiel: Schenkung als Dank für unentgeltliche Pflege.

▶ Bei einer gemischten Schenkung ist nur der unentgeltliche Teil als Schenkung anzusehen, und nur hierfür besteht auch ein Pflichtteilsergänzungsanspruch.

Wenn Sie sich durch einen Erbvertrag (siehe Seite 85) oder durch ein gemeinschaftliches Testament (siehe Seite 71) in Ihrer Verfügungsfreiheit über Ihr Vermögen zum Zeitpunkt des Todes gebunden haben, können Sie zwar weiterhin über Ihr Vermögen verfügen, verschenken können Sie dieses aber nur noch mit Einschränkungen. Durch die gesetzlichen Regelungen über böswillige Schenkungen sollen die Erbberechtigten geschützt werden (§ 2287 BGB).

Damit die vererbende Person nichts verschenkt, um die festgelegten Erben zu schädigen, können diese im Erbfall daher von der beschenkten Person verlangen, dass diese das Geschenk herausgibt. Gibt es einen Erbvertrag oder ein gemeinschaftliches Testament, können Schenkungen nur aus „eigennützigen Zwecken" vorgenommen werden, das heißt nur dann, wenn Sie sich auf diese Weise gegenüber der beschenkten Person einen Vorteil verschaffen. Ein solches Eigeninteresse ist es beispielsweise, wenn ein Mann seiner Tochter eine Zuwendung zukommen lässt, um so seine eigene Pflege und Betreuung im Alter zu sichern.

→ **GUT ZU WISSEN:** Im Schenkungsvertrag sollten Sie Ihr Eigeninteresse an der Schenkung ausdrücklich festhalten, damit die durch Erbvertrag oder gemeinschaftliches Testament eingesetzten Erben die Schenkung nicht zurückfordern können. Die Beweislast für die Benachteiligungsabsicht liegt bei den Erbinnen und Erben.

Pflicht- und Anstandsschenkung

Unter einer Pflicht- oder Anstandsschenkung ist eine Schenkung zu verstehen, mit der Sie einer sittlichen Pflicht oder einer aus Anstand zu nehmenden Rücksicht entsprechen. So gehören zum Beispiel Gelegenheitsgeschenke zum Geburtstag oder zu Weihnachten zur Anstandspflicht. Eine sittliche Pflicht wäre es etwa, wenn die Schenkende D ihre unterhaltsbedürftigen Geschwister unterstützt. Ob im Einzelfall eine Pflicht- und Anstandsschenkung vorliegt, hängt nicht zuletzt von der Lebensstellung der Beteiligten und ihren persönlichen Beziehungen ab.

→ **GUT ZU WISSEN:** Pflicht- und Anstandsschenkungen unterliegen nicht der Rückforderung und dem Widerruf (§ 534 BGB), ebenso nicht der Pflichtteilsergänzung (§ 2330 BGB; siehe dazu Seite 146).

Gemischte Schenkung

Eine gemischte Schenkung liegt vor, wenn im Rahmen eines einheitlichen Rechtsgeschäfts (zum Beispiel eines Kaufvertrags) der Wert Ihrer Leistung der Gegenleistung des Empfängers nur zum Teil entspricht, die Vertragsparteien dies wissen und sich darin einig sind, dass der übersteigende Wert unentgeltlich gegeben wird.

🔍 **BEISPIEL:** Die Eltern übertragen an ihren Sohn ein Grundstück im Wert von 150.000 Euro gegen die Zahlung von 80.000 Euro.

Auf die gemischte Schenkung sind die gesetzlichen Regelungen über die Schenkung nur eingeschränkt anwendbar. So kommt zum Beispiel eine Rückforderung wegen Verarmung der schenkenden Person nicht in Betracht, sondern nur ein Geldanspruch.

Steuerlich muss der Vorgang in einen entgeltlichen und einen unentgeltlichen Teil aufgeteilt werden. Der unentgeltliche Teil des Geschäfts ist schenkungsteuerpflichtig. Dazu muss der Verkehrswert der Zuwendung abzüglich des Verkehrswerts der Gegenleistung ins Verhältnis zum Verkehrswert der Zuwendung gesetzt werden.

Rückforderung der Schenkung durch das Sozialamt

Leistungen der Sozialhilfe erhält nur, wer sich nicht selbst helfen kann. Bevor Leistungen gewährt werden, müssen Betroffene versuchen, alle sonstigen Ansprüche, die ihnen gegebenenfalls zustehen, zu realisieren. In diesem Zusammenhang müssen auch Ansprüche gegenüber anderen Personen geltend gemacht werden. Diesem Grundsatz der Nachrangigkeit der Sozialhilfe entspricht die Möglichkeit des Sozialamts, auf bereits vom Hilfeempfänger früher übertragenes Vermögen oder auf dessen gesetzliche Ansprüche gegen Dritte zurückzugreifen. Der Anspruch kann sich insbesondere gegen Beschenkte und Schuldner von Versorgungsansprüchen richten.

Der Träger der Sozialhilfe kann Ansprüche des Hilfeempfängers gegen Dritte auf sich überleiten. Als Ansprüche kommen solche aus Gesetz oder Vertrag in Betracht.

Große praktische Bedeutung hat heute der Rückforderungsanspruch zur Deckung des Notbedarfs einer verarmten schenkenden Person. Damit sollen Schenkende wieder in die Lage versetzt werden, ihren Unterhalt selbst zu bestreiten. Soweit der Hilfeträger diesen Notbedarf deckt, kann er den Anspruch auf Rückforderung der Schenkung auf sich überleiten. Damit wird der Hilfeträger Inhaber des Anspruchs.

Der Anspruch auf Rückforderung der Schenkung richtet sich gegen den Beschenkten, nach dessen Tod gegen die Erben. Haben Geschwister im Rahmen einer Grundstücksschenkung Abfindungs- und Ausgleichszahlungen vom Schenker erhalten, haften sie neben dem Beschenkten. Übergeleitet werden können nicht nur Rückforderungsansprüche aus einer reinen Schenkung, sondern auch solche aus gemischten Schenkungen und aus Schenkungen unter Auflagen.

Der Anspruch ist der Höhe nach beschränkt auf das, was die schenkende Person benötigt, um ihren Notbedarf zu decken. Ist wie bei einem Grundstück der Schenkungsgegenstand nicht teilbar, so kann der Hilfeträger verlangen, dass Beschenkte Wertersatz zahlen.

> **GUT ZU WISSEN:** Der Anspruch auf Rückforderung ist ausgeschlossen, wenn bei Eintritt der Bedürftigkeit die Schenkung mehr als zehn Jahre zurückliegt.

Sonstige Zuwendungsformen

Neben den Schenkungen kommen als Zuwendungsformen zu Lebzeiten die Ausstattung, die vorweggenommene Erbfolge und die ehebedingte Zuwendung in Betracht.

Ausstattung

Unter die sogenannte Ausstattung (§ 1624 BGB) fallen die Vermögenswerte, die einem Kind von Vater oder Mutter mit Rücksicht auf seine Heirat übertragen werden oder die darauf zielen, dass Tochter oder Sohn eine selbstständige wirtschaftliche Lebensstellung erlangen (zum Beispiel Aussteuer, Mitgift). Zur Ausstattung werden auch Rentenzahlungen, die Deckung von Verbindlichkeiten oder die Gewährung einer freien Wohnung gezählt. Ein Rechtsanspruch des Kindes auf Ausstattung besteht nicht. Maßgebend bei der Zuwendung ist, dass sie zum Zweck der Ausstattung erfolgte. Ohne Bedeutung ist, aus welchem Motiv die Zuwendung gewährt wurde.

> **SO MACHEN SIE ES RICHTIG:**
> **Zuwendung**
> Unser Sohn/Unsere Tochter _____ erhält als Zuwendung zur Erhaltung der Lebensstellung _____ Euro.

Eine Ausstattung stellt keine Schenkung dar. Die gesetzlichen Vorschriften über die Rückforderung wegen Verarmung der schenkenden Person und über den Widerruf wegen groben Undanks (siehe Seite 21) finden daher keine Anwendung. Gerät der zuwendende Ehemann oder die zuwendende Ehefrau in wirtschaftliche Not, so besteht ein Unterhaltsanspruch gegenüber Ehepartnerin oder Ehepartner und gegen dessen bzw. deren Kinder. Übersteigt die Ausstattung allerdings ein den Vermögensverhältnissen der Eltern entsprechendes Maß, kann der nicht maßvolle Teil als Schenkung betrachtet werden. Für die Beurteilung sind die Vermögensverhältnisse der zuwendenden Person zum Zeitpunkt der Zuwendung maßgebend. Wer das Übermaß behauptet, ist beweispflichtig, so zum Beispiel ein Pflichtteilsberechtigter.

Eine Ausstattung begründet keinen Pflichtteilsergänzungsanspruch. Nur wenn eine Ausstattung im Übermaß erfolgte, also die Vermögensverhältnisse der Eltern überstiegen hat, dann besteht für diesen über das Maß hinausgehenden Teil ein solcher Anspruch.

Bei gesetzlicher Erbfolge ist unter den Nachkommen eine Ausstattung bei der Auseinandersetzung des Nachlasses auszugleichen, sofern Sie als vererbende Person bei der Zuwendung nichts anderes bestimmt haben.

Vorweggenommene Erbfolge

Unter vorweggenommener Erbfolge sind Vermögensübertragungen zu verstehen, die bereits zu Ihren Lebzeiten an Personen erfolgen, die Vermögen sonst erst nach dessen Tod erhalten hätten. Die lebzeitige Vermögensübertragung erfolgt also im Vorgriff auf die Erbfolge. Gegenstand der vorweggenommenen Erbfolge sind insbesondere Geldschenkungen und die Übertragung von Immobilien. Im Rahmen der vorweggenommenen Erbfolge vorgenommene Geschäfte sind in der Regel Schenkungen.

Bei einer lebzeitigen Übertragung von Vermögenswerten ist es sinnvoll, auf die vorweggenommene Erbfolge ausdrücklich hinzuweisen.

> **SO MACHEN SIE ES RICHTIG:**
> **Übertragung**
> *Die Übertragung erfolgt im Wege der vorweggenommenen Erbfolge.*

Wenn es sich bei der vorweggenommenen Erbfolge um Ihr wesentliches Vermögen handelt (zum Beispiel bei Immobilien), kann es sinnvoll sein, die Übertragung gegen Gegenleistungen vorzunehmen. In Betracht kommen insbesondere Nutzungsvorbehalte wie beispielsweise ein Nießbrauch oder ein Wohnungsrecht (siehe Seite 29), Versorgungsleistungen wie Rentenzahlungen (siehe Seite 30), Abfindungs- und Ausgleichszahlungen (siehe Seite 31), die Übernahme von Schulden und Grundpfandrechten (siehe dazu Seite 32) oder ein Erb- und/oder Pflichtteilsverzicht (siehe Seite 33). Und schließlich sollten Sie sich als vererbende Person im Rahmen der vorweggenommenen Erbfolge insbesondere einen vertraglichen Rückübertragungsanspruch vorbehalten (siehe Seite 34).

Ehebedingte Zuwendungen

Ehebedingte Zuwendungen sind solche vermögenswerten Beträge, die ein Ehemann oder eine Ehefrau dem anderen zukommen lässt, um die eheliche Lebensgemeinschaft zu verwirklichen oder auszugestalten, zu erhalten oder zu sichern. In Betracht kommen insbesondere die Übertragung von Miteigentumsanteilen an einem Hausgrundstück, Dienstleistungen oder Beiträge zur Alterssicherung.

Ehebedingte Zuwendungen stellen im Verhältnis zwischen Ehemann oder Ehefrau keine Schenkung dar, können als solche also nicht widerrufen werden. Scheitert die Ehe, wird beim Güterstand der Zugewinngemeinschaft der Wert der Zuwendung auf den Zugewinnausgleichsanspruch angerechnet. Ist das nicht gewünscht, bedarf es einer entsprechenden vertraglichen Vereinbarung zwischen beiden.

> **SO MACHEN SIE ES RICHTIG:**
> **Ehebedingte Zuwendung**
> *Als ehebedingte Zuwendung zur Verwirklichung der ehelichen Lebensgemeinschaft erhält meine Ehefrau/mein Ehemann _____ die Miteigentumshälfte an dem Hausgrundstück Nr. _____ zum vorzeitigen Ausgleich des Zugewinns. Es besteht keine Haftung für Sach- und Rechtsmängel an dem Vertragsgegenstand.*

Ehebedingte Zuwendungen unter Eheleuten können Pflichtteilsergänzungsansprüche (siehe Seite 146) auslösen, weil sie erbrechtlich wie Schenkungen behandelt werden.

Ehebedingte Zuwendungen unterliegen grundsätzlich der Schenkungsteuer. Die Übertragung selbst genutzten Wohneigentums an Ehefrau oder -mann ist aber unabhängig vom Wert steuerfrei. Wenn der oder die Längerlebende beziehungsweise der eingetragene Lebenspartner oder die eingetragene Lebenspartnerin die Immobilie komplett steuerfrei erben will, muss er oder sie diese jedoch zehn Jahre lang selbst bewohnen (sie darf also nicht vermietet werden). Wer früher auszieht, hat die Steuer nachzuzahlen – es sei denn, er oder sie zieht ins Pflegeheim.

→ **GUT ZU WISSEN:** Aus steuerlicher Sicht kann es sinnvoll sein, das Familienwohnheim schon zu Lebzeiten mittels vorweggenommener Erbfolge auf den Ehemann oder die Ehefrau zu übertragen. Für den Fall, dass der beschenkte Ehepartner zuerst stirbt, kann ein Rückforderungsanspruch (siehe Seite 34) vereinbart werden; selbst wenn die oder der Längerlebende dann Erbe wird, muss keine Erbschaftsteuer für die Rückübertragung des Familienwohnheims entrichtet werden.

Übergabevertrag

Der Übergabevertrag ist der rechtliche Rahmen der Vermögensübertragung. Sollen wesentliche Teile des Vermögens (häufig eine Immobilie) zu Lebzeiten auf die Familienangehörigen oder auf eine andere Person übertragen werden, ist der Übergabevertrag der richtige rechtliche Rahmen. Von einem Testament oder Erbvertrag unterscheidet sich dieser Vertrag dadurch, dass die das Vermögen übertragende Person alle darin übernommenen Verpflichtungen zu Lebzeiten erfüllen muss. Für den Übergabevertrag gelten die gesetzlichen Regelungen des Erbrechts nicht. Zwar nimmt der Übergabevertrag häufig sachlich die Erbfolge vorweg, seine Wirksamkeit hängt aber nicht davon ab, dass der Empfänger der Zuwendung den Übergeber überlebt. Der Übergabevertrag bedarf der notariellen Be-

urkundung, wenn Grundstücke oder Gebäude Vertragsgegenstand sind.

Um die mit einem Übergabevertrag verbundenen Risiken zu minimieren, sollte unter anderem bedacht werden, ob

- ▸ eventuelle Grundschulden und ihnen zugrundeliegende Verbindlichkeiten der veräußernden Person vor der Übertragung der Immobilie gelöscht werden sollen oder ob die erwerbende Person, im Folgenden Erwerber genannt, diese übernehmen soll,
- ▸ der Erwerber verpflichtet werden soll, dass er als Gegenleistung für die Übereignung einen Ausgleichsbetrag zahlt (in diesem Fall muss auch die Fälligkeit geklärt werden),
- ▸ der Erwerber zur Zahlung einer monatlichen Rente verpflichtet werden soll (siehe dazu Seite 30),
- ▸ der Erwerber verpflichtet werden soll, dass er an bestimmte Familienangehörige eine Abfindung zu leisten hat,
- ▸ der Erwerber zu Pflegeleistungen verpflichtet werden soll (siehe dazu Seite 32),
- ▸ die Immobilie oder Teile davon (zum Beispiel das Dachgeschoss) weiterhin durch den Übergebenden genutzt werden soll und er oder sie sich ein Wohnungsrecht oder einen Nießbrauch vorbehalten will (siehe dazu Seite 28),
- ▸ im Rückgabevertrag das Recht vorbehalten werden soll, die Übereignung der Immobilie unter bestimmten Umständen wieder rückgängig zu machen (siehe dazu Seite 34),

- die Übertragung der Immobilie auf den späteren Erbteil des Erwerbers angerechnet werden oder die Zuwendung ohne jegliche Ausgleichspflicht und Verrechnung im Todesfall erfolgen soll,
- die Übertragung der Immobilie auf den späteren Pflichtteil angerechnet werden soll,
- die Übertragung der Immobilie davon abhängig gemacht werden soll, dass der Erwerber auf sein Erb- und Pflichtteilsrecht verzichtet.

Nutzungsvorbehalte als Gegenleistung

Wer über bestimmte Vermögensteile bereits zu Lebzeiten verfügt, verliert zwangsläufig auch sein Verfügungs- und Nutzungsrecht darüber. Deshalb sollte zunächst darüber nachgedacht werden, ob es nicht sinnvoll ist, sich bei der Übertragung des Vermögens bestimmte Nutzungsrechte vorzubehalten (siehe dazu zum Beispiel die anschließende Checkliste bei der Übertragung von Wohneigentum).

✔ **CHECKLISTE: NUTZUNGSRECHTE BEI WOHNUNGSEIGENTUM**
- ☐ Für welche Räume wollen Sie sich ein Nutzungsrecht vorbehalten?
- ☐ Wollen Sie auch gemeinschaftliche Anlagen (zum Beispiel den Garten) nutzen?
- ☐ Welche Personen wollen Sie in die Wohnung aufnehmen?
- ☐ Wer soll die Unterhaltungskosten tragen?
- ☐ Wer soll notwendige Schönheitsreparaturen übernehmen?
- ☐ Wer soll die Betriebskosten tragen?
- ☐ Wollen Sie sich das Recht vorbehalten, die Wohnung (gegen Entgelt) zu vermieten?

Als Nutzungsvorbehalte, die im Übergabevertrag vereinbart werden können, kommen insbesondere der Nießbrauch, das Wohnungsrecht und das Wohnrecht in Betracht.

Nießbrauch

Eine Schenkung, die unter dem Vorbehalt des Nießbrauchs abgewickelt wird, hat zur Folge, dass das Vermögen und dessen Erträge vorübergehend unterschiedlichen Personen zugeordnet werden. Die nießbrauchende Person, im Folgenden als Nießbraucher bezeichnet,

hat das Recht, sämtliche Nutzungen des belasteten Grundstücks (zum Beispiel des Wohngebäudes) zu ziehen. Der Erwerber hat zwar die rechtliche Verfügungsbefugnis, dem Nießbraucher verbleibt allerdings die umfassende Nutzung (zum Beispiel Nutzung als Wohnung oder Einnahmen aus Vermietung).

Wichtig ist es, im Übergabevertrag eindeutig festzulegen, wer welche Kosten zu tragen hat. Gesetzlich ist der Nießbraucher verpflichtet, die Sache auf eigene Kosten zu versichern und zu erhalten sowie die öffentlichen Lasten (zum Beispiel Grundsteuern) zu tragen – es sei denn, es handelt sich um außergewöhnliche, nicht laufend wiederkehrende Lasten.

> **SO MACHEN SIE ES RICHTIG: Nießbrauchsrecht**
> Der Übergeber/Die Übergeberin behält sich auf Lebenszeit das unentgeltliche Nießbrauchsrecht vor. Nach dem Tod des Übergebers/der Übergeberin steht das Nießbrauchsrecht mit demselben Inhalt dessen Ehefrau/deren Ehemann zu. Für die Lastenverteilung gelten die gesetzlichen Vorschriften.

Der Nießbrauch erlischt mit dem Tod der nießbrauchenden Person (§ 1061 BGB). Er ist also nicht vererblich.

Wohnungsrecht

In einem Übergabevertrag kann als Gegenleistung auch ein Wohnungsrecht vereinbart werden. Als beschränkte persönliche Dienstbarkeit kann das Recht bestellt werden, ein Gebäude oder einen Teil eines Gebäudes unter Ausschluss des Eigentümers beziehungsweise der Eigentümerin zu nutzen (§ 1093 BGB). Dieses Recht umfasst die Befugnis, die eigene Familie sowie zum Beispiel pflegebedürftige Angehörige in die Wohnung aufzunehmen. Zur Familie zählt unter Umständen auch die nicht eheliche Partnerin oder der nicht eheliche Partner. An sonstige Dritte darf das Wohnungsrecht allerdings nur mit ausdrücklicher Zustimmung des Eigentümers überlassen werden.

Kraft Gesetzes muss eine wohnungsberechtigte Person die vom Wohnungsrecht erfassten Räume unterhalten. Sie hat insbesondere die gewöhnlichen Unterhaltungskosten (zum Beispiel Wasser, Abwasser, Müll, Strom) sowie die Kosten der laufenden Reparaturen zu tragen. Vertraglich können allerdings davon abweichende Regelungen getroffen werden. Die öffentlichen und privaten Lasten (zum Beispiel Grundsteuer, Versicherungen) hat gesetzlich der Grundstückseigentümer zu tragen. Abweichende Regelungen können zwischen Übergeber und Erwerber vereinbart werden. Gesetzlich ist der Eigentümer nicht verpflichtet, auf seine Kosten eine außergewöhnliche Ausbesserung des Grundstücks oder Gebäudes vorzunehmen.

Das Wohnungsrecht erlischt nicht, wenn Sie persönlich (zum Beispiel wegen des Aufenthalts in einem Pflegeheim) an der Ausübung gehindert sind.

➡ **GUT ZU WISSEN:** Im Rahmen des Übergabevertrags sollten Sie eindeutig regeln, welche Räume dem Wohnungsrecht unterliegen. Ferner sollten Sie festlegen, ob nur Sie mit Ihrer Familie die Wohnung nutzen oder ob Sie diese auch an Dritte überlassen dürfen. Ferner sollten Sie regeln, wer die mit der Wohnung verbundenen Kosten zu tragen hat. Dabei geht es nicht nur um laufende Kosten, sondern auch um außergewöhnliche Sanierungs- und Modernisierungsmaßnahmen.

Wohnrecht

Wer sich im Übergabevertrag als Gegenleistung ein Wohnrecht vorbehält, ist nicht nur berechtigt, die Wohnung zu benutzen, sondern daneben auch der Wohnungseigentümer. Die wohnungsberechtigte Person hat in diesem Fall lediglich das Recht der Mitbenutzung (§ 1090 BGB).

→ **DAS IST WICHTIG:** Die Vereinbarung eines Wohnrechts im Übergabevertrag ist im Regelfall nur dann sinnvoll, wenn sowohl Sie als auch die übernehmende Person unter einem Dach leben und das Wohnrecht nicht auf einzelne Räume beschränkt werden soll.

Rentenzahlungen als Gegenleistung

Im Rahmen des Übergabevertrags kann als Gegenleistung auch die Zahlung regelmäßig wiederkehrender Beiträge vereinbart werden. Hierbei ist zwischen der Leibrente und der sogenannten dauernden Last zu unterscheiden.

Eine Leibrente bedeutet, dass der begünstigten Person auf Lebenszeit aus einem selbstständigen einheitlichen Schuldverhältnis wiederkehrende gleichmäßige Leistungen zu erbringen sind (§ 759 BGB). Gesetzlich ist eine Leibrente im Voraus zu erbringen (§ 760 Abs. 1 BGB).

Von einer dauernden Last ist auszugehen, wenn die in Zeitabschnitten zu erbringende Leistung nicht in gleicher Höhe fällig ist, sondern sich nach den persönlichen Verhältnissen von Begünstigten oder Verpflichteten richtet. Bei der Leibrente handelt es sich also um eine gleichbleibende Geldleistung; bei der dauernden Last sind dagegen die Bedürftigkeit des Übergebers und die Leistungsfähigkeit des Zahlungspflichtigen maßgebend.

DAS IST WICHTIG: Seit 2009 wird die Vereinbarung einer dauernden Last nur noch bei Betriebsübertragungen steuerlich anerkannt. Zuvor wurde eine solche Zahlung häufig als Gegenleistung zu einer Immobilienschenkung zugesagt, weil sie besonders hohe Steuervorteile brachte.

✓ **CHECKLISTE: RENTENZAHLUNGEN**
- ☐ Was wird von der Rentenzahlung erwartet?
- ☐ Wie hoch soll die monatliche Rente sein?
- ☐ Soll der Erwerber zur Zahlung monatlich gleichbleibender Raten verpflichtet werden oder soll die Höhe der Rente von der eigenen Bedürftigkeit beziehungsweise der Leistungsfähigkeit des Erwerbers abhängen?
- ☐ Soll die zu zahlende Rente an die allgemeine Entwicklung der Lebenshaltungskosten angepasst und damit die Rente wertbeständig vereinbart werden?
- ☐ Wann sollen die Rentenzahlungen jeweils fällig sein?
- ☐ Welche Konsequenzen soll es haben, wenn der Verpflichtete die Rente nicht zahlt beziehungsweise mit der Zahlung in Verzug gerät?

Bei der Leibrente ist darauf zu achten, dass im Übergabevertrag die Höhe der jeweiligen Zahlung, der Beginn der Leistungspflicht und die Fälligkeit geregelt sind. Sinnvoll ist es, die schuldrechtliche Leibrentenverpflichtung durch eine persönliche Zwangsvollstreckungsunterwerfung der zahlungspflichtigen Person abzusichern. Werden im Übergabevertrag Rentenzahlungen bis ans Lebensende versprochen, sollte die Rentenhöhe an die allgemeine Preissteigerung gekoppelt sein. Denn nur dann bleibt die vereinbarte Rente über die gesamte Dauer wertbeständig.

GUT ZU WISSEN: Denken Sie daran, im Übergabevertrag auch eine Regelung für den Fall aufzunehmen, dass der Übernehmer seine Zahlungspflichten nicht erfüllt. Indem Sie sich vertraglich einen Rückforderungsanspruch vorbehalten, können Sie für diesen Fall versorgen (siehe Seite 34).

Abfindungs- und Ausgleichszahlungen als Gegenleistung

Eltern werden ihre Kinder im Regelfall gleichbehandeln wollen. Wenn dann ein Grundstück als der einzig werthaltige Gegenstand des künftigen Nachlasses im Wege der vorweggenommenen Erbfolge auf ein Kind übertragen wird, verpflichten die Eltern dieses häufig, an seine Geschwister Abfindungs- und Ausgleichszahlungen zu leisten. Dann liegt eine gemischte Schenkung vor.

BEISPIEL: Das Vermögen von A besteht im Wesentlichen aus einem Hausgrundstück mit einem Verkehrswert von 300.000 Euro. Sie überträgt die Immobilie an ihren Sohn B und verpflichtet diesen, einen Ausgleichsbetrag von jeweils 100.000 Euro an seine beiden Geschwister zu zahlen.

Die Zuwendung aus dem Übergabevertrag ist als solche der Eltern an die Kinder, nicht jedoch als eine des Übernehmers an seine Geschwister anzusehen. Unter schenkungsteuerlichen Gesichtspunkten ist das in der Regel günstiger.

SO MACHEN SIE ES RICHTIG: Abfindungszahlung an einen Dritten
Der Erwerber verpflichtet sich, an seinen Bruder/seine Schwester ____ (A) unter Anrechnung auf dessen/deren Pflichtteilsrecht am künftigen Nachlass des Übergebers einen Geldbetrag in Höhe von ____ Euro zu zahlen. Die Zahlung ist nach der Eigentumsumschreibung im Grundbuch fällig. A kann die Abfindungszahlung nach Fälligkeit unmittelbar gegen den Erwerber geltend machen.

Übernahme von Schulden und Grundpfandrechten als Gegenleistung

Im Übergabevertrag kann sich der Übergeber vorbehalten, dass der Erwerber eine auf dem Vertragsgegenstand lastende Grundschuld einschließlich der ihr zugrunde liegenden Schuldverpflichtung übernimmt.

> **SO MACHEN SIE ES RICHTIG: Übernahme von Schulden**
> *Der Erwerber übernimmt anstelle des Übergebers die am Vertragsgegenstand in Abteilung III des Grundbuchs eingetragene Grundschuld über _____ Euro in dinglicher und persönlicher Hinsicht.*

Die persönliche Übernahme von Verbindlichkeiten durch den Erwerber kann im Wege der befreienden Schuldübernahme erfolgen. Damit tritt der Erwerber als Schuldner oder Schuldnerin an dessen Stelle (§ 414 BGB). Der Altschuldner ist von der Schuld befreit. Die befreiende Schuldübernahme ist erst wirksam, wenn der Gläubiger ihr zugestimmt hat (§ 415 Abs. 1 BGB).

Pflegeverpflichtung als Gegenleistung

Bevor man sich zu Lebzeiten von Vermögenswerten trennt, sollte unbedingt geprüft werden, ob und in welchem Umfang im Alter die eigene Pflege gesichert ist. Um diese durch einen Familienangehörigen im häuslichen Bereich zu gewährleisten, kann es sinnvoll sein, im Übergabevertrag eine Pflegeverpflichtung zu vereinbaren. Dabei sollte man sich allerdings bewusst sein, dass Pflegeleistungen letztlich nicht zu erzwingen sind.

Im Rahmen der Vereinbarung einer Pflegeverpflichtung sollten insbesondere der Anlass der Pflege (Alter, Krankheit), der Ort der Pflege und der Umfang der Pflegeleistungen (zum Beispiel häusliche Pflege) geregelt werden. Sinnvoll ist es unter Umständen auch, in einer Vereinbarung zu regeln, dass ein Dritter (zum Beispiel die behandelnde Hausärztin) verbindlich entscheidet, ob ein Pflegefall vorliegt und in welchem Umfang Pflegeleistungen notwendig sind.

> **GUT ZU WISSEN:** Wird die Pflegeverpflichtung nicht oder nur schlecht erfüllt, können Sie sich im Übergabevertrag einen Rückforderungsanspruch (siehe Seite 34) vorbehalten. Alternativ kann auch eine Vertragsstrafe vereinbart werden.

Erb- und Pflichtteilsverzicht als Gegenleistung

Wird den eigenen Kindern zu Lebzeiten Vermögen übertragen, verlieren diese nicht automatisch ihr gesetzliches Erbrecht.

Unter Umständen kann sich die Konstellation ergeben, eine Person aus dem Kreis der gesetzlichen Erbinnen und Erben (siehe Seite 44) auszuschließen, weil diese bereits im Wege der vorweggenommenen Erbfolge durch eine Verfügung unter Lebenden ihren Erbteil erhalten hat. Häufig wird ein entsprechender Erb- und Pflichtteilsverzicht als Gegenleistung des Erwerbers vereinbart. Es kommen mehrere Motive für eine solche Vereinbarung in Betracht. So können Eltern dem gemeinsamen Kind zum Aufbau einer beruflichen Existenz einen bestimmten Betrag zahlen und mit ihm einen entsprechenden Erbverzicht vereinbaren. Auch um ein über Generationen bestehendes Familienvermögen zu erhalten, kann ein Abfindungs- und Verzichtsvertrag sinnvoll sein.

📎 **SO MACHEN SIE ES RICHTIG:**
Erb- und Pflichtteilsverzicht

A (verzichtende Person/Verzichtender) verzichtet hiermit für sich und ihre Nachkommen gegen B (vererbende Person/Erblasser) auf ihr gesetzliches Erb- und Pflichtteilsrecht.
B verpflichtet sich, an die verzichtende Person eine Abfindung in Höhe von _____ Euro zu zahlen. Der Verzicht erfolgt unter der aufschiebenden Bedingung, dass die vererbende Person der verzichtenden Person die Abfindung zahlt.
B nimmt den Verzicht an.

Der Erbverzicht erfolgt durch Vertrag, häufig durch eine entsprechende Regelung im Rahmen eines Übergabevertrags. Er bedarf der notariellen Beurkundung (§ 2348 BGB).

Mit dem Erbverzicht ist die verzichtende Person von der gesetzlichen Erbfolge ausgeschlossen – genauso, als lebte sie zur Zeit des Erbfalls nicht mehr. Im Zweifel erstreckt sich der Erbverzicht auch auf das Pflichtteilsrecht (§ 2346 BGB). Es ist aber auch möglich, nur auf das gesetzliche Erbrecht, nicht aber auf den Pflichtteil zu verzichten. In diesem Fall gehört die verzichtende Person nicht zu den gesetzlichen Erben; sie kann aber ihren gesetzlichen Pflichtteil verlangen.

Der Erbverzicht betrifft auch ihre Nachkommen und Verwandten, sofern nichts anderes bestimmt wird (§ 2349 BGB). Grundsätzlich scheidet somit der gesamte Stamm der oder des Verzichtenden aus der gesetzlichen Erbfolge aus.

Unter Eheleuten im Güterstand der Zugewinngemeinschaft erstreckt sich ein Erbverzicht nicht automatisch auf den Anspruch auf Zugewinnausgleich. Trotz Erbverzichts kann also der Ehemann oder die Ehefrau den konkret errechneten Zugewinnausgleich verlangen.

Ein Erbverzicht ist nicht schenkungsteuerpflichtig. Wenn der Verzicht mit einer Abfindung honoriert wird, unterliegt diese als Schenkung unter Lebenden der Steuerpflicht.

Der Verzicht als Gegenleistung für eine Abfindung kann sich auch auf das Pflichtteilsrecht beschränken. Damit steht der verzichtenden Person im Erbfall keine sich aus dem Pflichtteilsrecht ergebenden Ansprüche mehr zu. Jedoch bleibt es beim gesetzlichen Erbrecht.

DAS IST WICHTIG: Erfolgt der Erbverzicht als Gegenleistung für eine Abfindung, ist es wichtig, im Übergabevertrag eine Bedingung für den Fall aufzunehmen, dass die Abfindung nicht gezahlt wird. Damit wird verhindert, dass die verzichtende Person ihr gesetzliches Erbrecht verliert und die versprochene Gegenleistung nicht erhält.

Für den Pflichtteilsverzichtsvertrag gilt das zum Erbverzichtsvertrag Gesagte entsprechend. Wer auf den gesetzlichen Pflichtteil verzichtet, schließt auch seine eigenen Nachkommen und Verwandten aus, sofern nichts anderes bestimmt ist.

Vorbehalt von Rückforderungsansprüchen

Gesetzliche Rückforderungsansprüche stehen einer schenkenden Person bei Nichterfüllung einer Auflage, bei Notbedarf (siehe Seite 24) und wegen groben Undanks zu. Diese gesetzlichen Ansprüche sind allerdings auf eng begrenzte Fälle beschränkt. Insoweit kann es sinnvoll sein, sich im Übergabevertrag vertragliche Rückforderungsansprüche vorzubehalten. Damit werden die begrenzten gesetzlichen Möglichkeiten erweitert, um den Schenkungsgegenstand zurückzufordern – und es wird gewährleistet, dass die persönlichen Interessen bei der Vermögensübertragung zu Lebzeiten gewahrt werden.

Denkbare Anlässe für Rückforderungen in einem Übergabevertrag sind insbesondere

- Tod des Erwerbers vor dem Übergeber,
- Insolvenzverfahren über das Vermögen des Erwerbers,
- Veräußerung oder Belastung des Vermögens durch den Erwerber ohne Zustimmung des Übergebers,
- Scheidung der Ehe zwischen der übergebenden und der erwerbenden Person.

Erb- und pflichtteilsrechtliche Konsequenzen

Die Übertragung von Vermögenswerten zu Lebzeiten kann unter erbrechtlichen Gesichtspunkten insbesondere eine Ausgleichung oder die Anrechnung auf den Pflichtteil und den Anspruch auf Ergänzung des Pflichtteils zur Folge haben. Ferner kann sie steuerliche Konsequenzen haben.

Ausgleichung

Ausgleichung heißt, dass der Nachlass unter den gemeinsam erbenden Nachkommen aufzuteilen ist, wobei Zuwendungen zu Lebzeiten wertmäßig zu berücksichtigen sind. Vor dem Tod des Erblassers erfolgte Zuwendungen müssen also nach dem Erbfall ausgeglichen werden.

DAS IST WICHTIG: Ausgleichspflichtig sind nur Ihre Nachkommen (Kinder, Enkel) als gesetzliche Erben, wenn Sie also kein Testament aufgesetzt haben (§ 2050 Abs. 1 BGB).

Ist die Erbeinsetzung durch ein Testament oder einen Erbvertrag erfolgt, besteht eine Ausgleichungspflicht ausnahmsweise nur dann, wenn die verstorbene Person ihre Nachkommen genau mit dem bedacht hat, was deren gesetzlicher Erbteil wäre. Nur Zuwendungen zu Lebzeiten sind ausgleichungspflichtig, nicht solche von Todes wegen. Nicht ausgleichungspflichtig ist der länger lebende Ehemann oder die länger lebende Ehefrau.

Die vererbende Person kann die Ausgleichung bei Vornahme der lebzeitigen Zuwendung ausschließen und anordnen, dass die Zuwendung im Erbfall im Verhältnis zu weiteren Kindern nicht ausgeglichen werden muss.

GUT ZU WISSEN: Haben Sie es bei einer Zuwendung zu Lebzeiten versäumt, eine Ausgleichspflicht anzuordnen, so können Sie das nachholen, indem Sie Ihren zu Lebzeiten beschenkten Nachkommen im Testament mit einem Vermächtnis (siehe Seite 181) zugunsten des anderen Erben in Höhe des Ausgleichsanspruchs beschweren.

Nicht alle Zuwendungen sind ausgleichungspflichtig. Der Ausgleichungspflicht unterliegen:

- Ausstattungen, sofern Sie als vererbende Person bei der Zuwendung nichts anderes bestimmt haben. Eine Ausstattung ist der Vermögensvorteil, der einem Kind mit Rücksicht auf seine Heirat oder auf die Erlangung oder Erhaltung einer selbstständigen

Lebensführung von den Eltern zugewendet wird (siehe Seite 25).

- Zuschüsse zu den Einkünften, sofern Sie bei der Zuwendung nichts anderes bestimmt haben. Die Zuwendungen sind aber nur dann ausgleichungspflichtig, soweit sie das Ihren Vermögensverhältnissen entsprechende Maß überstiegen haben (§ 2050 Abs. 2 BGB).

- Ausbildungsaufwendungen, soweit sie die Aufwendungen für die allgemeine Schulausbildung übersteigen und sofern Sie bei der Zuwendung nichts anderes bestimmt haben.

- sonstige Zuwendungen, wenn Sie die Ausgleichung angeordnet haben (§ 2050 Abs. 3 BGB).

Um Unklarheiten zu vermeiden, sollte die Ausgleichspflicht im Rahmen einer Ausstattung eindeutig geregelt werden. Es kann auch eine Ausgleichungspflicht zu einem niedrigeren Wert angeordnet werden.

SO MACHEN SIE ES RICHTIG: Regelung der Ausgleichung
Meiner Tochter F/Meinem Sohn G habe ich im Rahmen der Finanzierung ihres/ seines Studiums und ihrer/seiner Promotion _____ Euro zugewendet. Sie sind nicht ausgleichspflichtig.

Das Gesetz (§ 2057a BGB) ordnet eine Ausgleichungspflicht für den Fall an, dass ein Nachkomme die vererbende Person während längerer Zeit gepflegt hat. Der Anspruch besteht unter bestimmten Voraussetzungen, wenn

- ▶ keine Verfügung von Todes wegen (Testament oder Erbvertrag) vorliegt und mehrere Nachkommen kraft Gesetzes gemeinsam Erbe sind oder
- ▶ zwar eine Verfügung von Todes wegen vorliegt, die als Erben eingesetzten Nachkommen aber entsprechend ihrem gesetzlichen Erbteil oder im gleichen Verhältnis als Erben eingesetzt sind.

Durch die Ausgleichung soll die Pflegeleistung eines Nachkommen bei der Auseinandersetzung des Nachlasses honoriert werden. Dieser soll gegenüber Nachkommen, die sich nicht an der Pflege der vererbenden Person beteiligt haben, finanziell bevorzugt werden. Ein Ausgleichungsanspruch des pflegenden Abkömmlings ist aber nur dann gerechtfertigt, wenn er für die Pflegeleistung kein oder kein angemessenes Entgelt erhalten hat.

Anrechnung der Zuwendung auf den Pflichtteil

Der Pflichtteilsberechtigte hat sich auf den Pflichtteil anrechnen zu lassen, was ihm die vererbende Person durch Rechtsgeschäft unter Lebenden mit der Bestimmung zugewendet hat, dass es auf den Pflichtteil angerechnet werden soll (§ 2315 Abs. 1 BGB). Gemeint sind alle freiwilligen Zuwendungen, insbesondere Schenkungen. Die Zuwendung ist nur dann auf den Pflichtteil anzurechnen, wenn die vererbende Person dies vor oder bei der Gewährung angeordnet hat. Die Anordnung kann auch stillschweigend erfolgen. Die Anrechnungsbestimmung kann auch nachträglich widerrufen werden.

DAS IST WICHTIG: Bei einer freiwilligen Zuwendung sollte eine eindeutige Regelung über die Pflichtteilsanrechnung getroffen werden, um mögliche Zweifel von vornherein zu vermeiden.

Der Wert der Zuwendung wird bei der Bestimmung des Pflichtteils dem Nachlass hinzugerechnet. Maßgebend für den Wert der Zuwendung ist der Zeitpunkt, zu dem sie erfolgt ist (§ 2315 Abs. 2 BGB). Sie können auch einen niedrigeren Wert bestimmen (zur Berechnung des Pflichtteils bei Anrechnung von lebzeitigen Zuwendungen siehe Seite 36).

Anspruch auf Ergänzung des Pflichtteils

Sie können den Pflichtteilsanspruch Ihrer nächsten Angehörigen unter anderem dadurch verkürzen, dass Sie zu Lebzeiten Schenkungen an andere Personen vornehmen. Dadurch vermindern sich die Höhe des Nachlasses und mithin auch der Pflichtteil. Um das zu verhindern, hat der Gesetzgeber Vorkehrungen getroffen.

➡ **DAS IST WICHTIG:** Das Gesetz bestimmt, dass Pflichtteilsberechtigte vom Erben als Ergänzung des Pflichtteils den Betrag verlangen können, den die vererbende Person einem Dritten als Schenkung zugewendet hat (Pflichtteilsergänzungsanspruch § 2325 BGB).

Beim Pflichtteilsergänzungsanspruch werden die Zuwendungen dem Nachlass hinzugerechnet und erhöhen damit auch den Pflichtteil der Pflichtteilsberechtigten. Berücksichtigt werden allerdings nur Schenkungen, die innerhalb der letzten zehn Jahre vor dem Erbfall vorgenommen wurden (§ 2325 Abs. 3 Satz 2 BGB). Nicht berücksichtigt werden auch sogenannte Anstandsschenkungen (§ 2330 BGB; siehe Seite 23). Der Pflichtteilsergänzungsanspruch ist der Betrag, um den sich der Pflichtteil erhöht, wenn der Wert des Geschenks dem realen Nachlass fiktiv hinzugerechnet wird (zum Pflichtteil und zum Pflichtteilsergänzungsanspruch siehe Seite 146).

Steuerliche Konsequenzen

Schenkungen unter Lebenden sind schenkungsteuerpflichtig. Verpflichtet sich die beschenkte Person, bestimmte Gegenleistungen zu erbringen oder Auflagen zu erfüllen (zum Beispiel Einräumen eines Wohnrechts, Zahlung einer Rente), kann dies zu einer Reduzierung der Steuerlast führen (zum Erb- und Schenkungsteuerrecht siehe Seite 158).

ZUSAMMENGEFASST — DAS IST WICHTIG:

Wenn Sie Vermögen zu Lebzeiten übertragen wollen, sollten Sie die Vor- und Nachteile sorgfältig gegeneinander abwägen.

Als Zuwendungen unter Lebenden kommen in erster Linie Schenkungen in Betracht. Daneben kann Vermögen zu Lebzeiten auch in den Formen der Ausstattung, der vorweggenommenen Erbfolge und als ehebedingte Zuwendung übertragen werden.

Bei einer Schenkung verlieren Sie Ihr Vermögen. Nur in Ausnahmefällen kann eine Schenkung rückgängig gemacht werden. Sinnvoll ist es deshalb, sich vertraglich unter bestimmten Voraussetzungen die Rückforderung der Schenkung vorzubehalten.

Unter die sogenannte Ausstattung fallen Zuwendungen an ein Kind anlässlich einer Heirat oder zur Begründung einer selbstständigen wirtschaftlichen Lebensstellung (zum Beispiel Aussteuer, Mitgift). Bei gesetzlicher Erbfolge müssen die Kinder eine Ausstattung bei der Verteilung des Nachlasses grundsätzlich untereinander ausgleichen.

Unter ehebedingten Zuwendungen sind Geschenke unter Eheleuten zu verstehen (zum Beispiel Beiträge zur Altersversorgung). Sie gelten nicht als Schenkungen, können aber gleichwohl Pflichtteilsergänzungsansprüche auslösen.

Bei der vorweggenommenen Erbfolge erfolgt die Vermögensübertragung zu Lebzeiten im Vorgriff auf die Erbfolge (zum Beispiel Übertragung einer Immobilie). Dabei handelt es sich in der Regel um eine Schenkung.

Bei der vorweggenommenen Erbfolge kann es sinnvoll sein, die Übertragung des Vermögens gegen Gegenleistungen vorzunehmen. In Betracht kommen unter anderem Versorgungsleistungen (zum Beispiel Rentenzahlungen), Nutzungsvorbehalte (zum Beispiel Wohnungsrecht), Abfindungs- und Ausgleichszahlungen und ein Erb- und Pflichtteilsverzicht.

3

Wenn über die gesetzliche Erbfolge übertragen werden soll

Simon und Tanja Frohwin sind verheiratet und haben zwei Kinder. Im Fall des Todes soll zunächst die oder der Längerlebende Alleinerbe sein. Danach sollen die beiden Kinder zu gleichen Teilen erben. Jetzt überlegen sie, ob sie ein entsprechendes Testament errichten müssen oder ob bereits unmittelbar durch das Gesetz die gewollte Erbfolge geregelt ist.

IN DIESEM KAPITEL ERFAHREN SIE,

warum Sie sich unbedingt mit den Grundsätzen der gesetzlichen Erbfolge vertraut machen müssen ■ **Seite 42**

wann gesetzliche Erbfolge gilt
■ **Seite 42**

wann und mit welchem Anteil Kinder gesetzliche Erben sind ■ **Seite 45**

wie nicht eheliche und adoptierte Kinder erben ■ **Seiten 46** und **47**

wann und mit welchem Anteil die Eltern und Geschwister erben ■ **Seite 48**

wie das gesetzliche Erbrecht von Ehemann und Ehefrau geregelt ist
■ **Seiten 50** und **52**

welche Ansprüche Ehemann oder Ehefrau kraft Gesetzes neben der Erbschaft zustehen ■ **Seite 53**

Gesetzliche Erbfolge mit Überraschungseffekt

Wenn weder ein Testament aufgesetzt noch ein Erbvertrag abgeschlossen wurde, erfolgt die Vermögensweitergabe nach dem Tod der vererbenden Person im Wege der gesetzlichen Erbfolge. Dann bestimmt das Gesetz, wer die Erben sind. Dabei werden in erster Linie Kinder, Ehemann oder Ehefrau berücksichtigt.

Man darf sicher nicht davon ausgehen, dass alle diejenigen, die kein Testament errichten oder keinen Erbvertrag abschließen, ihr Vermögen über die gesetzliche Erbfolge weitergeben wollen. In der Praxis birgt die gesetzliche Erbfolge nämlich so manche Überraschung. Kinderlose Ehepaare gehen beispielsweise häufig davon aus, dass der oder die Längerlebende ohnehin über die gesetzliche Erbfolge zum Alleinerben oder zur Alleinerbin wird. Dem ist allerdings nicht so, und zwangsläufig besteht eine Erbengemeinschaft zwischen dem länger lebenden Ehemann oder der Ehefrau, den Eltern der vererbenden Person und sogar mit dessen Geschwistern. Auch Ehepaare mit Kindern schätzen häufig die gesetzliche Erbfolge falsch ein, indem sie davon ausgehen, dass es keiner letztwilligen Verfügung bedarf, damit der oder die Längerlebende zum Alleinerben wird. Und auch der Umstand, dass die gesetzliche Erbfolge im Regelfall zu einer Erbengemeinschaft mit allen Komplikationen führt (zum Beispiel, dass der Nachlass während der Dauer der Erbengemeinschaft von allen miterbenden Personen gemeinschaftlich verwaltet werden muss), ist vielen, die von der Abfassung einer letztwilligen Verfügung absehen, nicht bewusst. Irrige Vorstellungen über die gesetzliche Erbfolge führen also in vielen Fällen zu einer falschen, oft sogar zu einer verhängnisvollen Nachlassplanung.

Nicht selten widerspricht also die gesetzliche Erbfolge den Vorstellungen der vererbenden Person. Um das eigene Vermögen in die richtige Richtung zu lenken, sollte man sich deshalb mit den Grundzügen des gesetzlichen Erbrechts vertraut machen und darauf eine durchdachte Nachlassplanung aufbauen.

→ **GUT ZU WISSEN:** Wenn Sie keine Verfügung von Todes wegen errichten, müssen Sie davon ausgehen, dass im Erbfall in der Regel eine Erbengemeinschaft entsteht. Je mehr Erben vorhanden sind, desto verwickelter ist die Angelegenheit dann.

Grundsätze des gesetzlichen Erbrechts

Gesetzliche Erbfolge bedeutet, dass unmittelbar das Gesetz beim Tod einer Person deren Erben bestimmt. Sie kann aus mehreren Gründen eintreten, insbesondere wenn

▶ die vererbende Person keine Verfügung von Todes wegen (Testament oder Erbvertrag) erstellt hat,

- eine erfolgte Erbeinsetzung unwirksam ist (zum Beispiel, weil das errichtete Testament wegen formaler Mängel nichtig ist),
- die von der vererbenden Person abgefasste Verfügung von Todes wegen nur einen Teil ihres Nachlasses erfasst,
- der durch Verfügung von Todes wegen eingesetzte Erbe die Erbschaft ausschlägt oder
- die Erbeinsetzung erfolgreich angefochten wurde.

Liegen diese Voraussetzungen nur für einen Teil der Erbschaft vor, beschränkt sich die gesetzliche Erbfolge auch nur darauf.

Die Regeln der gesetzlichen Erbfolge können auch dann von Bedeutung sein, wenn die vererbende Person ein Testament erstellt hat. Dies gilt insbesondere dann, wenn sie in ihrer Verfügung die „gesetzlichen Erben" oder allgemein „die Erben" bedenkt.

➡ **DAS IST WICHTIG:** Wurde kein Testament verfasst oder kein Erbvertrag abgeschlossen, geht das Gesetz davon aus, dass das Vermögen an die nächsten Angehörigen und gegebenenfalls an den Ehemann oder die Ehefrau übertragen werden soll.

Unter Verwandtschaft ist die Blutsverwandtschaft zu verstehen. Personen, deren eine von der anderen abstammt, sind in gerader Linie verwandt (zum Beispiel Eltern, Kinder, Enkel). Personen, die nicht in gerader Linie verwandt sind, aber von derselben dritten Person abstammen, sind in der Seitenlinie verwandt (zum Beispiel Geschwister). Ein Verwandtschaftsverhältnis wird auch durch Adoption begründet. Nicht eheliche Kinder sind seit dem 1. April 1998 ehelichen Kindern gleichgestellt (siehe Seite 46). Nicht zu den gesetzlichen Erben gehören Verschwägerte, also die Verwandten des Ehemanns oder der Ehefrau.

Um die Reihenfolge zu bestimmen, in der Verwandte beim Erben zum Zuge kommen sollen, sieht das Gesetz fünf Ordnungen vor. Maßgebend, welcher Ordnung der jeweilige Verwandte angehört, ist der Verwandtschaftsgrad.

> ✓ **CHECKLISTE: FÜNF ORDNUNGEN VON ERBINNEN UND ERBEN**
> ☐ Gesetzliche Erben der ersten Ordnung sind die Nachkommen der vererbenden Person.
> ☐ Gesetzliche Erben der zweiten Ordnung sind die Eltern der vererbenden Person.
> ☐ Gesetzliche Erben der dritten Ordnung sind die Großeltern der vererbenden Person und deren Nachkommen.
> ☐ Gesetzliche Erben der vierten Ordnung sind die Urgroßeltern der vererbenden Person und deren Nachkommen.
> ☐ Gesetzliche Erben der fünften Ordnung sind die Ururgroßeltern der vererbenden Person und deren Nachkommen.

Jeder Angehörige einer vorhergehenden Ordnung schließt alle Verwandten der späteren Ordnungen aus; eine verwandte Person erbt also im Wege der gesetzlichen Erbfolge nicht, solange ein Verwandter einer vorhergehenden Ordnung vorhanden ist (§ 1930 BGB).

🔍 **BEISPIEL:** Kinder der vererbenden Person gehören zu den Erben der ersten Ordnung, die Eltern zu den gesetzlichen Erben der zweiten Ordnung. Leben zum Zeitpunkt des Erbfalls Kinder der vererbenden Person, sind deren Eltern von der gesetzlichen Erbfolge ausgeschlossen.

Stirbt eine Erbin der vorhergehenden Ordnung nach dem Erbfall, so war sie schon Erbin geworden und vererbt den Nachlass weiter an ihre eigenen Erben. Fällt die Verwandte der vorhergehenden Ordnung dagegen vor dem Erbfall weg (zum Beispiel auch, weil sie die Erbschaft ausschlägt), so ist eine verwandte Person der nachfolgenden Ordnung als Erbe berufen.

In den ersten drei Ordnungen tritt die Erbfolge nach Stämmen ein, das heißt, an die Stelle eines zur Zeit des Erbfalls nicht mehr lebenden Berufenen treten die durch ihn oder sie mit der vererbenden Person verwandten Nachkommen.

🔍 **BEISPIEL:** A hinterlässt einen Sohn und eine Tochter. Der Sohn ist bereits vor dem Erbfall verstorben. An dessen Stelle treten dann dessen Kinder.

Von der vierten Ordnung (Urgroßeltern der vererbenden Person und deren Nachkommen) ab gilt die Berufung nach dem Grad der Verwandtschaft mit der vererbenden Person (Gradualsystem). Damit wird eine starke Zersplitterung des Nachlasses vermieden. Es erben nur noch diejenigen, die dem Grade nach am nächsten mit der vererbenden Person verwandt sind.

Ist die vererbende Person verheiratet, so gewährleistet die gesetzliche Erbfolge dem länger lebenden Ehemann oder der länger lebenden Ehefrau einen bestimmten Erbteil.

Dessen Höhe hängt davon ab, ob und welche Verwandte der vererbenden Person erben und in welchem Güterstand die Eheleute gelebt haben.

In der Regel entsteht bei gesetzlicher Erbfolge eine Erbengemeinschaft. Je mehr Erben vorhanden sind, desto komplizierter wird die Situation. Das Vermögen der vererbenden Person mit allen Rechten und Pflichten steht dann allen Miterben gemeinschaftlich zu. Das Nachlassvermögen muss gemeinschaftlich verwaltet und nach Begleichung aller Nachlassverbindlichkeiten unter den Miterben aufgeteilt werden. Die Konsequenzen der gesetzlichen Erbfolge beschränken sich im Wesentlichen darauf, wer Erbe oder Erbin wird und mit welchem Anteil, nicht jedoch, wer welche Nachlassgegenstände erhält. Es liegt auf der Hand, dass bei dieser Konstellation die unterschiedlichsten Interessen aufeinanderstoßen. Eine Alternative zur Vermögensübertragung im Wege der gesetzlichen Erbfolge ist eine Übertragung durch eine Verfügung von Todes wegen, also durch Testament, gemeinschaftliches Testament oder Erbvertrag.

Im Folgenden werden die Grundsätze der gesetzlichen Verwandtenerbfolge und das gesetzliche Erbrecht der oder des Längerlebenden in einer Ehe näher erläutert.

Gesetzliches Erbrecht ehelicher Kinder

Die gesetzliche Erbfolge bestimmt in erster Linie die Nachkommen, also Kinder, Enkel, Urenkel usw. zu den gesetzlichen Erben. Sie bilden die Erben erster Ordnung (§ 1924 BGB). Mutter eines Kindes ist die Frau, die es geboren hat. Vater eines Kindes ist der Mann, der zum Zeitpunkt der Geburt mit der Mutter des Kindes verheiratet ist, der die Vaterschaft anerkannt hat oder dessen Vaterschaft gerichtlich festgestellt ist. Eine Vaterschaft besteht auch, wenn die Ehe durch Tod aufgelöst wurde und innerhalb von 300 Tagen nach der Auflösung ein Kind geboren wird.

Hinterlässt die vererbende Person mehrere Kinder, so erben diese zu gleichen Teilen. Ein lebendes Kind schließt seine eigenen Nachkommen aus. Leben also außer den Kindern bereits weitere Nachkommen, so erben nur die Kinder, nicht die Enkel oder Urenkel. Und wenn ein Kind der vererbenden Person bereits vor dieser verstirbt, so tritt dessen Nachkomme, also der Enkel der vererbenden Person, an die Stelle seiner vorverstorbenen Eltern.

BEISPIEL: Der ledige A hinterlässt drei Kinder, B, C und D. D hat selbst ein Kind (E). Es erben B, C und D jeweils zu einem Drittel. Da D zur Zeit des Erbfalls noch lebt, ist dessen Kind E von der gesetzlichen Erbfolge ausgeschlossen.

Die nicht verheiratete A hinterlässt zwei Kinder, B und C. Kind D, bereits vor dem Erbfall verstorben, hinterlässt zwei Kinder, E und F. B und C erben jeweils ein Drittel, E und F jeweils ein Sechstel.

Auch ein minderjähriges Kind, also ein Kind, das das 18. Lebensjahr noch nicht vollendet hat, kann Erbe sein. Es wird bei der Annahme der Erbschaft durch seine gesetzlichen Vertreter, in der Regel durch die Eltern vertreten.

➡ **DAS IST WICHTIG:** Solange Erben der ersten Ordnung vorhanden sind, werden alle weiteren Verwandten von der gesetzlichen Erbfolge ausgeschlossen (§ 1930 BGB).

Gesetzliches Erbrecht nicht ehelicher Kinder

Gegenüber der Mutter hat ein nicht eheliches Kind immer ein gesetzliches Erbrecht. Für das gesetzliche Erbrecht gegenüber dem Vater sind besondere Umstände von Bedeutung.

Für Erbfälle seit dem 1.4.1998 sind nicht eheliche Kinder den ehelichen Kindern gleichgestellt. Das heißt, auch nicht eheliche Kinder haben einen gesetzlichen Anspruch auf alle Teile des Nachlasses und sie werden auch Mitglied einer Erbengemeinschaft.

Eine Ausnahme von dieser Regelung besteht für die alten Bundesländer: Danach gelten vor dem 1.7.1949 geborene nicht eheliche Kinder als nicht mit ihrem Vater verwandt und erben deshalb nichts. Mit Urteil vom 28.5.2009 hat der Europäische Gerichtshof für Menschenrechte entschieden, dass vor dem 1.7.1949 geborene nicht eheliche Kinder diskriminiert werden, wenn sie von der gesetzlichen Erbfolge gegenüber dem Vater ausgeschlossen sind. Nach der gesetzlichen Neuregelung haben deshalb vor dem 1.7.1949 geborene Kinder ein gesetzliches Erbrecht, wenn der Vater nach dem 29.5.2009 verstorben ist. Starb der Vater dagegen vor dem 29.5.2009, bleibt es dabei, dass das vor dem 1.7.1949 geborene nicht eheliche Kind kein gesetzliches Erbrecht hat.

Hatte der Vater des nicht ehelichen Kindes am 2.10.1990 seinen gewöhnlichen Aufenthalt in der ehemaligen DDR, sind auch nicht eheliche Kinder, die vor dem 1.7.1949 geboren wurden, wie eheliche Kinder zu behandeln und damit erbberechtigt. Nicht von Bedeutung ist der Geburtsort oder der Aufenthaltsort des Kindes.

➡ **GUT ZU WISSEN:** Sind nach Ihrem Tod in einer Erbengemeinschaft Schwierigkeiten zwischen Ihrem Ehemann oder Ihrer Ehefrau, Ihren ehelichen Kindern und Ihrem nicht ehelichen Kind zu befürchten, so können Sie diesem gegensteuern, indem Sie das nicht eheliche Kind enterben. Sie können es auf den Pflichtteil setzen oder, um es finanziell nicht zu benachteiligen, ein Vermächtnis im Wert des gesetzlichen Erbteils bestimmen.

Gesetzliches Erbrecht adoptierter Kinder

Das Erbrecht unterscheidet, ob ein minderjähriges oder ein volljähriges Kind adoptiert wurde.

Seit dem 1.1.1977 wird durch die Adoption eines minderjährigen Kindes die gleiche erbrechtliche Beziehung hergestellt wie zu leiblichen Kindern. Für das adoptierte minderjährige Kind erlischt damit auch komplett das Verwandtschaftsverhältnis zu seinen leiblichen Eltern und seinen leiblichen Verwandten. Das adoptierte minderjährige Kind wechselt also vollständig in das Lager der aufnehmenden Familie. Erbrechtliche Ansprüche gibt es nur noch in dieser neuen Familie. Zu diesem Grundsatz bestehen aber zwei wichtige Ausnahmen:

- ▶ Wenn ein Kind adoptiert wird, mit dem die Annehmenden im zweiten oder dritten Grad verwandt oder verschwägert sind, erlischt nur das Verwandtschaftsverhältnis des Kindes und seiner Nachkommen zu den leiblichen Eltern (§ 1756 Abs. 1 BGB). Das Kind beziehungsweise seine Nachkommen sind daher nicht gesetzliche Erben der ersten Ordnung nach den leiblichen Eltern, wohl aber nach den leiblichen Großeltern und Urgroßeltern.
- ▶ Und auch wenn ein Ehemann oder eine Ehefrau ein Kind des anderen Ehemanns oder der anderen Ehefrau aus einer früheren, durch Tod aufgelösten Ehe annimmt, bleiben die Verwandtschaftsverhältnisse zu den Verwandten des verstorbenen leiblichen Elternteils erhalten (§ 1756 Abs. 2 BGB). Das Kind und seine Nachkommen zählen daher zu den gesetzlichen Erben der ersten Ordnung, nach den Eltern und Großeltern des verstorbenen Elternteils.

BEISPIEL: Die Eheleute A adoptieren ein Kind im Alter von vier Jahren. Der Adoptivvater verstirbt einige Jahre später. Das Kind ist neben der Mutter voll erbberechtigt. Als wiederum ein paar Jahre später die Großeltern adoptiv-väterlicherseits versterben, ohne weitere Nachkommen zu hinterlassen, erbt das Adoptivkind alles, genau wie bei einem leiblichen Kind. Mit der Adoption einer volljährigen Person entsteht ein Verwandtschaftsverhältnis zwischen den Annehmenden und der adoptierten Person. Dem angenommenen Kind steht also gegenüber den annehmenden Eltern ein volles Erb- und Pflichtteilsrecht zu. Durch die Annahme entsteht allerdings kein Verwandtschaftsverhältnis zwischen dem adoptierten Kind und den Verwandten der Annehmenden (zum Beispiel deren Eltern), also auch kein gesetzliches Erbrecht. Die erbrechtlichen Beziehungen zwischen der adoptierten Person und ihrer leiblichen Familie bleiben unverändert bestehen.

Bei einer Erwachsenenadoption hat die adoptierte Person deshalb bezüglich vier Elternteilen ein gesetzliches Erbrecht.

→ GUT ZU WISSEN: Eine Adoption kann unter erbschaftsteuerlichen Gesichtspunkten sinnvoll sein, weil das angenommene Kind einer wesentlich günstigeren Steuerklasse angehört und ihm wesentlich höhere Steuerfreibeträge zustehen.

Gesetzliches Erbrecht der Eltern und Geschwister

Erben der zweiten Ordnung sind die Eltern, Geschwister, Neffen und Nichten der vererbenden Person und deren Kinder (§ 1925 BGB). Sie erben nur dann, wenn keine Erben der ersten Ordnung, also keine Nachkommen vorhanden sind. Die gesetzlichen Erben der zweiten Ordnung schließen ihrerseits die Erben der dritten Ordnung von der Erbfolge aus.

Leben zur Zeit des Erbfalls beide Eltern, so erben sie alle zu gleichen Teilen. Lebt ein Elternteil nicht mehr, so treten an seine Stelle dessen Nachkommen. Sind keine Nachkommen vorhanden, so erbt der länger lebende Elternteil allein. Sind beide Eltern bereits verstorben, so kommen nur deren Nachkommen zum Zuge.

BEISPIEL: A ist nicht verheiratet und hat keine Kinder. Wenn er stirbt, erben seine Eltern und, falls diese nicht mehr leben, seine Geschwister. Leben auch die Geschwister nicht mehr, erben die Neffen und Nichten.
Die geschiedene B hinterlässt ihren Vater C und ihre Schwestern D und E. Der Vater erbt die Hälfte, die Schwestern je ein Viertel des Nachlasses.

→ GUT ZU WISSEN: Häufig wollen kinderlose Ledige, wenn nur noch ein Elternteil lebt, dass dieser Alleinerbe wird und die Geschwister nicht erben. In diesem Fall bedarf es einer entsprechenden Verfügung von Todes wegen.

Gesetzliches Erbrecht von Erben der dritten Ordnung

In der Verwandtenerbfolge bilden Großeltern, Onkel, Tante, Cousine und Cousin der vererbenden Person sowie deren Kinder und Kindeskinder die Erben der dritten Ordnung (§ 1926 BGB).

Leben zur Zeit des Erbfalls die Großeltern väter- und mütterlicherseits, so erben sie allein und zu gleichen Teilen. Lebt zur Zeit des Erbfalls von einem Großelternpaar der Großvater oder die Großmutter nicht mehr, so treten an die Stelle des Verstorbenen dessen Nachkommen (Onkel, Tante der vererbenden Person). Sind keine Nachkommen vorhanden, so fällt der Anteil des Verstorbenen dem anderen Teil des Großelternpaars, und wenn dieser nicht mehr lebt, dessen Nachkommen zu. Lebt zur Zeit des Erbfalls ein Großelternpaar nicht mehr und haben die Verstorbenen keine Nachkommen, so erben die anderen Großeltern und deren Nachkommen allein.

BEISPIEL: Der ledige A hinterlässt vier Großeltern, zwei Onkel und eine Tante. Jeder Großelternteil erbt ein Viertel des Nachlasses. Weil alle Großelternteile noch leben, sind deren Nachkommen (Onkel und Tanten) von der gesetzlichen Erbfolge ausgeschlossen.

Gesetzliches Erbrecht der entfernteren Verwandten

Erben der vierten Ordnung sind die Urgroßeltern des Erblassers beziehungsweise der vererbenden Person und deren Nachkommen (§ 1928 BGB). Sie erben aber erst dann, wenn kein Verwandter der vorhergehenden Ordnung vorhanden ist. Lebt nur noch ein Urgroßelternteil, so erbt er allein und schließt alle Nachkommen des anderen vorverstorbenen Urgroßelternteils aus. Erben der fünften Ordnung sind die Ururgroßeltern des Erblassers und deren Nachkommen. Allerdings schließt ein Ehemann oder eine Ehefrau des Erblassers oder der Erblasserin ab der vierten Ordnung sämtliche Verwandten von der gesetzlichen Erbfolge aus.

Gesetzliches Erbrecht der Längerlebenden

Der länger lebende Ehemann oder die länger lebende Ehefrau ist gesetzlicher Erbe. Voraussetzung ist, dass die Ehe zum Zeitpunkt des Todes der vererbenden Person noch besteht. Die Ehe darf weder rechtskräftig geschieden noch aufgehoben sowie auch nicht für nichtig erklärt worden sein.

Sterben Ehemann und Ehefrau durch das gleiche Ereignis (zum Beispiel bei einem Verkehrsunfall), so ist der jeweilige Todeszeitpunkt zu ermitteln. Ist dies nicht möglich, wird vom gleichzeitigen Versterben ausgegangen; in diesem Fall kann der Ehemann oder die Ehefrau nicht Erbe der oder des anderen sein.

DAS IST WICHTIG: Trotz bestehender Ehe ist das gesetzliche Erbrecht des länger lebenden Ehemanns oder der länger lebenden Ehefrau ausgeschlossen, wenn zur Zeit des Erbfalls die Voraussetzungen für die Scheidung der Ehe gegeben waren und die vererbende Person die Scheidung beantragt oder ihr zugestimmt hatte (§ 1933 BGB).

Stirbt also der Ehemann oder die Ehefrau während des Scheidungsverfahrens, dann verliert der oder die Längerlebende das gesetzliche Erbrecht, wenn die vererbende Person dem Scheidungsantrag des jeweils anderen schon vor dem Tod zugestimmt hatte. Das Erbrecht des Ehemanns oder der Ehefrau lebt wieder auf, wenn der Scheidungsantrag zurückgenommen oder die Zustimmung zum Scheidungsantrag widerrufen wird.

Hatte die länger lebende Ehefrau oder der Ehemann einen Scheidungsantrag gestellt, aber die oder der Verstorbene noch nicht zugestimmt, so besteht das Erbrecht des länger lebenden Ehemanns oder der Ehefrau fort. Unbeachtlich für das gesetzliche Erbrecht ist in jedem Fall die bloße Trennung der Eheleute.

Für die Höhe des Erbteils von Ehemann oder Ehefrau ist von Bedeutung,

- ▶ ob und welche Verwandten der oder des Verstorbenen erben und
- ▶ in welchem Güterstand die Eheleute während der Ehe gelebt haben. Als Güterstand bezeichnet man eine vom Gesetz zur Verfügung gestellte Möglichkeit, die vermögensrechtlichen Beziehungen unter Ehemann und Ehefrau zu regeln. Gesetzlicher Güterstand ist die Zugewinngemeinschaft. Sofern also zwischen Ehemann und Ehefrau nichts anderes vereinbart wurde, ist dieser Güterstand maßgebend. Anstelle der Zugewinngemeinschaft können Ehemann und Ehefrau durch Ehevertrag auch einen anderen Güterstand, insbesondere Gütertrennung vereinbaren.

Gesetzliches Erbrecht des Ehemanns oder der Ehefrau in Zugewinngemeinschaft

Sofern die Eheleute durch Ehevertrag nichts anderes vereinbart haben, leben sie automatisch im gesetzlich festgelegten Güterstand der Zugewinngemeinschaft. Die Vermögen der Eheleute bleiben getrennt. Jeder Ehemann oder jede Ehefrau behält das Vermögen, das ihm oder ihr bei Eheschließung gehört hat, und die während der Ehe erworbenen Güter. Bei der Zugewinngemeinschaft gibt es also kein gemeinschaftliches Vermögen der Eheleute. Die Eheleute verwalten grundsätzlich jeweils ihr eigenes Vermögen selbstständig, dürfen also über ihr Vermögen frei verfügen und sind dem oder der anderen keine Rechenschaft schuldig.

Besonderheit der Zugewinngemeinschaft ist es, dass zwar zunächst das Vermögen des Ehemanns oder der Ehefrau rechtlich getrennt behandelt wird, der während der Ehe jeweils erzielte Vermögenszuwachs aber nach Beendigung des Güterstands wieder ausgeglichen wird. Es findet also sowohl bei Scheidung der Ehe also auch beim Tod eines Ehemanns oder einer Ehefrau ein sogenannter Zugewinnausgleich statt.

DAS IST WICHTIG: Bei der Zugewinngemeinschaft erbt der länger lebende Ehemann oder die länger lebende Ehefrau nach § 1931 BGB:
- neben den Erben der ersten Ordnung (Kinder, Enkel, Urenkel) ein Viertel des Nachlasses,
- neben Erben der zweiten Ordnung (Eltern, Geschwister, Neffen, Nichten) und neben Großeltern die Hälfte des Nachlasses.
- Sind weder Verwandte der ersten noch der zweiten Ordnung noch Großeltern vorhanden, so erbt der länger lebende Ehemann oder die länger lebende Ehefrau allein.

Wird die Zugewinngemeinschaft beendet, muss der von Ehemann oder Ehefrau jeweils erzielte Zugewinn ausgeglichen werden. Im Falle des Todes erfolgt der Zugewinnausgleich dadurch, dass sich der gesetzliche Erbteil der oder des Längerlebenden pauschal um ein Viertel erhöht (§ 1371 Abs. 1 BGB). Keine Bedeutung hat, ob überhaupt ein Zugewinn innerhalb der Ehezeit erwirtschaftet wurde und wenn ja, wer diesen erzielt hat.

Damit erbt der länger lebende Ehemann oder die länger lebende Ehefrau bei Zugewinngemeinschaft wie folgt:
- Neben den Erben der ersten Ordnung erbt der länger lebende Ehemann oder die länger lebende Ehefrau ein Viertel. Hinzu kommt ein Viertel als pauschaler Ausgleich des Zugewinns. Insgesamt erbt also die oder der Längerlebende die Hälfte des Nachlasses.
- Neben Erben der zweiten Ordnung erbt der länger lebende Ehemann oder die länger lebende Ehefrau die Hälfte des Nachlasses. Hinzu kommt ein Viertel als pauschaler Zugewinnausgleich, sodass die oder der Längerlebende drei Viertel des Nachlasses erbt.
- Konkurriert die oder der Längerlebende ausschließlich mit Erben der dritten Ordnung (also Großeltern und deren Nachkommen), so erhält er oder sie den ganzen Nachlass, es sei denn, einzelne Großelternteile lebten noch.

BEISPIEL: A hinterlässt seine Frau B und seine Kinder C und D, ferner seine Eltern E und F und seinen Bruder G. B erbt die Hälfte des Nachlasses; ihr Erbteil von einem Viertel erhöht sich um den pauschalen Ausgleich des Zugewinns um ein weiteres Viertel. Die Kinder C und D erben die andere Hälfte, also jeweils ein Viertel. Die Eltern und der Bruder der vererbenden Person A sind von der gesetzlichen Erbfolge ausgeschlossen.

Durch das pauschale Zugewinnviertel wird letztlich die oder der Längerlebende im Verhältnis zu Verwandten der vererbenden Person erbrechtlich bevorzugt. Geschmälert wird diese Bevorzugung dadurch, dass aus dem Wert des Zusatzviertels eine angemessene Ausbildung der erbberechtigten Nachkommen der vererbenden Person (insbesondere der Kinder) finanziert werden muss. Diese Verpflichtung kann unter anderem dadurch beseitigt werden, dass der länger lebende Ehemann oder die länger lebende Ehefrau durch Verfügung von Todes wegen zum Erben eingesetzt wird.

Gesetzliches Erbrecht von Ehemann oder Ehefrau bei Gütertrennung

Gütertrennung tritt unter anderem ein, wenn Ehemann und Ehefrau diesen Güterstand durch Ehevertrag vereinbaren oder den gesetzlichen Güterstand der Zugewinngemeinschaft ausschließen oder aufheben, ohne einen anderen Güterstand zu vereinbaren. Bei einer Gütertrennung werden Ehemann und Ehefrau praktisch wie Unverheiratete behandelt. Alles, was nach Abzug für den Familienunterhalt noch übrig bleibt, gehört allein der oder dem Verdienenden. Im Unterschied zur Zugewinngemeinschaft muss bei Beendigung der Ehe kein Zugewinnausgleich durchgeführt werden.

Haben die Eheleute durch Abschluss eines Ehevertrags den Güterstand der Gütertrennung vereinbart, so erbt die oder der Längerlebende neben Verwandten der ersten Ordnung (Kinder, Enkel, Urenkel) ein Viertel, neben Verwandten der zweiten Ordnung (insbesondere Eltern, Geschwister) oder neben Großeltern die Hälfte des Nachlasses. Darüber hinaus sind folgende Besonderheiten zu beachten (siehe § 1931 Abs. 4 BGB):

- ▶ Sind weder Verwandte der ersten oder zweiten Ordnung noch Großeltern vorhanden, erbt der länger lebende Ehemann oder die länger lebende Ehefrau allein.
- ▶ Erben allerdings neben dem länger lebenden Ehemann oder der länger lebenden Ehefrau ein oder zwei Kinder, so erben Ehemann oder Ehefrau und jedes Kind zu gleichen Teilen. Neben einem Kind erbt also Ehemann oder Ehefrau die Hälfte, neben zwei Kindern ein Drittel des Nachlasses. Bei drei und mehr Kindern erbt die oder der Längerlebende entsprechend der Grundregel den Mindestanteil von einem Viertel.

BEISPIEL: A hinterlässt ihren Mann B und zwei Kinder, ferner ein Enkelkind. B und die beiden Kinder erben jeweils ein Drittel des Nachlasses. Das Enkelkind ist von der gesetzlichen Erbfolge ausgeschlossen.

C hinterlässt seine Frau D und zwei Brüder. Seine Eltern sind bereits verstorben. D erbt die Hälfte des Nachlasses, die beiden Brüder erhalten jeweils ein Viertel.

Natürlich können Eheleute, die im Güterstand der Gütertrennung leben, während der Ehe jederzeit in die erbschaftsteuerlich günstigere Zugewinngemeinschaft wechseln. Allerdings gilt dann als Anfangsvermögen nicht das jeweilige Vermögen zu Beginn der Ehe, sondern das zum Zeitpunkt der Vereinbarung der Zugewinngemeinschaft vorhandene Vermögen. Die Zugewinngemeinschaft rückwirkend auf den Beginn der Ehe zu vereinbaren, ist erbschaftsteuerlich nicht möglich.

➡ **DAS IST WICHTIG:** Der Güterstand der Gütertrennung ist unter erbschaftsteuerlichen Gesichtspunkten ungünstig. Schließlich kann der erbschaftsteuerfreie Zugewinnausgleich nicht in Anspruch genommen werden. Die Zugewinngemeinschaft ist in erbschaftsteuerlicher Hinsicht besser geeignet, um dem länger lebenden Ehemann oder der länger lebenden Ehefrau einen möglichst großen Anteil am Nachlass zukommen zu lassen.

Anspruch von Ehemann oder Ehefrau auf den „Voraus" und den „Dreißigsten"

Zusätzlich zu seinem Erbteil und unabhängig vom Güterstand, in dem die Eheleute gelebt haben, steht der länger lebenden Person als gesetzlich Erbende der Anspruch auf den sogenannten „Voraus" zu; das sind die zum ehelichen Haushalt gehörenden Gegenstände (zum Beispiel Möbel, Geschirr, Küchengeräte. Waschmaschine, Radio- und Fernsehgerät) und die Hochzeitsgeschenke.

➡ **DAS IST WICHTIG:** Voraussetzung für den Anspruch auf den Voraus ist insbesondere, dass der Ehemann oder die Ehefrau gesetzlicher Erbe ist. Er oder sie darf also nicht durch ein Testament oder einen Erbvertrag zum Erben bestimmt worden sein, auf das Erbrecht verzichtet oder die Erbschaft ausgeschlagen haben.

In welchem Umfang der oder dem Längerlebenden die zum Haushalt gehörenden Gegenstände zustehen, hängt davon ab, welcher Ordnung die mit den Eheleuten zur gesetzlichen Erbfolge berufenen Personen angehören:

Neben Verwandten der zweiten Ordnung (Eltern bzw. Geschwistern) oder neben Großeltern umfasst der dem Längerlebenden neben seinem Erbteil zustehende Voraus alle zum Haushalt gehörenden Gegenstände und die Hochzeitsgeschenke (§ 1932 Satz 1 BGB).

Wenn Ehemann oder Ehefrau neben Nachkommen (Kinder, Enkel usw.) als gesetzlicher Erbe berufen ist, stehen ihr oder ihm die Gegenstände des Voraus nur insoweit zu, als sie zur Führung eines angemessenen Haushalts von Bedeutung sind, die oder der Längerlebende also weder genügend Gegenstände besitzt noch ihm oder ihr die Beschaffung aus eigenen Mitteln zugemutet werden kann (§ 1932 Satz 2 BGB). Nicht entscheidend ist der Wert der Haushaltsgegenstände. Was zum Voraus in diesem Fall gehört, hängt also nicht zuletzt auch von den bisherigen Lebensverhältnissen der Eheleute ab.

DAS IST WICHTIG: Der Anspruch des länger lebenden Ehemanns oder der länger lebenden Ehefrau auf den Voraus entfällt, wenn das gesetzliche Erbrecht ausgeschlossen ist (siehe dazu Seite 53).

Familienangehörige der vererbenden Person, die zur Zeit ihres Todes zu deren Hausstand gehören und von ihm Unterhalt bezogen haben, haben einen Anspruch gegen die Erben auf Unterhalt sowie die Benutzung der Wohnung und der Haushaltsgegenstände für die Zeit von 30 Tagen nach dem Erbfall. Als Berechtigte kommen der länger lebende Ehemann oder die länger lebende Ehefrau, der oder die Längerlebende in einer nicht ehelichen Lebensgemeinschaft sowie minderjährige und volljährige Kinder oder Pflegekinder in Betracht.

Gesetzlicher Erbteil des länger lebenden Ehemanns/der länger lebenden Ehefrau

Zugewinngemeinschaft	Erbteil des Ehemanns/der Ehefrau	Erbteil der Verwandten
Nachkommen (Kinder, Enkel, Urenkel)	1/2	1/2
Eltern bzw. bei deren Ableben deren Nachkommen (zum Beispiel Geschwister)	3/4	1/4

Gütertrennung	Erbteil des Ehemanns/der Ehefrau	Erbteil der Verwandten
Ein Kind bzw. bei seinem Ableben seine Nachkommen (zum Beispiel Enkel)	1/2	1/2
Zwei Kinder bzw. bei ihrem Ableben ihre Nachkommen (zum Beispiel Enkel)	1/3	2/3
Drei und mehr Kinder bzw. bei ihrem Ableben ihre Nachkommen (zum Beispiel Enkel)	1/4	3/4
Vererbende Person hinterlässt Eltern bzw. deren Nachkommen (zum Beispiel Geschwister)	1/2	1/2

ZUSAMMENGEFASST — DAS IST WICHTIG:

Gesetzliche Erbfolge gilt insbesondere, wenn die vererbende Person kein Testament errichtet oder einen Erbvertrag abgeschlossen hat, die von ihr errichtete Verfügung von Todes wegen nur einen Teil ihres Vermögens erfasst oder wenn der eingesetzte Erbe die Erbschaft ausschlägt.

Gesetzliche Erben sind die Kinder der vererbenden Person. Mehrere Kinder erben zu gleichen Teilen. Ein lebendes Kind schließt seine eigenen Nachkommen aus. Ist ein Kind bereits vor der vererbenden Person verstorben, treten seine Nachkommen an die Stelle der Eltern.

Die Eltern der vererbenden Person sind nur dann gesetzliche Erben, wenn keine Nachkommen (Kinder, Enkel, Urenkel) vorhanden sind. Leben beide Eltern, erben sie zu gleichen Teilen. Lebt ein Elternteil nicht mehr, treten an seine Stelle seine Nachkommen, also die Geschwister der vererbenden Person.

Der Ehemann oder die Ehefrau ist gesetzlicher Erbe oder Erbin. Für die Höhe des Erbteils ist von Bedeutung, ob und welche Verwandten erben und in welchem Güterstand die Eheleute während der Ehe gelebt haben.

Zusätzlich zu dem Erbteil und unabhängig vom Güterstand, in dem die Eheleute gelebt haben, stehen dem länger lebenden Ehemann oder der länger lebenden Ehefrau die zum ehelichen Haushalt gehörenden Gegenstände und die Hochzeitsgeschenke zu.

Das gesetzliche Erbrecht von Ehemann oder Ehefrau besteht nur dann, wenn die Ehe zum Zeitpunkt des Todes der vererbenden Person noch besteht. Wurde die Ehe geschieden, ist der Ehemann oder die Ehefrau grundsätzlich von der Erbfolge ausgeschlossen. Dagegen besteht in der Trennungsphase nach wie vor das gesetzliche Erbrecht von Ehemann oder Ehefrau.

4

Wenn das Vermögen durch Testament oder Erbvertrag übertragen werden soll

Thomas und Evi Krieger sind verheiratet und haben zwei Kinder. Sie wollen eine sogenannte „Verfügung von Todes wegen" treffen, weil im Fall des Todes eines Ehepartners zunächst der länger lebende Partner Alleinerbe sein soll und erst danach die Kinder je zur Hälfte erben sollen. Sie überlegen, ob jeder Partner ein Einzeltestament oder beide Partner zusammen ein gemeinschaftliches Testament verfassen sollen. Oder ist es sogar sinnvoll, einen Erbvertrag abzuschließen?

IN DIESEM KAPITEL ERFAHREN SIE,

welche verschiedenen erbrechtlichen Instrumente Ihnen für Ihre Nachlassplanung zur Verfügung stehen ■ **Seite 58**

welche persönlichen Voraussetzungen für ein Testament oder ein Erbvertrag erfüllt sein müssen ■ **Seite 61**

wie ein eigenhändiges Testament verfasst und wo es aufbewahrt werden kann ■ **Seite 63**

wann es sinnvoll ist, ein notarielles Testament zu errichten ■ **Seite 67**

welche Besonderheiten das gemeinschaftliche Testament von Eheleuten hat und was ein Berliner Testament ist ■ **Seiten 71** und **77**

wann der Abschluss eines Erbvertrags sinnvoll ist und welche Risiken damit verbunden sind ■ **Seite 85**

Verfügungen von Todes wegen

Um die Nachlassplanung nach eigenen Vorstellungen zu gestalten, gibt es verschiedene Instrumente der Vermögensübertragung, die sogenannten Verfügungen von Todes wegen. In Betracht kommen das Testament, mit der Besonderheit des gemeinschaftlichen Testaments, und der Erbvertrag. Andere Möglichkeiten, die Vermögensnachfolge nach dem Tod erbrechtlich zu regeln, bestehen nicht.

▶ Das Testament ist eine einseitige Verfügung von Todes wegen. Es können darin Anordnungen und Bestimmungen getroffen werden, die nicht des Einvernehmens von anderen Beteiligten bedürfen. Deshalb können das Testament oder einzelne Verfügungen auch jederzeit widerrufen werden. Gründe dafür müssen nicht angegeben werden (siehe Seite 67).

▶ Die Erbfolge kann auch durch einen Erbvertrag geregelt werden. Darin treffen entweder beide Vertragsparteien oder nur einer eine Verfügung von Todes wegen mit vertraglicher Bindung. Während das Testament grundsätzlich jederzeit widerrufen werden kann, sind die vertragsmäßigen Verfügungen eines Erbvertrags grundsätzlich unwiderruflich (zum Erbvertrag siehe Seite 85).

▶ Das gemeinschaftliche Testament ist eine Zwischenform zwischen einem Testament und einem Erbvertrag. Es kann nur von Eheleuten und eingetragenen Lebenspartnern aufgesetzt werden. In einem gemeinschaftlichen Testament können Anordnungen sowohl für den Tod des einen wie für den Tod des anderen getroffen werden. Die sogenannten wechselbezüglichen Anordnungen stehen gewissermaßen in einem Gegenseitigkeitsverhältnis zueinander, sodass im Gegensatz zum Testament besondere Bestimmungen für den Widerruf solcher Verfügungen zu berücksichtigen sind. Ähnliche Bindungen wie das gemeinschaftliche Testament begründet der Erbvertrag, allerdings besteht beim gemeinschaftlichen Testament die grundsätzliche Möglichkeit, sich auch einseitig von der gemeinsamen Verfügung zu lösen (Einzelheiten zum gemeinschaftlichen Testament siehe Seite 71).

Wie in Kapitel 2 dargelegt, können Vermögensübertragungen durch Rechtsgeschäfte unter Lebenden (insbesondere durch Schenkungen) vorgenommen werden. Daneben bieten sich Verfügungen von Todes wegen (Testament, Erbvertrag) an. Gegenüber den Rechtsgeschäften unter Lebenden behält man bei Verfügungen von Todes wegen die Befugnis, über das Vermögen zu Lebzeiten zu verfügen; erst mit dem Tod des Erblassers erwerben die eingesetzten Erben Rechte an dem Vermögen. Dagegen begründen Rechtsgeschäfte unter Lebenden bereits zu Lebzeiten des Veräußerers Rechte und Pflichten, selbst wenn die

Vermögensübertragung erst mit dem Tod des Verpflichteten eintritt.

Testierfreiheit

Jede Person hat das Recht, nach freiem Belieben Anordnungen und Bestimmungen über ihr Vermögen nach dem Tod zu treffen.

→ **DAS IST WICHTIG:** Durch Testament oder Erbvertrag können Erben und damit die Vermögensnachfolger bestimmt (§ 1937 BGB), das Vermögen unter mehreren Personen aufgeteilt oder Verwandte, Ehemann oder Ehefrau von der gesetzlichen Erbfolge ausgeschlossen werden.

Eine vertragliche Beschränkung der verfassungsrechtlich garantierten Testierfreiheit ist grundsätzlich nicht möglich; eine entsprechende Verpflichtung, eine Verfügung von Todes wegen zu erstellen oder nicht zu erstellen, aufzuheben oder nicht aufzuheben, ist nichtig (§ 2302 BGB). Gleichwohl besteht die Testierfreiheit nicht uneingeschränkt, sondern nur innerhalb gesetzlicher und vertraglicher Grenzen.

Die Testierfreiheit wird zunächst beschränkt durch das Pflichtteilsrecht, mit dem das Gesetz den nächsten Familienangehörigen, Ehemann wie Ehefrau, einen Mindestanteil am hinterlassenen Vermögen garantieren will (Einzelheiten zum Pflichtteilsanspruch von Nachkommen, Eltern und Ehemann oder Ehefrau siehe Seite 140).

Eine Einschränkung erfährt die Testierfreiheit auch dadurch, dass man sich in einem wirksamen Erbvertrag gebunden hat und keine vom Vertrag abweichenden Verfügungen mehr getroffen werden können. Entsprechendes gilt, wenn Sie sich im Rahmen eines gemeinschaftlichen Testaments durch sogenannte wechselbezügliche Verfügungen gebunden haben. Beim gemeinschaftlichen Testament tritt die Bindungswirkung erst mit dem Tod der oder des Erstversterbenden ein. Vorher kann jeder Ehemann und jede Ehefrau das Testament durch einen notariell zu beurkundenden Widerruf, der dem Ehepartner oder der -partnerin zugehen muss, aufheben (siehe Seite 75). Bei bindenden Verfügungen in einem Erbvertrag oder in einem gemeinschaftlichen Testament sind alle späteren Verfügungen unwirksam, wenn sie der früheren Verfügung von Todes wegen widersprechen.

BEISPIEL: Sie als Eheleute haben sich in einem Berliner Testament gegenseitig zu Alleinerben und Ihre gemeinsamen Kinder nach dem Tod der oder des Längerlebenden als Schlusserben eingesetzt. Sie können aufgrund dieser wechselseitigen Verfügungen danach keine andere Erbeinsetzung vornehmen. Erst wenn für Sie keine rechtliche Bindung mehr besteht, weil Sie die Erbeinsetzung in notariell beurkundeter Form widerrufen und die Widerrufserklärung dem Ehemann oder der Ehefrau zugegangen ist, können Sie anderweitig erbrechtlich verfügen.

Um sicherzugehen, dass durch frühere Verfügungen von Todes wegen nicht bereits andere Bestimmungen getroffen wurden (insbesondere lange zurückliegende Verfügungen können in Vergessenheit geraten), ist beim Verfassen einer Verfügung von Todes wegen klarzustellen, dass alle früheren Verfügungen widerrufen werden.

SO MACHEN SIE ES RICHTIG:
Widerruf früherer Verfügungen
Vorsorglich hebe ich alle in der Vergangenheit getroffenen notariellen oder privatschriftlichen Verfügungen von Todes wegen in vollem Umfang auf und widerrufe sie.

Gesetzliche Zuwendungsverbote

Zwar steht es in Ihrem Belieben, grundsätzlich jede Person als Ihren Erben einzusetzen, es gibt jedoch Einrichtungen und Personen, die Sie aufgrund Ihrer besonderen Beziehung zu Ihnen nicht als Erben bestimmen können. Auch Zuwendungen, die nicht in Form einer Erbeinsetzung erfolgen (zum Beispiel Vermächtnisse), sind nicht zulässig.

Zuwendungen an Heime

Einschränkungen erfährt Ihre Testierfreiheit in diesem Zusammenhang durch das Heimgesetz des Bundes und die entsprechenden Gesetze der Länder. So ist es dem Träger des Heims, seiner Leitung und dessen Angehörigen, den Beschäftigten und sonstigen Mitarbeitenden untersagt, sich über das für die Unterbringung, Beköstigung und Pflege der Bewohnerinnen und Bewohner vereinbarte Entgelt hinaus Leistungen oder geldwerte Leistungen versprechen oder gewähren zu lassen, soweit es sich nicht um geringwertige Leistungen handelt (§ 14 Abs. 1 und 5 Heimgesetz). Eine gegen das Zuwendungsverbot verstoßende testamentarische Verfügung ist nichtig. Das gilt allerdings nur, wenn Bedachte vom Inhalt des Testaments Kenntnis erhalten und die Heimbewohnerin oder der Heimbewohner von dieser Kenntnis weiß.

DAS IST WICHTIG: Einrichtungen des sogenannten betreuten Wohnens fallen nicht unter das Verbot, solange keine Verpflichtung des Mieters besteht, Verpflegung und weitergehende Betreuungsleistungen von bestimmten Anbietern anzunehmen.

Zuwendungen an Betreuende

Einem beruflichen Betreuer ist es untersagt, Geld oder geldwerte Leistungen von durch ihn betreute Personen anzunehmen. Dies gilt sowohl für Schenkungen als auch für erbrechtliche Zuwendungen. Der Betreuer darf auch dann eine Zuwendung nicht annehmen, wenn er oder sie nicht wusste, dass er von der betreuten Person in ihrem Testament bedacht worden ist.

Zuwendungen an Beschäftigte des öffentlichen Dienstes

Beschäftigte des öffentlichen Dienstes (zum Beispiel Beamtinnen und Beamte) dürfen Belohnungen oder Geschenke in Bezug auf das Amt oder die dienstliche Tätigkeit nicht annehmen. Unzulässig ist deshalb eine Erbeinsetzung eines Beschäftigten des öffentlichen Dienstes, wenn diese im Zusammenhang mit dem vom Beamten oder Beschäftigten wahrgenommenen Amt besteht. In diesem Fall darf die oder der Beschäftigte den Vermögensvorteil nicht behalten.

Zuwendungen an Notare

Unwirksam ist ein Testament, das dem Notar oder seinem Ehepartner oder einem sonstigen nahen Angehörigen einen rechtlichen Vorteil verschafft, wenn der Notar bei der Beurkundung des Testaments mitgewirkt hat.

§ **SO ENTSCHIEDEN DIE GERICHTE:**

Das dem Urkundsnotar vom Erblasser in seiner notariell beurkundeten letztwilligen Verfügung eingeräumte Recht zur Bestimmung der Person des Testamentsvollstreckers stellt für den Urkundsnotar einen rechtlichen Vorteil dar, sodass die diesbezügliche Beurkundung der Willenserklärung des Erblassers unwirksam ist (OLG Stuttgart, Az. 8 W 112/12).

Testier- und Geschäftsfähigkeit

Die Testier- beziehungsweise Geschäftsfähigkeit ist Voraussetzung, um ein Testament wirksam zu errichten oder einen wirksamen Erbvertrag abzuschließen. Die Testierfähigkeit betrifft die Fähigkeit, ein Testament wirksam zu errichten, zu ändern oder aufzuheben; die Geschäftsfähigkeit ist die Fähigkeit, einen wirksamen Erbvertrag abzuschließen.

Die Testierfähigkeit beginnt mit Vollendung des 16. Lebensjahrs (§ 2229 Abs. 1 BGB). Allerdings kann der Minderjährige sein Testament nur wirksam als notarielles Testament durch mündliche Erklärung vor einem Notar oder durch Übergabe einer offenen Schrift errichten. Er bedarf hierfür nicht der Zustimmung seines gesetzlichen Vertreters (§ 2229

Abs. 2 BGB). Vor Erreichen des 16. Lebensjahrs besteht Testierunfähigkeit.

Ein Testament einer Person, die das 16. Lebensjahr noch nicht vollendet hat, ist auch dann unwirksam, wenn der Erbfall erst nach Erreichen der für die Testierfähigkeit maßgebenden Altersgrenze eingetreten ist.

Personen, die wegen krankhafter Störung der Geistestätigkeit, Geistesschwäche oder Bewusstseinsstörung nicht in der Lage sind, die Bedeutung einer von ihnen abgegebenen Willenserklärung zu verstehen und nach dieser Einsicht zu handeln (zum Beispiel Demenz vom Alzheimer Typ, Demenz bei Parkinson-Syndrom; siehe § 2229 Abs. 4 BGB) können kein wirksames Testament abfassen. Die Annahme einer Testierunfähigkeit aus einem dieser Gründe muss als Ausnahmefall angesehen werden; das bedeutet, dass jede Person so lange als testierfähig gilt, bis das Gegenteil zur vollen Gewissheit bewiesen ist. Auch der Umstand, dass eine Person unter Betreuung steht, bedeutet nicht automatisch deren Testierunfähigkeit. In einem „lichten Moment" kann die betreffende Person sehr wohl in der Lage sein, ein wirksames Testament oder einen wirksamen Erbvertrag abzuschließen.

 SO ENTSCHIEDEN DIE GERICHTE:
Eine Erblasserin ist als testierunfähig anzusehen, wenn sie aufgrund einer fortgeschrittenen Demenzerkrankung vom Alzheimertyp nicht mehr in der Lage ist, die Bedeutung und die Tragweite einer erklärten letztwilligen Verfügung einzusehen und nach einer solchen Einsicht zu handeln (OLG Hamm, Az. 10 U 76/16).

Eingeschränkt testierfähig sind unter anderem leseunfähige, sprech- und sehbehinderte Menschen. Eine Person, die nach ihren Angaben oder nach Überzeugung des Notars nicht lesen kann, kann ein Testament nur durch mündliche Erklärung vor dem Notar errichten (§ 2233 Abs. 2 BGB). Eine schreibunfähige ebenso wie eine blinde Person kann kein eigenhändiges Testament errichten. Blindenschrift entspricht nicht den gesetzlichen Formerfordernissen.

Einen wirksamen Erbvertrag kann nur abschließen, wer unbeschränkt geschäftsfähig ist, also das 18. Lebensjahr vollendet hat. Ausnahmen gelten für Verheiratete und Verlobte. Danach können Ehemann oder Ehefrau und Verlobte einen Erbvertrag abschließen, selbst wenn sie beschränkt geschäftsfähig sind. Sie bedürfen hierzu allerdings der Zustimmung ihrer gesetzlichen Vertretung und, sofern die gesetzliche Vertretung ein Vormund ist, der Genehmigung durch das Familiengericht (§ 2275 BGB).

Eigenhändiges Testament

Das eigenhändige Testament ist die am häufigsten gewählte Testamentsform. Es kann, ohne eine Notarin, einen Notar oder eine andere öffentliche Stelle einzuschalten, durch eine eigenhändig geschriebene und unterschriebene Erklärung erstellt werden.

Diese Form hat den Vorteil, dass keine Kosten anfallen und dass das Testament einfach und bequem abgefasst werden kann. Ferner kann ein eigenhändiges Testament schnell widerrufen oder geändert werden. Allerdings kann das eigenhändige Testament leichter verloren gehen; und schlimmer noch, wenn das Schriftstück im Erbfall nicht auffindbar ist. Und es besteht ohne fachliche Beratung die Gefahr, dass es nicht eindeutig formuliert wird.

DAS IST WICHTIG: Häufig sind eigenhändige Testamente nicht klar und eindeutig formuliert. Deshalb sollte bei komplexen Erbrechtsangelegenheiten fachkundiger Rat eingeholt werden.

Form

In einem eigenhändigen Testament wird der letzte Wille durch eine eigenhändig geschriebene und unterschriebene Erklärung zum Ausdruck gebracht (§ 2247 Abs. 1 BGB).

DAS IST WICHTIG: Werden Formerfordernisse an das Testament nicht beachtet, ist die Verfügung unwirksam.

Die gesamte Testamentserklärung muss von der vererbenden Person selbst mit der Hand geschrieben sein. Nicht ausreichend ist eine mit einer Schreibmaschine oder mit einem PC erstellte Erklärung. Auch wenn das Testament einer anderen Person diktiert wird, ist die gesetzlich vorgeschriebene Form nicht erfüllt. Wichtig ist die Lesbarkeit des Textes. Ein unlesbares Testament ist nichtig.

Gleichgültig ist, ob das Testament in Schreibschrift oder in Druckbuchstaben geschrieben wird: Auf jeden Fall müssen die charakteristischen Züge der eigenen Handschrift ohne Weiteres erkennbar sein. In welcher Sprache das Testament verfasst wird, ist unbeachtlich. Allerdings muss der Text verständlich formuliert werden. Das eigenhändige Testament muss nicht formvollendet sein. Rechtschreibfehler, Streichungen oder Verbesserungen sind ohne Bedeutung. Allerdings muss es lesbar sein und der Wille muss in der Erklärung zweifelsfrei und umfassend zum Ausdruck kommen.

> **§ SO ENTSCHIEDEN DIE GERICHTE:**
> Ein unleserliches, auch mithilfe einer sachverständigen Person nicht vollständig entzifferbares Testament ist unwirksam (OLG Schleswig-Holstein, Az. 3 Wx 19/15).

Bei der Errichtung des Testaments kann man sich selbstverständlich anderer Personen bedienen. Diese dürfen auch körperlich unterstützen, also etwa den Arm oder die Hand halten. Das Testament darf aber nicht durch die andere Person erstellt werden, indem diese die Hand ohne den Willen der oder des Erklärenden führt.

Im Testament kann auch auf andere Schriftstücke Bezug genommen werden, soweit der formgerecht erklärte Willen dadurch konkretisiert wird. So ist es beispielsweise möglich, dass auf Katasterpläne oder Grundbuchauszüge verwiesen wird. Vorsicht ist allerdings geboten, wenn im Testament auf maschinengeschriebene Vermögensaufstellungen Bezug genommen werden soll. Hier ist im Einzelfall fachkundiger Rat einzuholen.

➡ DAS IST WICHTIG: Achten Sie darauf, dass Sie Änderungen in Ihrem eigenhändigen Testament formgerecht vornehmen. Änderungen in mechanischer Schrift gelten als nicht geschrieben; sie machen also nicht das gesamte Testament unwirksam.

Das Testament muss eigenhändig unterschrieben sein und damit bestätigt werden, dass die Erklärung ernsthaft ist und kein unverbindlicher Entwurf vorliegt. Fehlt im Testament die Unterschrift, ist es unwirksam. Der Formfehler kann nicht geheilt werden. Im Gegensatz zum Text des Testaments muss die Unterschrift nicht leserlich sein. Ausreichend ist, dass diese wegen ihrer charakteristischen und persönlichen Merkmale erkennbar ist und einen sicheren Rückschluss auf die Identität der vererbenden Person zulässt. Im Regelfall muss die Unterschrift unter der letzten Zeile des Textes stehen, um auszudrücken, dass der Text beendet ist. Die Unterschrift soll den Vor- und Familiennamen enthalten. Wird in anderer Weise (zum Beispiel mit „Euer Vater" oder „Eure Mutter") unterschrieben und reicht diese Unterzeichnung aus, um die Urheberschaft zweifelsfrei festzustellen, ist das Testament wirksam (§ 2247 Abs. 3 BGB).

Besteht das Testament aus mehreren, nicht miteinander verbundenen Blättern, ist es ausreichend, sofern ein inhaltlicher Zusammenhang des Textes erkennbar ist, wenn das Dokument auf dem letzten Blatt unterschrieben wird. Nachträgliche Radierungen oder Änderungen im Testament müssen nicht gesondert unterschrieben werden. Gleichwohl wird empfohlen, nachträgliche Änderungen mit Datum und Unterschrift zu versehen.

> ## § SO ENTSCHIEDEN DIE GERICHTE:
>
> Nachträge auf Testamentskopien, die keine Unterschrift enthalten, erfüllen das Formerfordernis nicht und sind damit unwirksam (OLG München, Az. 31 Wx 179/10).

Unter Umständen kann ein nicht unterzeichnetes Testament wirksam sein, wenn es in einem verschlossenen Briefumschlag aufbewahrt wird und sich die darauf angebrachte Unterschrift eindeutig auf den Inhalt des Umschlags bezieht.

Das Gesetz schreibt vor, dass im Testament angegeben werden „soll", an welchem Ort und zu welcher Zeit es errichtet wurde (§ 2247 Abs. 2 BGB). Das Fehlen dieser Angaben macht das Testament aber nicht unwirksam. Aus Beweisgründen wird jedoch dringend empfohlen, den Zeitpunkt der Errichtung des Testaments anzugeben. Wenn nämlich mehrere, sich widersprechende Testamente vorliegen, kann fraglich sein, welches Testament das aktuelle ist.

Änderungen

Ein einmal errichtetes eigenhändiges Testament kann jederzeit nachträglich geändert werden. Gründe dafür müssen nicht angegeben werden. Das Änderungsrecht ist ein unverzichtbares Recht. Ein Vertrag, durch den sich die vererbende Person verpflichtet, ein einmal errichtetes Testament nicht mehr zu ändern, ist unwirksam. Auch müssen bei Änderungen des eigenhändigen Testaments die geltenden Formvorschriften beachtet werden; die Änderungen und Zusätze müssen also eigenhändig geschrieben sein, in Maschinenschrift wären sie ungültig. Diese machen jedoch die anderen formgerechten Anordnungen nur dann unwirksam, wenn anzunehmen ist, dass sie nicht ohne die unwirksame Verfügung getroffen worden wären.

Änderungen und Ergänzungen des Testaments sind in mehreren Formen möglich: vererbende Personen können

- ▶ ihr Testament ändern, indem sie einzelne Verfügungen durchstreichen.
- ▶ Nachträge auf demselben Blatt des Testaments oberhalb der Unterschrift vornehmen. In diesem Fall sind die Nachträge im Regelfall von der früheren Unterschrift gedeckt. Nachträge müssen dann nicht gesondert unterschrieben werden. Entsprechendes gilt, wenn anstelle des gestrichenen Textes ein neuer geschrieben wird.
- ▶ Nachträge auf demselben Blatt unterhalb der Unterschrift vornehmen. Dann sollte der Nachtrag gesondert unterzeichnet werden. Dies ist insbesondere dann erforderlich, wenn der nach der früheren Unterschrift stehende Zusatz eine weitere selbstständige Verfügung enthält.
- ▶ Änderungen oder Ergänzungen auch auf einem anderen Blatt vornehmen. Dann handelt es sich um eine neue Verfügung, die in jedem Fall gesondert zu unterzeichnen ist.

Aufbewahrung

Das eigenhändige Testament kann an jedem beliebigen Ort aufbewahrt werden. Allerdings sollten vertrauenswürdige Personen von dem Aufbewahrungsort wissen. Sonst besteht die Gefahr, dass das Testament nicht oder erst längere Zeit nach dem Erbfall aufgefunden wird.

→ **DAS IST WICHTIG:** Das eigenhändige Testament kann auch in amtliche Verwahrung beim Nachlassgericht gegeben werden (§ 2248 BGB), um es vor Verlust zu schützen.

Natürlich kann das Testament jederzeit wieder aus der besonderen amtlichen Verwahrung zurückverlangt werden. Die Rückgabe darf nur an den Testamentsverfasser oder die -verfasserin persönlich erfolgen. Die Rücknahme aus der amtlichen Verwahrung hat keinen Einfluss auf die Wirksamkeit des eigenhändigen Testaments.

Seit 2012 ist ein Zentrales Testamentsregister bei der Bundesnotarkammer eingerichtet. Es enthält die Verwahrangaben zu sämtlichen erbfolgerelevanten Urkunden, die vom Notar errichtet werden oder in gerichtliche Verwahrung gelangen. Das Register wird bei jedem Sterbefall von Amts wegen auf vorhandene Testamente und andere erbfolgerelevante Urkunden geprüft. Die Bundesnotarkammer informiert daraufhin das zuständige Nachlassgericht, ob und welche Verfügungen von Todes wegen zu beachten sind. Dadurch wird der letzte Wille des Erblassers gesichert,

und Nachlassverfahren können schneller und effizienter durchgeführt werden.

Für Eintragungen in das Zentrale Testamentsregister werden Gebühren in Höhe von 12,50 Euro je Registrierung fällig (15,50 Euro beträgt die Gebühr, wenn der Melder nicht für die Bundesnotarkammer abrechnet). Die Registrierungsgebühr wird einmalig erhoben und deckt sämtliche Kosten der Registrierung, eventueller Berichtigungen, Ergänzungen und Folgeregistrierungen sowie der Benachrichtigungen im Sterbefall ab. Kostenschuldner ist die vererbende Person.

Widerruf

Ein eigenhändiges Testament kann jederzeit ganz oder teilweise widerrufen (§ 2253 BGB) werden. Gründe dafür müssen nicht angegeben werden. Das Widerrufsrecht ist ein unverzichtbares Recht. Eine auf vertraglicher Grundlage begründete Verpflichtung zum Widerruf wäre unwirksam. Mit dem Widerruf enden die erbrechtlichen Wirkungen der bisherigen Verfügung unmittelbar und endgültig.

Der Widerruf des Testaments beziehungsweise von einzelnen Bestimmungen kann in unterschiedlichen Formen erfolgen. So kann ein sogenanntes Widerrufstestament errichtet werden (§ 2254 BGB). Dieses muss keine positiven Verfügungen enthalten. Das Widerrufstestament muss entweder eigenhändig geschrieben und unterschrieben oder vor dem Notar errichtet sein. Ein notarielles Testament kann auch durch ein eigenhändiges Testament und umgekehrt widerrufen werden.

> **SO MACHEN SIE ES RICHTIG:**
> **Testamentswiderruf**
> Mein am _____ erstelltes Testament widerrufe ich hiermit.
> [Oder]
> Vorsorglich hebe ich alle in der Vergangenheit getroffenen notariellen oder privatschriftlichen Verfügungen von Todes wegen in vollem Umfang auf und widerrufe sie.

Auch kann der Widerruf auf einzelne Verfügungen beschränkt werden. Und in einem neuen Testament können neben entsprechenden positiven Verfügungen auch die früheren Verfügungen widerrufen werden.

Der Widerruf eines eigenhändigen Testaments kann auch durch eine Änderung oder Vernichtung der Testamentsurkunde (§ 2255 BGB) erfolgen. Vorausgesetzt natürlich, dass der Testamentsverfasser testierfähig ist. Geht das Testament verloren, bedeutet dies nicht zwangsläufig, dass es unwirksam wird. Das Testament bleibt gültig, wenn mit dem Verlust nicht die Absicht verbunden ist, dass es seine Gültigkeit verliert.

➡ **GUT ZU WISSEN:** Verfügungen im Testament können auch widerrufen werden, indem in einem späteren Testament andere Verfügungen getroffen werden (§ 2258 BGB).

Werden in einem späteren Testament andere Verfügungen getroffen, gelten ausschließlich die späteren Anordnungen. Keine Bedeutung hat in diesem Zusammenhang, ob der Widerspruch gegenüber den früheren Verfügungen erkannt wurde und der Widerruf gewollt war.

Nicht als Widerruf gilt, wenn das eigenhändige Testament aus der amtlichen Verwahrung genommen wurde. Es bleibt also in diesem Fall weiterhin gültig; etwas anderes gilt beim notariellen Testament.

➡ **GUT ZU WISSEN:** Wenn Sie den Widerruf Ihres Testaments bedauern und Ihr früheres Testament beziehungsweise einzelne Verfügungen wieder aufleben lassen wollen, können Sie Ihren Widerruf einfach widerrufen (§ 2257 BGB). Im Zweifel wird durch den Widerruf des Widerrufs Ihre ursprüngliche Verfügung wieder wirksam. Der Widerruf des Widerrufs erfolgt durch Testament.

Notarielles Testament

Ein notarielles oder öffentliches Testament muss bei einem Notar errichtet werden (§ 2232 BGB). Die Errichtung ist in zwei Formen möglich: Das Testament kann zur Niederschrift eines Notars errichtet werden, indem diesem der letzte Wille erklärt wird. Ein Testament kann aber auch durch Übergabe einer Schrift an den Notar mit der Erklärung errichtet werden, dass dieses Dokument den letzten Willen enthält.

Dem Notar obliegen gesetzliche Prüfungs- und Belehrungspflichten. Er hat den Willen der vererbenden Person zu erforschen, den Sachverhalt zu klären und die Mandantin oder den Mandanten über die rechtliche Tragweite des Testaments zu belehren.

Das notarielle Testament hat den Vorteil, dass bei Bedarf eine eingehende notarielle Beratung erfolgen kann. Fehler und Unklarheiten können so vermieden werden. Gleichzeitig wird durch die besondere amtliche Verwahrung des notariellen Testaments gewährleistet, dass dieses nicht verloren geht oder unterdrückt wird. Im Übrigen wird durch ein notarielles Testament ein Erbschein, dessen Erteilung oft lange dauert und Kosten verursacht, in der Regel überflüssig. Andererseits entstehen aber bei der Errichtung des notariellen Testaments wiederum Kosten, die die vererbende Person – im Gegensatz zum Erbschein – selber tragen muss.

Testamentserrichtung durch mündliche Erklärung

In der Regel wird Ihr notarielles Testament durch mündliche Erklärung zur Niederschrift des Notars (§ 2232 BGB) erstellt. Das Gesetz verlangt, dass die vererbende Person ihren Willen persönlich erklärt. Eine telefonische Erklärung ist also nicht ausreichend. Nicht erforderlich ist, dass Ihr Wille als Ganzes in zusammenhängender Rede vorgebracht wird. Ausreichend sind Erklärungen im Gespräch mit dem Notar oder der Notarin, auch im Wege von Fragen und Antworten. Auch schlüssige Handlungen, wie zum Beispiel Kopfnicken auf eine Frage des Notars, genügen.

Über Ihre Erklärung nimmt der Notar eine Niederschrift auf. Diese muss die Bezeichnung des Notars und der Beteiligten und die Erklärung enthalten. Die Niederschrift muss in Gegenwart des Notars vorgelesen, genehmigt und von Ihnen eigenhändig unterschrieben werden.

Wenn die vererbende Person es verlangt, wird der Notar bis zu zwei Zeugen oder einen weiteren Notar zur Überwachung der Beurkundung hinzuziehen.

> **→ GUT ZU WISSEN:** Empfehlenswert ist das Hinzuziehen von Zeuginnen und Zeugen insbesondere dann, wenn Einwendungen gegen die Testierfähigkeit der das Testament verfassenden Person zu erwarten sind.

Wird ein notarielles Testament durch mündliche Erklärung zur Niederschrift errichtet, hat der Notar eine Reihe von Belehrungs- und Aufklärungspflichten. Ganz allgemein muss er den Willen des Erblassers erforschen, den Sachverhalt klären, über die rechtliche Tragweite des Geschäfts belehren und die Erklärungen klar und unzweideutig in der Niederschrift wiedergeben. Auf dieser Grundlage bestehen für den Notar ganz konkrete Pflichten: Der Notar hat

- die Testierfähigkeit der vererbenden Person festzustellen.
- sich ein Bild über deren Familienverhältnisse zu verschaffen, da diese für den Umfang seiner Beratungs- und Belehrungspflicht von Bedeutung sind. Er hat die vererbende Person zu belehren, wenn dieser ein wirtschaftlicher Schaden droht, der für sie allein nicht erkennbar ist.
- über das Pflichtteilsrecht zu belehren, wenn Nachkommen, Ehemann oder Ehefrau von der Erbfolge ausgeschlossen werden sollen.
- zu prüfen, ob frühere Verfügungen von Todes wegen verfasst wurden.

Für Amtspflichtverletzungen haftet der Notar persönlich, unmittelbar und unbeschränkt mit seinem gesamten Vermögen. Er haftet auch für Pflichtverletzungen, die von seinen Mitarbeitenden verursacht worden sind.

Testamentserrichtung durch Übergabe einer Schrift

Ein notarielles Testament zur Niederschrift eines Notars kann auch in der Form aufgesetzt werden, indem dem Notar eine Schrift mit der Erklärung übergeben wird, dass diese Schrift den letzten Willen enthält. Die Schrift kann dem Notar offen oder verschlossen übergeben werden. Eine minderjährige vererbende Person kann allerdings nur durch Übergabe einer offenen Schrift testieren (§ 2233 BGB).

GUT ZU WISSEN: Die Übergabe einer verschlossenen Schrift hat den Vorteil, dass Ihre Verfügung gegenüber dem Notar geheim gehalten wird. Nachteilig ist, dass Sie der Notar nicht beraten und belehren kann. Gleichwohl ist der Notar berechtigt, Sie über den Inhalt der Schrift zu befragen und auf mögliche Bedenken aufmerksam zu machen.

Die übergebene Schrift braucht nicht eigenhändig geschrieben zu sein; sie kann in jeder Form, also auch in Maschinenschrift, ausgefertigt sein.

Über den Vorgang nimmt der Notar eine Niederschrift auf, in der er die Übergabe der Schrift und die Erklärung, dass die Schrift Ihren letzten Willen enthält, beurkundet. Er hat die Schrift so zu kennzeichnen, dass eine Verwechslung ausgeschlossen ist. In der Niederschrift wird vermerkt, ob die Schrift offen oder verschlossen übergeben worden ist. Die übergebene Schrift soll der Niederschrift beigefügt werden.

Amtliche Verwahrung

Das notarielle Testament wird nach der Beurkundung durch den Notar immer in amtliche Verwahrung gebracht. Zuständig ist das Amtsgericht, in dessen Bezirk der Notar seinen Sitz hat. Durch die amtliche Verwahrung des notariellen Testaments ist gewährleistet, dass das Testament nach dem Tod der vererbenden Person eröffnet wird.

Die amtliche Verwahrung kostet einmalig und pauschal 75 Euro. Hinzu kommt noch die Gebühr für die Registrierung im Zentralen Testamentsregister.

➡ **DAS IST WICHTIG:** Die Rücknahme des notariellen Testaments aus der amtlichen Verwahrung hat automatisch zur Folge, dass das Testament als widerrufen gilt (2256 BGB). In diesem Fall gilt wieder gesetzliche Erbfolge. Die Wirkung des Widerrufs tritt unabhängig vom Willen der vererbenden Person ein. Sie ist endgültig und gilt auch dann, wenn die vererbende Person über die Folgen der Rücknahme nicht belehrt wurde.

Kosten

Für das notarielle Testament wird nach dem Gerichts- und Notarkostengesetz eine volle Gebühr nach dem Wert des Vermögens, über das die vererbende Person zum Zeitpunkt der Errichtung des Testaments verfügt, erhoben. Bei einem Nachlasswert von beispielsweise 80.000 Euro würde die Gebühr 219 Euro, bei einem Nachlasswert von 200.000 Euro würde sie 435 Euro betragen, jeweils zuzüglich Mehrwertsteuer.

Für die Beurkundung eines notariellen gemeinschaftlichen Testaments (siehe Seite 74) wird das Doppelte der vollen Gebühr erhoben.

Widerruf

Auch ein notarielles Testament oder einzelne Verfügungen in einem notariellen Testament können jederzeit widerrufen werden (§ 2253 BGB). Der Widerruf kann durch Testament erfolgen (§ 2254 BGB). Das Widerrufstestament bedarf nicht der gleichen Form wie das widerrufene. Ein notarielles Testament kann also auch durch ein eigenhändiges Testament widerrufen werden.

➡ **GUT ZU WISSEN:** Ein notarielles Testament oder einzelne Verfügungen können auch widerrufen werden, indem ein neues Testament erstellt wird, das mit dem früheren in Widerspruch steht (2258 BGB). Das neue Testament, mit einem gegenüber dem früheren Testament abweichenden Inhalt, kann sowohl als eigenhändiges als auch als notarielles Testament abgefasst werden.

Beim Widerruf eines notariellen Testaments gelten, anders als beim eigenhändigen Testament, jedoch einige Besonderheiten. So gilt ein notarielles Testament als widerrufen, wenn es auf Verlangen des Erblassers aus der amtlichen Verwahrung zurückgegeben wird (§ 2256 BGB). Dieser Widerruf erfolgt unmittelbar, es ist nicht von Bedeutung, ob die Konsequenzen des Widerrufs beabsichtigt oder bekannt waren. Auch wenn das Testament erneut in amtliche Verwahrung gegeben wird, bleibt es beim Widerruf.

Vererbende Personen können jederzeit die Rückgabe ihres Testaments aus der besonderen amtlichen Verwahrung verlangen. Das Testament darf nur persönlich zurückgegeben werden (§ 2256 Abs. 2 BGB). Weil nach dem Gesetz mit der Rückgabe des Testaments ein Widerruf verbunden ist, soll über dessen Folgen belehrt werden (§ 2256 Abs. 1 Satz 2 BGB). Allerdings gilt das Testament auch als widerrufen, wenn eine solche Belehrung unterbleibt.

> **GUT ZU WISSEN:** Die Rücknahme eines eigenhändigen Testaments aus der amtlichen Verwahrung stellt keinen automatischen Widerruf dar.

Gemeinschaftliches Testament der Eheleute

Eheleute haben verschiedene Möglichkeiten, ihren letzten Willen niederzulegen. In Betracht kommt insbesondere das Einzeltestament, in dem jeder unabhängig vom anderen seine Verfügungen trifft. Allerdings kann sowohl Ehemann wie Ehefrau das eigene Testament oder einzelne Verfügungen ändern oder widerrufen, ohne dass die oder der andere davon erfährt.

Für Eheleute (nicht für Verlobte und nicht für nicht eheliche Lebensgemeinschaften) sieht das Gesetz eine Testamentsform vor, die deren besondere Interessen berücksichtigt: das gemeinschaftliche Testament (§ 2247 BGB). Die Besonderheit: Hierin können Verfügungen sowohl für den Tod der einen wie auch für den Tod des anderen getroffen werden und ein Ehemann, eine Ehefrau, eine eingetragene Lebenspartnerin oder ein eingetragener Lebenspartner kann einseitig und ohne Kenntnis der oder des anderen diese Verfügung nicht ändern oder aufheben.

Gültige Ehe

Ein gemeinschaftliches Testament ist nur wirksam, wenn die Eheleute zum Zeitpunkt der Errichtung des Testaments in einer gültigen Ehe leben.

Wird die Ehe durch rechtskräftiges Scheidungsurteil geschieden, werden das gemeinschaftliche Testament und die in ihm enthaltenen Verfügungen grundsätzlich unwirksam. Entsprechendes gilt, wenn während eines Scheidungsverfahrens die vererbende Person stirbt und sie die Scheidung beantragt oder dem Scheidungsantrag des länger lebenden Ehemanns oder der länger lebenden Ehefrau zugestimmt hat. In diesen Fällen bleiben allerdings ausnahmsweise die Verfügungen insoweit in Kraft, als anzunehmen ist, dass sie auch für den Fall der Scheidung getroffen sein würden. Maßgebend ist dabei der Wille jedes Einzelnen, Ehemann wie Ehefrau, zum Zeitpunkt der Errichtung des gemeinschaftlichen Testaments. Wenn der wirkliche oder mutmaßliche Wille nicht festgestellt werden kann, ist davon auszugehen, dass das Testament unwirksam ist. Wer sich auf die Wirksamkeit eines gemeinschaftlichen Testaments oder einzelner Verfügungen nach rechtskräftiger Scheidung der Ehe beruft, muss dies im Streitfall beweisen.

➤ **GUT ZU WISSEN:** Überprüfen Sie nach Scheidung Ihrer Ehe die in einem gemeinschaftlichen Testament getroffenen Verfügungen. Gegebenenfalls sollten Sie das Testament oder einzelne Verfügungen widerrufen, um sicherzustellen, dass es unwirksam ist. Danach können Sie eine neue Verfügung von Todes wegen treffen und gegebenenfalls auch Ihren geschiedenen Ehemann oder Ihre geschiedene Ehefrau wiederum bedenken.

§ SO ENTSCHIEDEN DIE GERICHTE:
Haben Eheleute während der Ehezeit ein gemeinschaftliches Testament erstellt und wurden danach geschieden, lebt das Testament nach der Wiederverheiratung des Paars nicht wieder auf (OLG Hamm, Az. I-15 Wx 317/09).

Inhalt

In einem gemeinschaftlichen Testament können dieselben Verfügungen wie in einem Einzeltestament getroffen werden. Möglich sind jedoch – und hier liegt die entscheidende Besonderheit – sogenannte wechselbezügliche Verfügungen (§ 2270 Abs. 1 BGB). Hier trifft der Ehemann oder die Ehefrau eine Verfügung „im Hinblick darauf", dass auch der oder die andere eine entsprechende Verfügung vornimmt. Beide Verfügungen stehen gewissermaßen in einem Gegenseitigkeitsverhältnis zueinander. Wechselbezügliche Verfügungen sind solche Bestimmungen in einem gemeinschaftlichen Testament, die Ihr Ehemann oder Ihre Ehefrau gerade deshalb trifft, weil der oder die andere eine entsprechende Verfügung vorgenommen hat. Notwendig ist also, dass Sie als Ehemann oder Ehefrau gerade wegen der Verfügung des Ehepartners oder der -partnerin so verfügt haben und dass Ihre Verfügung mit der anderen stehen und fallen soll.

➤ **DAS IST WICHTIG:** Berücksichtigen Sie, dass ein länger lebender Ehemann oder eine länger lebende Ehefrau durch eine wechselbezügliche Verfügung in der Testierfreiheit beschränkt wird. Er oder sie hat also kaum Gelegenheit, nach dem ersten Erbfall auf überraschende Lebensumstände zu reagieren.

Welche Verfügungen wechselseitig sein sollen, entscheiden Ehemann beziehungsweise Ehefrau. Als wechselseitige Verfügungen kommen allerdings nur die Erbeinsetzung, Vermächtnisse und Auflagen in Betracht (§ 2270 Abs. 3 BGB). Nicht wechselbezüglich ausgestaltet werden können also insbesondere die Enterbung oder der Verzicht auf Erb- oder Pflichtteilsansprüche.

Häufig ist es schwierig, Verfügungen in einem gemeinschaftlichen Testament nach ihrer Wechselbezüglichkeit zu beurteilen. Wenn Eheleute keine klaren und eindeutigen Anordnungen getroffen haben, bedürfen die Verfügungen der Auslegung. In einem gemeinschaftlichen Testament ist deshalb ausdrücklich und eindeutig festzulegen, welche Verfügungen wechselbezüglich sein sollen.

Wenn nach dem Wortlaut und dem Inhalt des Testaments die Wechselbezüglichkeit einer Verfügung nicht festgestellt werden kann, ist die gesetzliche Auslegungsregel maßgebend. Danach ist eine wechselbezügliche Verfügung im Zweifel anzunehmen, wenn sich die Eheleute gegenseitig bedenken. Aber auch, wenn zum Beispiel der Ehefrau von dem Ehemann eine Zuwendung gemacht wird und für den Fall des Überlebens der Bedachten eine Verfügung zugunsten einer Person getroffen wird, die mit der Ehefrau verwandt ist oder ihr sonst nahesteht (§ 2277 Abs. 2 BGB), wird von einer wechselbezüglichen Verfügung ausgegangen.

> **SO MACHEN SIE ES RICHTIG:**
> **Wechselbezügliche Verfügung**
> *Wir, _____, und _____, setzen uns gegenseitig als Alleinerben ein. Bestimmungen für den etwaigen Fall der Wiederverheiratung des Längerlebenden von uns treffen wir nicht.*
>
> *Diese Verfügung ist gegenseitig wechselbezüglich. Nach dem Tod des Ehemanns oder der Ehefrau kann der oder die andere nach Annahme der Zuwendung die eigenen Verfügungen nicht mehr widerrufen.*
> *[oder]*
> *Die in den Ziffern _____ getroffenen Anordnungen sind wechselbezüglich.*

BEISPIEL: Die Eheleute A und B setzen sich gegenseitig als Alleinerben ein. Schlusserbe soll C, das nicht eheliche Kind von A, sein. In diesem Fall ist bei Überleben des B seine Erbeinsetzung durch die vorverstorbene A wechselbezüglich zu seiner Einsetzung des Schlusserben.

Das gemeinschaftliche Testament hindert die vererbende Person auch bei wechselbezüglichen Verfügungen nicht, durch Rechtsgeschäft unter Lebenden (zum Beispiel durch eine Schenkung) über ihr Vermögen zu verfügen. Auch besteht weiterhin die Möglichkeit, Rechtsgeschäfte unter Lebenden auf den Todesfall vorzunehmen (zum Beispiel Bezugsberechtigung bei einer Lebensversicherung).

Form und Kosten

Ein gemeinschaftliches Testament kann als eigenhändiges oder notarielles Testament erstellt werden.

 GUT ZU WISSEN: Das eigenhändige gemeinschaftliche Testament wird aufgesetzt, indem zum Beispiel die Ehefrau das Testament durch eigenhändig geschriebene und unterschriebene Erklärung erstellt und der Ehemann diese Verfügung eigenhändig unterzeichnet (§ 2267 Satz 1 BGB).

Aus der gemeinschaftlichen Erklärung muss sich ergeben, dass Verfügungen über den Nachlass beider Eheleute getroffen werden, seien es wechselbezügliche oder einseitige. Allerdings muss nicht bereits der Text der Erklärung selbst die Anordnung beider Eheleute wiedergeben. Auch eine in Ich-Form gehaltene Verfügung kann durch die Mitunterzeichnung des anderen zu einem gemeinschaftlichen Testament werden. Die Verfügung muss grundsätzlich mit dem Vor- und Familiennamen unterzeichnet werden. Der mitunterzeichnende Ehemann oder die mitunterzeichnende Ehefrau soll angeben, zu welcher Zeit (Tag, Monat, Jahr) und an welchem Ort er oder sie die Unterschrift beigefügt hat (§ 2267 Satz 2 BGB).

SO ENTSCHIEDEN DIE GERICHTE:
Ein gemeinschaftliches Testament kann auch dann wirksam erstellt werden, wenn der andere Ehegatte erst nach längerer Zeit beitritt, sofern im Zeitpunkt des Beitritts der Wille des ersttestierenden Ehegatten zur gemeinschaftlichen Testierung weiterhin besteht (OLG München, Az. 31 Wx 249/10).

Zwar muss das gemeinschaftliche Testament nur von einer Person, Ehemann oder Ehefrau, eigenhändig geschrieben und unterzeichnet und von der anderen nur mitunterzeichnet werden, gleichwohl kann es aus Beweisgründen sinnvoll sein, dass der oder die andere einen kurzen Zusatztext verfasst und damit nochmals die Zustimmung deutlich zum Ausdruck bringt.

 SO MACHEN SIE ES RICHTIG: Gemeinschaftliches Testament – Zusatz
Das ist auch mein letzter Wille.

Das notarielle gemeinschaftliche Testament wird zur Niederschrift des Notars errichtet, indem beide, Ehemann wie Ehefrau, dem Notar ihren letzten Willen mündlich erklären oder ihm eine Schrift mit der Erklärung übergeben, dass die Schrift ihren letzten Willen enthält (§ 2232 BGB). Die einzelnen Arten des notariellen

Testaments stehen den Eheleuten auch wahlweise zur Verfügung. Es ist also auch möglich, dass ein Ehemann seinen Willen mündlich erklärt und die Ehefrau durch Übergabe einer offenen oder verschlossenen Schrift. Bei Übergabe einer verschlossenen Einzelschrift muss allerdings sichergestellt sein, dass der Ehemann oder die Ehefrau die Verfügung kennt.

Für die Beurkundung eines notariellen gemeinschaftlichen Testaments werden nach dem Gerichts- und Notarkostengesetz zwei volle Gebühren nach dem Wert des Vermögens, über das die vererbenden Personen zum Zeitpunkt der Erstellung des Testaments verfügen, erhoben. Bei einem Nachlasswert von beispielsweise 110.000 Euro würde die Gebühr 546 Euro, bei einem Nachlasswert von 200.000 Euro würde sie 870 Euro betragen, jeweils zuzüglich Mehrwertsteuer.

Aufbewahrung

Das eigenhändige gemeinschaftliche Testament kann an jedem beliebigen Ort aufbewahrt oder in amtliche Verwahrung gegeben werden. Die Rücknahme aus der amtlichen Verwahrung ist nur durch beide Eheleute gemeinsam und persönlich möglich. Auch bei Rücknahme aus der amtlichen Verwahrung bleibt das eigenhändige gemeinschaftliche Testament wirksam.

Das notarielle gemeinschaftliche Testament wird immer beim Nachlassgericht, das für den Sitz des Notariats zuständig ist, verwahrt. Auch ein notarielles gemeinschaftliches Testament kann nur von beiden Eheleuten aus der amtlichen Verwahrung genommen werden. Die Eheleute müssen gleichzeitig und persönlich erscheinen. Die Rücknahme des notariellen gemeinschaftlichen Testaments aus der amtlichen Verwahrung führt automatisch dazu, dass das Testament unwirksam wird (siehe Seite 70).

Die Verwahrung eines gemeinschaftlichen Testaments kostet einmalig und pauschal 75 Euro. Hinzu kommt noch die Gebühr für die Registrierung im Zentralen Testamentsregister.

Widerruf

Einseitige, also nicht wechselbezügliche Verfügungen kann jeder Ehemann und jede Ehefrau jederzeit (auch nach dem Tod des anderen) frei widerrufen. Die Zustimmung des anderen Ehepartners oder der -partnerin ist nicht erforderlich. Der Widerruf kann durch ein Widerrufstestament, durch ein widersprechendes Testament sowie durch die Vernichtung oder Veränderung des Testaments erfolgen (siehe im Einzelnen Seite 66). Bei einem notariellen gemeinschaftlichen Testament kann der Widerruf einer einseitigen Verfügung allerdings nicht in der Form erfolgen, dass das Testament durch die vererbende Person aus der besonderen amtlichen Verwahrung genommen wird; hierfür bedarf es der Zustimmung des anderen Ehepartners.

Gemeinsam können Eheleute auch wechselbezügliche Verfügungen aus der Welt schaffen. Dabei stehen ihnen alle Formen des Widerrufs zur Verfügung, um diese unwirksam zu machen. In Betracht kommen insbesondere ein gemeinschaftliches Widerrufstestament, die gemeinschaftliche Rücknahme des notariellen Testaments aus der besonderen amtlichen Verwahrung oder die einvernehmliche Vernichtung oder Änderung des Testaments. Der Widerruf kann auch durch die Errichtung eines neuen gemeinschaftlichen Testaments oder durch widersprechende Verfügungen in einem neuen Testament erfolgen. Auch durch einen Erbvertrag (siehe Seite 85) können wechselbezügliche Verfügungen widerrufen werden.

GUT ZU WISSEN: Ein einseitiger Widerruf einer wechselbezüglichen Verfügung durch einen Ehemann oder eine Ehefrau – gleichgültig, ob es sich um ein notarielles oder eigenhändiges gemeinschaftliches Testament handelt – kann nur durch von einem Notar beurkundete Erklärung gegenüber dem anderen Ehepartner oder der -partnerin erfolgen (§ 2271 Abs. 1 BGB).

Die Widerrufserklärung wird erst wirksam, wenn sie dem anderen Ehepartner oder der -partnerin zugegangen ist. Der Widerruf einer wechselbezüglichen Verfügung hat, wenn nichts anderes bestimmt ist, zur Folge, dass damit automatisch auch die entsprechende Verfügung des anderen unwirksam ist.

BEISPIEL: Die Eheleute A und B haben sich in einer wechselbezüglichen Verfügung gegenseitig zu Alleinerben eingesetzt. Wenn A die Erbeinsetzung ihres Ehemanns formgerecht widerruft, ist sie damit automatisch nicht mehr Erbin des B.

Das Widerrufsrecht einer wechselbezüglichen Verfügung erlischt mit dem Tod eines der Ehepartner. In diesem Fall kann die Verfügung nur dann aufgehoben werden, wenn der länger lebende Ehemann oder die länger lebende Ehefrau das vom Verstorbenen Zugewendete ausschlägt (§ 2271 Abs. 2 BGB).

Den Eheleuten steht es frei, im gemeinschaftlichen Testament das Widerrufsrecht für wechselbezügliche Verfügungen über den gesetzlichen Rahmen hinaus zu erweitern und dem länger lebenden Ehemann oder der länger lebenden Ehefrau sogar ein freies Widerrufsrecht einzuräumen. So kann beispielsweise ein Widerrufsrecht bei einem bestimmten Fehlverhalten eingeräumt werden.

Eheliches Testament als Einzel- oder gemeinschaftliches Testament?

Eheleute können wählen, ob sie ein Einzeltestament oder ein gemeinschaftliches Testament errichten wollen. Daneben können sie auch einen Erbvertrag unter Eheleuten abschließen (siehe Seite 88). Die verschiedenen Verfügungsformen unterscheiden sich insbesondere dadurch, dass sie die Eheleute unterschiedlich wirksam an die getroffenen Verfügungen binden.

Das einseitige Testament eines Ehemanns oder einer Ehefrau hat den Vorteil, dass es jederzeit frei widerruflich ist. Damit kann es schnell etwaigen geänderten Lebensumständen angepasst werden. Der Nachteil dieses Testaments besteht darin, dass die vererbende Person Änderungen vornehmen kann, ohne diese dem Ehepartner oder der -partnerin mitteilen zu müssen. Jeder Ehemann beziehungsweise jede Ehefrau kann das persönliche Testament widerrufen, ohne dass der oder die andere davon erfährt.

→ GUT ZU WISSEN: Eheleute sollten nur dann Einzeltestamente errichten, wenn sie finanziell unabhängig sind oder wenn sie großes Vertrauen zueinander haben.

Das gemeinschaftliche Testament hat gegenüber dem Einzeltestament den Vorteil, dass es zwar zu Lebzeiten beider Eheleute sowohl vom Ehemann wie auch von der Ehefrau einseitig widerrufen werden kann, der oder die jeweils andere jedoch durch Zustellung einer Ausfertigung des Widerrufs davon erfährt. Der Widerruf des Testaments beziehungsweise einzelner Verfügungen kann also nicht heimlich erfolgen. Gegenüber dem Erbvertrag hat das gemeinschaftliche Testament den Vorteil, dass es auch als eigenhändiges Testament errichtet werden kann, während der Erbvertrag in jedem Fall der notariellen Beurkundung bedarf und damit sowohl für den Vertragsab-

schluss als auch für die notwendige amtliche Verwahrung Kosten anfallen (siehe Seite 88).

→ GUT ZU WISSEN: Gegenüber dem Einzeltestament hat das gemeinschaftliche Testament den Nachteil, dass es zu Lebzeiten nur in notarieller Form widerrufen werden kann. Und nach dem Tod einer der Eheleute kann der oder die jeweils Längerlebende wechselbezügliche Verfügungen nur dann widerrufen, wenn die Erbschaft ausgeschlagen wird.

Berliner Testament

Es entspricht einem weit verbreiteten Bedürfnis von Eheleuten, sich zunächst gegenseitig als Erben einzusetzen und das vom länger lebenden Ehemann oder von der länger lebenden Ehefrau nicht verbrauchte Vermögen erst nach dessen Tod an Dritte (meist die Kinder) zu übertragen. Diese Vorstellungen und Wünsche können Eheleute mit dem sogenannten Berliner Testament realisieren.

Inhalt

Mit dem Berliner Testament setzen sich beide, Ehemann wie Ehefrau, wechselseitig zu Erben ein und verfügen, dass nach dem Tod der oder des Längerlebenden der beiderseitige Nachlass an Dritte fallen soll. In diesem Fall ist im

Zweifel anzunehmen, dass die Kinder dann für den gesamten Nachlass als Erbe des zuletzt verstorbenen Ehemanns oder der zuletzt verstorbenen Ehefrau eingesetzt sind.

> **SO MACHEN SIE ES RICHTIG: Berliner Testament**
>
> Wir, _____, und _____, setzen uns gegenseitig zu alleinigen und unbeschränkten Erben ein. Nach dem Tod der oder des Längerlebenden sollen unsere gemeinsamen Kinder _____ und _____ je zur Hälfte Schlusserben sein.

Mit dem Tod der oder des Erstversterbenden geht deren bzw. dessen Vermögen in das des länger lebenden Ehemanns oder das der länger lebenden Ehefrau über. Diese Person ist Vollerbe und nicht nur Vorerbe der oder des Verstorbenen. Die Schlusserben erben beim ersten Erbfall nichts; sie erlangen lediglich eine rechtlich begründete Aussicht, künftig Erbe zu werden. Sie können aber nur Erbe werden, wenn sie die oder den Letztlebenden überleben. Stirbt der länger lebende Ehemann oder die länger lebende Ehefrau, geht das Vermögen, zu dem auch der Nachlass des Erstverstorbenen gehört, als einheitlicher Nachlass auf die Schlusserben, meist die Kinder, über. Diese beerben dann nicht den Erstverstorbenen als Nacherben, sondern die zuletzt Verstorbene als Schlusserben.

→ **DAS IST WICHTIG:** Das Berliner Testament hat den Nachteil, dass dasselbe Vermögen zweimal der Erbschaftsteuer unterworfen ist. Steuerlich kann es auch ungünstig sein, wenn sich die Eheleute im Berliner Testament als Alleinerben einsetzen, weil Steuerfreibeträge der Kinder nach dem erstversterbenden Elternteil nicht ausgenutzt werden.

Zu Lebzeiten können beide Eheleute über ihr Vermögen verfügen. Nach dem Tod eines Ehemanns oder einer Ehefrau ist die oder der Längerlebende an die Einsetzung der Schlusserben gebunden. Längerlebende können also keine anderen als die testamentarisch bestimmten Schlusserben einsetzen oder andere Erbquoten festlegen. Allerdings können sie die angefallene Erbschaft ausschlagen und so die Testierfreiheit wieder erlangen.

Die Eheleute haben auch die Möglichkeit zu verfügen, dass die oder der Längerlebende nicht Vollerbe, sondern nur Vorerbe des Nachlasses der oder des Erstversterbenden wird. Als Nacherben werden dann dritte Personen, zum Beispiel die Kinder, eingesetzt. In diesem Fall unterliegt der Vorerbe den gesetzlichen Verfügungsbeschränkungen, von denen er oder sie aber durch entsprechende Verfügung befreit werden kann. In diesem Fall bestehen nach dem ersten Erbfall zwei getrennte Vermögensmassen; der länger lebende Ehemann oder die länger lebende Ehefrau erhält das Vermögen des oder der Verstorbenen als Vorerbvermögen, daneben besteht das eigene Vermögen. Mit dem zweiten Erbfall erbt der gemeinsame Schlusserbe das Vermögen der erstverstorbenen Person als Nacherbe und das Vermögen der letztverstorbenen Person als Erbe (zur Vor- und Nacherbfolge siehe Seite 104).

SO MACHEN SIE ES RICHTIG: Vorerbe

Wir, _____, und _____, setzen uns gegenseitig zu unserem alleinigen Erben ein.

Die länger lebende Person ist nur Vorerbe. Sie ist von den gesetzlichen Beschränkungen befreit, soweit dies zulässig und rechtlich möglich ist. Nacherben werden unsere gemeinsamen Kinder zu gleichen Teilen. Erben der länger lebenden Person werden unsere gemeinsamen Kinder zu gleichen Anteilen.

Der Nacherbfall tritt mit dem Tod des Vorerben ein.

Abänderungsvorbehalt

Das Problem beim Berliner Testament ist, dass Sie als der länger lebende Ehemann oder die länger lebende Ehefrau durch die wechselbezügliche Einsetzung des Schlusserben nicht auf veränderte Lebensumstände reagieren können. Diese einmal getroffene Verfügung ist für Sie verbindlich. So ist es Ihnen beispielsweise nicht möglich, von der wechselbezüglichen Einsetzung eines Kindes abzuweichen, wenn Sie sich mit dem Kind überworfen haben, das Kind besonders betreuungsbedürftig oder überschuldet ist.

GUT ZU WISSEN: Dem länger lebenden Ehemann oder der länger lebenden Ehefrau sollte nach dem Tod des Ehepartners oder der -partnerin immer ein gewisser Gestaltungsspielraum verbleiben und die Möglichkeit eingeräumt werden, auf neue Lebensumstände reagieren zu können. Insbesondere muss sie oder er auf eine zwischen dem ersten und dem zweiten Erbfall eintretende neue Situation Einfluss nehmen können.

In welchem Umfang der oder dem Längerlebenden die Befugnis zustehen soll, wechselbezügliche Verfügungen im gemeinschaftlichen Testament zu ändern, bestimmen die Eheleute. Entsprechende Klauseln können sich unter anderem darauf beziehen, dass der länger lebende Ehemann oder die länger lebende Ehefrau durch ein neues Testament

- nach freiem Ermessen über den Nachlass verfügen darf,
- nur unter bestimmten Bedingungen frei über den Nachlass verfügen darf,
- nur bei einem Fehlverhalten der Kinder frei über den Nachlass verfügen darf,
- nur über sein eigenes Vermögen (und nicht über das Vermögen des verstorbenen Ehemanns oder der verstorbenen Ehefrau aus dem ersten Erbfall) frei verfügen darf,

- nur über bestimmte Gegenstände (zum Beispiel eine Immobilie) frei verfügen kann,
- die Erbquoten der Kinder, nicht aber deren Erbeinsetzung ändern darf,
- andere Personen als Schlusserben bestimmen darf, jedoch nur innerhalb der Verwandtschaft.

SO MACHEN SIE ES RICHTIG:
Abänderungsvorbehalte im Berliner Testament

Wir, ____, und ____, setzen uns gegenseitig zu alleinigen und unbeschränkten Erben ein. Unsere gemeinsamen Kinder ____ und ____ sind zu je ½ Anteil unsere gleichberechtigten Schlusserben. Der oder dem Längerlebenden von uns wird folgende Änderungsberechtigung eingeräumt:

Er/Sie ist ausdrücklich berechtigt, seine/ihre eigenen testamentarischen Verfügungen in diesem Testament ganz oder teilweise zu ändern.

[Oder]

Er/Sie darf die Verteilung des Vermögens auf unsere Kinder nach eigenem Ermessen bestimmen. Das gilt sowohl für Verfügungen unter Lebenden als auch für letztwillige Verfügungen.

[Oder]

Er/Sie darf über ____ (Bezeichnung des Gegenstands, zum Beispiel des Hausgrundstücks) durch letztwillige Verfügung frei verfügen.

[Oder]

Er/Sie darf andere Personen als Schlusserben bestimmen, jedoch nur innerhalb des Kreises der Verwandtschaft.

[Oder]

Er/Sie ist berechtigt, zulasten der Schlusserben Geldvermächtnisse in Höhe von ____ bis zu ____ Euro für ____ anzuordnen.

[Oder]

Er/Sie darf Testamentsvollstreckung anordnen.

Pflichtteilsklauseln

Wenn eine Vermögensübertragung durch ein Berliner Testament vorgenommen werden soll, müssen etwaige Pflichtteilsansprüche berücksichtigt werden. So können die beim ersten Erbfall enterbten Kinder beim Tod der erstversterbenden Person den Pflichtteil aus deren Nachlass verlangen.

→ **DAS IST WICHTIG:** Sind Ihre als Schlusserben eingesetzten Kinder nur Nacherben, können diese den Pflichtteil nur verlangen, wenn sie die Nacherbfolge ausschlagen.

Der Pflichtteilsanspruch kann den länger lebenden Ehemann oder die länger lebende Ehefrau unter Umständen in arge finanzielle Schwierigkeiten bringen, beispielsweise wenn der Nachlass weitgehend aus Immobilien oder Wertpapieren besteht. Dieser Gefahr kann einmal damit begegnet werden, dass mit den Kindern bereits zu Lebzeiten ein Pflichtteilsverzicht vereinbart wird. Der Pflichtteilsverzicht muss vertraglich vereinbart werden. Der Vertrag bedarf der notariellen Beurkundung.

Kommt ein Pflichtteilsverzicht nicht in Betracht, können in das Berliner Testament verschiedene Verwirkungs- und Strafklauseln aufgenommen werden, die die Kinder veranlassen sollen, von der Geltendmachung des Pflichtteils abzusehen. Bei diesen Klauseln geht es darum, es so unattraktiv wie möglich zu machen, den Pflichtteil überhaupt in Anspruch zu nehmen.

Pflichtteilsklauseln sind in verschiedenen Gestaltungen möglich. Folgende Sanktionen können ein Kind davon abhalten, beim Tod des erstversterbenden Elternteils seinen Pflichtteilsanspruch gegen den länger lebenden Elternteil geltend zu machen:

▶ Das als Schlusserbe eingesetzte Kind wird nicht Erbe des letztversterbenden Ehemanns oder der letztversterbenden Ehefrau, wenn es nach dem Todesfall der erstversterbenden Person gegen den Willen der länger lebenden Person den Pflichtteil verlangt.

▶ Ehepaare mit mehreren Kindern können verfügen, dass die Kinder, die den Pflichtteil beim Tod des erstversterbenden Elternteils nicht fordern, beim ersten Erbfall Geldvermächtnisse erhalten, die aber erst beim Tod des länger lebenden Elternteils, also nach dem zweiten Erbfall, ausbezahlt werden.

▶ Der länger lebende Ehemann oder die länger lebende Ehefrau erhält das Recht, ein als Schlusserbe eingesetztes Kind zu enterben, wenn dieses gegen den Willen des länger lebenden Elternteils den Pflichtteil verlangt.

Durch die nachfolgende Verfügung ist das im gemeinschaftlichen Testament als Schlusserbe eingesetzte Kind automatisch enterbt, wenn es beim Tod des erstversterbenden Elternteils gegen den Willen des länger lebenden Elternteils den Pflichtteil verlangt. Das Kind kann in diesem Fall auch beim Tod des länger lebenden Elternteils nur den Pflichtteil verlangen.

SO MACHEN SIE ES RICHTIG: Einfache Pflichtteilsstrafklausel
Falls das als Schlusserbe eingesetzte Kind nach dem Tod des erstverstebenden Elternteils gegen den Willen des länger lebenden Elternteils den Pflichtteil verlangt, werden das Kind und seine Nachkommen nicht Erben der oder des Letztversterbenden.
Der länger lebende Elternteil ist berechtigt, die Enterbung wieder rückgängig zu machen, indem er den enterbten Schlusserben durch eine Verfügung von Todes wegen wieder als Alleinerben einsetzt.

SO MACHEN SIE ES RICHTIG: Abänderungsvorbehalt
Falls ein als Schlusserbe eingesetztes Kind nach dem Tod des erstverstebenden Elternteils gegen den Willen des länger lebenden Elternteils den Pflichtteil verlangt, ist der länger lebende Elternteil berechtigt, das Kind und seine Nachkommen durch Testament von der Erbfolge auszuschließen.

Durch die nachfolgende Verfügung wird das als Schlusserbe eingesetzte Kind nicht automatisch enterbt, wenn es beim Tod des erstverstebenden Elternteils den Pflichtteil verlangt. Vielmehr wird der länger lebende Ehemann oder die länger lebende Ehefrau berechtigt, von der Schlusserbeneinsetzung im gemeinschaftlichen Testament abzuweichen und den eingesetzten Schlusserben zu enterben. Letztlich wird also die im gemeinschaftlichen Testament erfolgte Schlusserbeneinsetzung mit einem Änderungsvorbehalt versehen. Im Fall der Enterbung des eingesetzten Schlusserben durch den länger lebenden Ehemann oder die länger lebende Ehefrau kann der Enterbte auch beim Tod des länger lebenden Elternteils nur den Pflichtteil verlangen.

Mit der nachfolgenden Pflichtteilsstrafklausel wird ein Kind doppelt „bestraft" wenn es beim Tod des erstverstebenden Elternteils seinen Pflichtteil verlangt. Dagegen wird das Kind „belohnt", das beim ersten Erbfall seinen Pflichtteilsanspruch nicht geltend macht.

SO MACHEN SIE ES RICHTIG: Erweiterte Pflichtteilsstrafklausel
Verlangt eines unserer Kinder nach dem Tod des erstverstebenden Elternteils den Pflichtteil, so steht ihm auch nach dem Tod des letztversterbenden Elternteils nur der Pflichtteil zu. Kinder, die den Pflichtteil nicht verlangt haben, erhalten aus dem Nachlass des erstverstebenden Elternteils Geldvermächtnisse im Wert ihres gesetzlichen Erbteils. Diese werden beim Tod des länger lebenden Elternteils fällig.

Macht ein Kind beim Tod des erstversterbenden Elternteils seinen Pflichtteil geltend, so ist es beim Tod des länger lebenden Elternteils automatisch enterbt und kann nur seinen Pflichtteil verlangen. Die Höhe des Pflichtteils beim zweiten Todesfall hängt vom Wert des Nachlasses des länger lebenden Ehemanns oder der länger lebenden Ehefrau ab. Diejenigen Kinder, die nach dem ersten Erbfall ihren Pflichtteil nicht geltend machen, erhalten aus dem Nachlass des erstversterbenden Elternteils ein Geldvermächtnis in Höhe ihres gesetzlichen Erbteils, das allerdings erst mit dem Tod der oder des Längerlebenden fällig wird. Das hat zur Folge, dass der Nachlass des länger lebenden Elternteils durch die Vermächtnisse an Kinder, die beim ersten Erbfall ihren Pflichtteil nicht verlangt haben, geschmälert wird. Mithin verringert sich beim zweiten Todesfall auch der Pflichtteil eines Kindes, das beim ersten Todesfall seinen Pflichtteil verlangt hat.

Wiederverheiratungsklausel

Heiratet der im gemeinschaftlichen Testament eingesetzte Ehepartner nach dem Tod der oder des Erstversterbenden erneut und verstirbt er vor dem zweiten Ehemann oder der zweiten Ehefrau, so geht das an ihn aus dem ersten Erbfall vererbte Vermögen ganz oder teilweise in eine fremde Familie, weil dem zweiten Ehemann oder der zweiten Ehefrau gesetzliche Erb- und Pflichtteilsrechte eingeräumt sind. Das gilt insbesondere auch, wenn aus der zweiten Ehe Kinder hervorge-

hen. Insgesamt müssen die Kinder aus der ersten Ehe bei der Wiederverheiratung des Längerlebenden nach dem ersten Erbfall mit finanziellen Einbußen rechnen.

➡ GUT ZU WISSEN: Mit einer Wiederverheiratungsklausel schützen Sie die Schlusserben davor, dass das Nachlassvermögen des zuerst versterbenden Ehemanns oder der zuerst versterbenden Ehefrau zu deren Lasten beeinträchtigt wird.

Dem kann begegnet werden, indem eine sogenannte Wiederverheiratungsklausel in das Berliner Testament aufgenommen wird. Ziel ist es, dem beim ersten Erbfall enterbten Kind auf den Zeitpunkt der Wiederverheiratung des länger lebenden Ehemanns oder der länger lebenden Ehefrau eine angemessene Beteiligung am Nachlass zu sichern. Das, was die Eheleute dem eingesetzten Schlusserben (im Regelfall dem Kind) zugedacht haben, soll diesem auch letztlich zukommen.

➡ GUT ZU WISSEN: Sinnvoll ist es, die finanzielle Belastung des länger lebenden Ehemanns oder der länger lebenden Ehefrau durch ein Vermächtnis in der Form abzumildern, dass der Anspruch des Schlusserben auf das Vermächtnis nicht besteht, wenn dieser beim ersten Erbfall seinen Pflichtteilsanspruch geltend gemacht hat.

Durch die nachfolgende Wiederverheiratungsklausel im gemeinschaftlichen Testament werden Sie als der länger lebende Ehemann oder die länger lebende Ehefrau im gemeinschaftlichen Testament für den Fall, dass Sie wieder heiraten, mit einem Vermächtnis beschwert. Sie müssen dann an die testamentarisch bestimmten Schlusserben einen Geldbetrag in Höhe von deren gesetzlichem Erbteil zahlen. Maßgebend für die Berechnung ist der Wert des reinen Nachlasses der oder des Erstversterbenden zum Zeitpunkt des Erbfalls. Geregelt werden muss auch, wann das Vermächtnis anfällt beziehungsweise fällig werden soll.

> **SO MACHEN SIE ES RICHTIG:**
> **Geldvermächtnis in Höhe des gesetzlichen Erbteils**
> *Für den Fall, dass der länger lebende Ehemann oder die länger lebende Ehefrau wieder heiratet, hat dieser/diese den als Schlusserben eingesetzten Kindern einen Geldbetrag in Höhe ihres gesetzlichen Erbteils zu zahlen. Maßgebend für die Berechnung ist der Wert des reinen Nachlasses der oder des Erstversterbenden zum Zeitpunkt des Erbfalls. Das Vermächtnis ist innerhalb von drei Monaten nach der Wiederverheiratung fällig. Der Anspruch entfällt, wenn ein Schlusserbe beim ersten Erbfall seinen Pflichtteilsanspruch geltend gemacht hat.*

Im Falle der Wiederverheiratung ist die oder der Längerlebende nicht mehr an die Erbeinsetzung der Schlusserben gebunden. Er oder sie kann dann neu und nach freiem Ermessen sowohl lebzeitig als auch durch Verfügung von Todes wegen verfügen.

Auch durch die nachfolgende Wiederverheiratungsklausel werden Sie als der länger lebende Ehemann oder die länger lebende Ehefrau im gemeinschaftlichen Testament für den Fall, dass Sie wieder heiraten, mit einem Vermächtnis beschwert. Sie müssen dann an den Schlusserben einen im gemeinschaftlichen Testament konkret festgelegten Geldbetrag zahlen. Das Vermächtnis kann auch aus einem bestimmten Nachlassgegenstand (zum Beispiel Grundstücke oder Wertpapiere) bestehen. Geregelt werden muss auch, wann das Vermächtnis anfällt beziehungsweise fällig werden soll.

> **SO MACHEN SIE ES RICHTIG:**
> **Geldvermächtnis in festgelegter Höhe**
> *Für den Fall, dass der länger lebende Ehemann oder die länger lebende Ehefrau wieder heiratet, hat dieser/diese den eingesetzten Schlusserben ein Geldvermächtnis in Höhe von _____ Euro zuzuwenden. Das Vermächtnis ist innerhalb von drei Monaten nach der Wiederverheiratung fällig. Der Anspruch entfällt, wenn ein Schlusserbe beim ersten Erbfall seinen Pflichtteilsanspruch geltend gemacht hat.*

Im Falle der Wiederverheiratung ist der oder die Längerlebende nicht mehr an die Erbeinsetzung der Schlusserben gebunden. Er oder sie kann dann neu und nach freiem Ermessen sowohl lebzeitig als auch durch Verfügung von Todes wegen verfügen.

Anfechtungsverzicht

Kraft Gesetzes ist ein Ehemann oder eine Ehefrau berechtigt, die im gemeinschaftlichen Testament erfolgte Einsetzung der Schlusserben anzufechten. Als Anfechtungsgrund kommt insbesondere die Übergehung eines Pflichtteilsberechtigten in Betracht. Die gesetzlichen Voraussetzungen kann der länger lebende Ehemann oder die länger lebende Ehefrau selbst herbeiführen, indem er oder sie wieder heiratet oder ein Kind bekommt bzw. adoptiert. In diesen Fällen steht dem neuen Ehemann, der neuen Ehefrau beziehungsweise den Kindern gegenüber dem länger lebenden Ehemann oder der länger lebenden Ehefrau der Pflichtteil zu. Weil diese Pflichtteilsberechtigten durch die Einsetzung von Schlusserben im gemeinschaftlichen Testament übergangen werden, kann die oder der Längerlebende das gemeinschaftliche Testament anfechten.

BEISPIEL: Die Eheleute A und B haben sich in einem Berliner Testament wechselseitig als Alleinerben und als Schlusserben ihr gemeinsames Kind C eingesetzt. Nachdem A verstorben ist, heiratet B den D. D steht gesetzlich der Pflichtteil zu. Er wurde allerdings durch die Erbeinsetzungen im gemeinschaftlichen Testament von A und B übergangen, weil diese Entwicklung nicht absehbar war. Deshalb kann B das gemeinschaftliche Testament anfechten, weil D als Pflichtteilsberechtigter übergangen wurde.

Die Selbstanfechtung führt beim Berliner Testament zur Unwirksamkeit der Einsetzung des länger lebenden Ehemanns oder der länger lebenden Ehefrau zum Alleinerben der oder des Erstverstorbenen. Damit tritt rückwirkend auf den Tod der erstversterbenden Person die gesetzliche Erbfolge ein. Diese Folge wird Längerlebende regelmäßig davon abhalten, das Testament anzufechten. Gleichwohl kann sicherheitshalber im gemeinschaftlichen Testament die Selbstanfechtung der Eheleute ausgeschlossen werden. Selbst wenn dann der länger lebende Ehemann oder die länger lebende Ehefrau nach dem Tod des Erstverstorbenen erneut heiratet, bleiben die gemeinschaftlich getroffenen testamentarischen Verfügungen bindend.

> **SO MACHEN SIE ES RICHTIG: Anfechtungsverzicht**
> An die Bestimmungen in diesem Testament soll die oder der Längerlebende auch dann gebunden bleiben, wenn er/sie noch einmal heiratet oder sonst Pflichtteilsberechtigte hinzutreten. Die oder der Längerlebende von uns verzichtet deshalb ausdrücklich auf das Anfechtungsrecht wegen Übergehung eines Pflichtteilsberechtigten.

Erbvertrag

Eine Vermögensübertragung im Rahmen einer Verfügung von Todes wegen kann auch durch einen Erbvertrag vorgenommen werden. Dabei wird ein Vertrag mit dem eingesetzten Erben geschlossen, um diesem „Vertragserben" die Erbschaft rechtlich zu sichern.

Während einseitige Verfügungen in Form eines Testaments jederzeit frei widerrufen werden können, ist das bei vertragsmäßigen Anordnungen im Erbvertrag nicht einfach möglich. Und in manchen Fällen besteht tatsächlich ein Bedürfnis nach mehr Bindung als in einem Testament. So ist vor allem für nicht eheliche Lebensgemeinschaften der Erbvertrag eine geeignete Form, gemeinsame erbrechtliche Verfügungen zu treffen. Der Abschluss eines Erbvertrags kann auch dann sinnvoll sein, wenn Sie als „Begünstigte" sich Ihrer Erbschaft sicher sein möchten, weil Sie Ihre ganze Lebensführung oder Ihr Verhalten auf die erwartete Erbschaft ausrichten mussten (zum Beispiel ein Studium, um den elterlichen Betrieb später zu übernehmen). Schließlich soll plötzlich nicht alles umsonst gewesen sein, weil sich die vererbende Person die Sache doch noch anders überlegt hat. Auch bei Verfügungen unter Eheleuten kann der Erbvertrag unter Umständen gegenüber dem gemeinschaftlichen Testament Vorteile haben (Einzelheiten siehe Seite 88).

Voraussetzungen

Die vererbende Person kann den Erbvertrag nur persönlich abschließen (§ 2274 BGB). Sie kann sich also nicht vertreten lassen; der Erbvertrag wäre dann unwirksam. Die jeweilige Vertragspartei muss nur dann persönlich handeln, wenn sie ebenfalls Verfügungen trifft. Andernfalls kann sie auch durch Bevollmächtigte handeln. Nicht ausgeschlossen ist natürlich, bei Vertragsabschluss einen Beistand hinzuzuziehen, der die vererbende Person berät.

> **→ DAS IST WICHTIG:** Wer einen Erbvertrag abschließen will, muss unbeschränkt geschäftsfähig sein (§ 2275 Abs. 1 BGB). Andernfalls ist der Erbvertrag unwirksam. Unter Umständen kann ein nichtiger Erbvertrag noch in ein wirksames Testament umgewandelt werden. Maßgebend sind die Umstände des Einzelfalls. Für Erbverträge zwischen Eheleuten und Verlobten reicht die beschränkte Geschäftsfähigkeit aus (§ 2275 Abs. 2 BGB).

Inhalt und Bindung

Im Erbvertrag können alle Verfügungen getroffen werden, die auch in einem Testament möglich sind. Im Gegensatz zum Testament sind aber bestimmte Anordnungen, nämlich die sogenannten vertragsmäßigen Verfügungen, bindend. Vertragsmäßig können aber nur Erbeinsetzungen, Vermächtnisse und Auflagen getroffen werden (§ 2279 BGB). Zwar sind im Erbvertrag auch andere Verfügungen zulässig, diese sind jedoch nicht bindend. Sie haben die gleiche Wirkung wie Verfügungen im Testament. Mindestens eine Verfügung einer Vertragspartei im Erbvertrag muss vertragsmäßig sein; andernfalls liegt kein Erbvertrag vor, sondern ein Testament. Welche Verfügungen vertragsmäßig, also bindend, sein sollen, entscheidet die vererbende Person.

➡ **DAS IST WICHTIG:** Wegen der unterschiedlichen Bindungswirkung müssen Sie darauf achten, dass im Erbvertrag eindeutig zum Ausdruck kommt, welche Verfügungen vertragsmäßig und welche einseitig getroffen sind. Deshalb sollten vertragsmäßige Verfügungen ausdrücklich als solche bezeichnet werden.

Zu beachten ist, dass auch Verfügungen wie Erbeinsetzung, Vermächtnis und Auflage, die vertragsmäßig ausgestaltet werden können, durch die Aufnahme in den Erbvertrag nicht zwangsläufig vertragsmäßig bindend sind. Auch diese Verfügungen können einseitig ausgestaltet werden.

Wenn keine ausdrückliche Bestimmung vorliegt, muss nach den Regeln des Vertragsrechts ermittelt werden, ob und inwieweit eine Bindung gewollt ist oder ob nur eine einseitige Verfügung vorliegt. Maßgebend ist der Wille der vererbenden Person, daneben aber auch deren Interessenlage. So ist in der Regel davon auszugehen, dass eine vertragsmäßige Verfügung vorliegt, wenn die vererbende Person die Vertragspartei selbst begünstigt. Entsprechendes gilt, wenn Eheleute sich gegenseitig etwas zuwenden. Wird eine dritte Person durch einen Erbvertrag begünstigt, so wird im Regelfall eine vertragsmäßige Verfügung vorliegen, wenn die betreffende Person mit den Vertragsparteien verwandt ist.

Durch vertragsmäßige Verfügungen in einem Erbvertrag werden frühere testamentarische Verfügungen aufgehoben, soweit sie das Recht der oder des im Erbvertrag Bedachten beeinträchtigen (§ 2289 BGB).

🔍 **BEISPIEL:** Haben Sie in einem Testament Ihren Sohn zum Alleinerben eingesetzt, so wird dieses Testament unwirksam, wenn Sie durch eine vertragsmäßige Verfügung im Erbvertrag Ihren Lebenspartner als Alleinerben einsetzen.

Eine beeinträchtigende Verfügung liegt auch dann vor, wenn die Verfügung die Begünstigung von vertragsmäßig Bedachten vermindert, beschränkt oder belastet.

BEISPIEL: Sie haben Ihre Tochter in einem Testament als Alleinerbin eingesetzt und verfügen nunmehr in einem Erbvertrag vertragsmäßig ein Vermächtnis zugunsten Ihrer Lebenspartnerin. In diesem Fall bleibt es zwar bei der Erbeinsetzung Ihrer Tochter, die vertragsmäßige Anordnung des Vermächtnisses schränkt jedoch die Erbeinsetzung Ihrer Tochter ein.

Erbrechtliche Verfügungen vor Abschluss des Erbvertrags werden jedoch dann nicht durch vertragsmäßige Verfügungen im Erbvertrag aufgehoben, wenn diese selbst vorrangig verbindlich sind. Das betrifft insbesondere wechselbezügliche Verfügungen in einem gemeinschaftlichen Testament und vertragsmäßige Verfügungen in einem früheren Erbvertrag.

BEISPIEL: In einem gemeinschaftlichen Testament haben sich die Eheleute gegenseitig zu Alleinerben eingesetzt. Eine vertragsmäßige Verfügung in einem späteren Erbvertrag, durch die die vererbende Person ihre Schwester als Alleinerbin einsetzt, ist unwirksam.

Zwar wird die vererbende Person durch den Erbvertrag nicht eingeschränkt, zu Lebzeiten über sein Vermögen zu verfügen (§ 2286 BGB), beschnitten wird aber ihr Recht, künftig andere erbrechtliche Verfügungen zu treffen. Insoweit wird also die Testierfreiheit eingeschränkt. Spätere erbrechtliche Anordnungen, die im Erbvertrag vertragsmäßig Bedachte benachteiligen, sind unwirksam. In Betracht kommen Beeinträchtigungen durch Testament und Erbvertrag.

BEISPIEL: Sie haben Ihren Bruder durch vertragsmäßige Verfügung in einem Erbvertrag als Alleinerben eingesetzt. Nunmehr setzen Sie Ihre Lebensgefährtin durch Testament als Alleinerbin ein. Das Testament ist unwirksam, weil es Ihren vertragsmäßig bedachten Bruder beeinträchtigt.

Die Bindung an vertragsmäßige Verfügungen im Erbvertrag bezieht sich allerdings nur auf den Erbfall. Sterben Bedachte vor dem Tod der vererbenden Person, so ist die Zuwendung gegenstandslos. In diesem Fall kann die vererbende Person wieder eine wirksame Verfügung von Todes wegen treffen.

Die vererbende Person kann sich im Erbvertrag die Möglichkeit vorbehalten, nachträglich noch abweichende wirksame Verfügungen von Todes wegen zu treffen. Mit einem solchen Änderungsvorbehalt wird die Testierfreiheit gewahrt. Unzulässig ist jedoch ein genereller Änderungsvorbehalt, also die Möglichkeit der vererbenden Person, sämtliche vertragsmäßigen Verfügungen aufzuheben. Um spätere Streitigkeiten zu vermeiden, sollte ein Änderungsvorbehalt im Erbvertrag ausdrücklich vereinbart werden. Auch sollte er inhaltlich so bestimmt sein, dass sich eindeutig ergibt, welche Einschränkungen gelten beziehungsweise welche Verfügungen der vererbenden Person später noch möglich sein sollen.

Verfügungen von Eheleuten: Gemeinschaftliches Testament oder Erbvertrag?

Ob Eheleute Verfügungen von Todes wegen in einem gemeinschaftlichen Testament oder in einem Erbvertrag treffen, hängt von den jeweiligen Interessen ab.

Das eigenhändige gemeinschaftliche Testament hat den Vorteil, dass es ohne Einschaltung eines Notars errichtet werden kann, der Erbvertrag bedarf dagegen in jedem Fall einer notariellen Beurkundung. Ein weiterer Vorteil des gemeinschaftlichen Testaments besteht darin, dass es zu Lebzeiten beider Eheleute durch eine notariell zu beurkundende Widerrufserklärung auch einseitig widerrufen werden kann. Die Aufhebung von vertragsmäßigen Verfügungen im Erbvertrag bedarf dagegen grundsätzlich des Einvernehmens der anderen Vertragspartei. Ein einseitiges Rücktrittsrecht oder ein Anfechtungsrecht besteht beim Erbvertrag nur in den gesetzlich zulässigen Fällen beziehungsweise bei einem vertraglich vereinbarten Rücktrittsvorbehalt (siehe unten).

Gegenüber dem Erbvertrag hat das gemeinschaftliche Testament den Nachteil, dass darin beide Eheleute Verfügungen treffen müssen, während dies im Erbvertrag nur die vererbende Person tun muss. Der Erbvertrag zwischen Eheleuten hat gegenüber dem gemeinschaftlichen Testament den Vorteil, dass vertragliche Bindungen möglich sind, ohne dass die Eheleute wechselbezügliche Verfügungen treffen; dagegen tritt beim gemeinschaftlichen Testament Bindungswirkung nur bei wechselbezüglichen Verfügungen ein. Von Vorteil ist auch, dass beim Erbvertrag der Schutz der Ehepartnerin oder des Ehepartners und der Schlusserben vor Schenkungen der vererbenden Person, die diese in der Absicht vornimmt, die Erben zu beeinträchtigen, (siehe Seite 89) bereits mit Vertragsabschluss eintritt, beim gemeinschaftlichen Testament dagegen erst mit dem Tod des erstversterbenden Ehepartners.

Form

Der Erbvertrag kann nur vor einem Notar bei gleichzeitiger Anwesenheit beider Vertragsparteien geschlossen werden (§ 2276 Abs. 1 BGB). Die vererbende Person muss persönlich anwesend sein. Der Vertragsschluss bedarf der gleichen Formen wie die Erstellung eines notariellen Testaments. Die Erklärung des letzten Willens kann also mündlich oder durch Übergabe einer offenen oder verschlossenen Schrift erfolgen. Zur Wirksamkeit muss der Erbvertrag vorgelesen, genehmigt und eigenhändig unterschrieben sein.

Für die Beurkundung eines Erbvertrags werden nach dem Gerichts- und Notarkostengesetz zwei volle Gebühren nach dem Wert des Vermögens, über das die vererbende Person zum Zeitpunkt der Erstellung des Testaments verfügt, erhoben. Bei einem Nachlasswert von beispielsweise 125.000 Euro würde die Gebühr 600 Euro, bei einem Nachlasswert von 200.000 Euro würde sie 870 Euro betragen, jeweils zuzüglich Mehrwertsteuer.

Nach Abschluss des Erbvertrags nimmt der Notar diesen in amtliche Verwahrung; darüber erhalten die Vertragsparteien einen Hinterlegungsschein. Die amtliche Verwahrung kostet einmalig und pauschal 75 Euro. Hinzu kommt noch die Gebühr für die Registrierung im Zentralen Testamentsregister. Die Rücknahme aus der amtlichen Verwahrung berührt die Gültigkeit des Erbvertrags nicht. Die Vertragsparteien können die amtliche Verwahrung des Erbvertrags gegenüber dem Notar ausschließen.

Freie Verfügbarkeit zu Lebzeiten

Wenn im Rahmen eines Erbvertrags eine Erbeinsetzung vorgenommen, ein Vermächtnis oder eine Auflage angeordnet wurde, kann zwar durch eine Verfügung von Todes wegen nichts anderes mehr bestimmt werden, gleichwohl kann die vererbende Person natürlich zu Lebzeiten noch grundsätzlich über ihr Vermögen nach Belieben verfügen.

➡ **DAS IST WICHTIG:** Vertragsmäßige Verfügungen in einem Erbvertrag haben also ausschließlich erbrechtliche Wirkungen. Die vererbende Person wird nicht in ihrem Recht beschränkt, über ihr Vermögen durch Rechtsgeschäft unter Lebenden zu verfügen (§ 2286 BGB).

Die vererbende Person hat auch das Recht, aus ihrem Vermögen Schenkungen vorzunehmen. Um Missbrauch und ein Unterlaufen vertragsmäßiger Verfügungen durch Schenkungen zu Lebzeiten zu verhindern, erfahren die im Erbvertrag Begünstigten aber einen besonderen gesetzlichen Schutz.

Wenn eine vererbende Person Schenkungen zu Lebzeiten in der Absicht vorgenommen hat, den im Erbvertrag vertraglich eingesetzten Erben zu beeinträchtigen, so kann der Vertragserbe, nachdem ihm die Erbschaft angefallen ist, vom Beschenkten die Herausgabe des Geschenks verlangen (§ 2287 BGB). Zu berücksichtigen ist, dass der Vertragserbe keinen Anspruch darauf hat, dass ein bestimmter Vermögenswert im Nachlass erhalten bleibt. Er hat es also grundsätzlich hinzunehmen, dass die vererbende Person Vermögenswerte aus dem Nachlass nimmt und diese verschenkt. Nur wenn sie Zuwendungen vornimmt, um dem Vertragserben damit objektiv zu schaden, kann dieser später die Herausgabe des Geschenks verlangen. Voraussetzung ist also, dass die vererbende Person ihr Recht, zu Lebzeiten über ihr Vermögen zu verfügen, missbraucht. Das ist unter anderem dann nicht der Fall, wenn sie selbst ein Interesse, also ein sogenanntes „lebzeitiges Eigeninteresse" an der Schenkung hat.

BEISPIEL: Schenkungen, um Ihre eigene Altersversorgung zu sichern oder zu verbessern, erfolgen grundsätzlich nicht in der Absicht, den Vertragserben zu beeinträchtigen. Kein lebzeitiges Eigeninteresse ist allerdings gegeben, wenn Sie eine Schenkung machen, weil Sie festgestellt haben, dass Beschenkte im Rahmen Ihrer Verfügung von Todes wegen zu gering bedacht wurden.

§ **SO ENTSCHIEDEN DIE GERICHTE:**
Ein lebzeitiges Eigeninteresse der vererbenden Person an einer Schenkung kann auch dann vorliegen, wenn Beschenkte ohne rechtliche Bindung Leistungen – etwa zur Betreuung im weiteren Sinne – übernehmen, tatsächlich erbringen und auch in Zukunft vornehmen wollen (BGH, Az. IV ZR 72/11).

Aufhebung

Innerhalb der gesetzlich zulässigen Grenzen ist es möglich, die Bindungswirkung des Erbvertrags oder einzelner vertragsmäßiger Verfügungen zu beenden. In diesem Fall erlangt die vererbende Person wieder die Möglichkeit, anderweitige Verfügungen von Todes wegen zu treffen.

GUT ZU WISSEN: Die Rücknahme des Erbvertrags aus der amtlichen Verwahrung beseitigt nicht seine Wirksamkeit beziehungsweise die Wirksamkeit einzelner vertragsmäßiger Verfügungen.

Zunächst besteht die Möglichkeit, den Erbvertrag oder eine einzelne vertragsmäßige Verfügung durch einen Vertrag aufzuheben (§ 2290 BGB). Vertragsparteien des Aufhebungsvertrags sind die Personen, die den Erbvertrag geschlossen haben. Die Zustimmung von im Erbvertrag Bedachten ist nicht erforderlich, weil diese selbst bei vertragsmäßig bindenden Verfügungen vor dem Erbfall keine Rechte erwerben. Nach dem Tod einer dieser Personen kann die Aufhebung nicht mehr erfolgen. In diesem Fall kann die Rechtswirkungen des Erbvertrags beziehungsweise einzelner vertragsmäßiger Verfügungen nur noch durch Anfechtung oder durch Rücktritt beseitigt werden.

Der Aufhebungsvertrag kann von der vererbenden Person nur persönlich geschlossen werden. Eine in ihrer Geschäftsfähigkeit beschränkte Person bedarf zur Aufhebung nicht der Zustimmung durch ihren gesetzlichen Vertreter. Der Aufhebungsvertrag muss, wie der Erbvertrag, bei gleichzeitiger Anwesenheit beider Vertragsparteien notariell beurkundet werden.

In Form des Testaments können vertragsmäßige Verfügungen aufgehoben werden, durch die ein Vermächtnis oder eine Auflage angeordnet wurden (§ 2291 BGB).

Nicht durch Testament aufgehoben werden kann allerdings eine vertragsmäßige Erbeinsetzung. Damit die Wirksamkeit der Anordnung eines Vermächtnisses oder einer Auflage aufgehoben wird, ist die Zustimmung der anderen Vertragspartei erforderlich. Die Zustimmungserklärung bedarf der notariellen Beurkundung, damit sie wirksam wird. Nach dem Tod einer Vertragspartei kann die Zustimmung nicht mehr erteilt werden; das Zustimmungsrecht geht also nicht auf die Erben der Vertragspartei über. Das Aufhebungstestament kann als eigenhändiges oder notarielles Testament errichtet werden. Darin kann die vererbende Person ihre Verfügungen ausdrücklich aufheben oder sie durch andere, ihnen widersprechende ersetzen.

➡️ **GUT ZU WISSEN:** Eheleute haben die Möglichkeit, einen zwischen ihnen abgeschlossenen Erbvertrag auch durch ein gemeinschaftliches Testament aufzuheben (§ 2292 BGB).

Das Aufhebungstestament kann in jeder rechtlich zulässigen Form, also als eigenhändiges oder notarielles gemeinschaftliches Testament abgefasst werden. Nicht ausreichend sind zwei übereinstimmende Einzeltestamente.

Rücktritt

Neben der Aufhebung des Erbvertrags bietet der Rücktritt vom Erbvertrag eine weitere Möglichkeit, sich von vertragsmäßigen Verfügungen zu lösen. Während der Erbvertrag stets nur im Einvernehmen mit der Vertragspartei aufgehoben werden kann, reicht beim Rücktritt eine einseitige Erklärung. Der Rücktritt vom Erbvertrag kommt aber nur in engen Grenzen in Betracht.

Die vererbende Person kann vom Erbvertrag zurücktreten, wenn sie sich den Rücktritt im Vertrag vorbehalten hat (§ 2293 BGB). In diesem Fall steht ihr das Rücktrittsrecht nur persönlich zu. Der Rücktrittsvorbehalt kann auf einzelne vertragsmäßige Verfügungen beschränkt sein oder die erbvertraglichen Verfügungen insgesamt erfassen. Das Rücktrittsrecht erlischt mit dem Tod der oder des Rücktrittsberechtigten.

🔍 **BEISPIEL:** Ein Rücktrittsrecht kann für den Fall vorbehalten werden, dass die Vertragspartei einer ihr vertraglich obliegenden Verpflichtung zur Pflege nicht nachkommt.

Sind in einem Erbvertrag von beiden Vertragsparteien bindende Verfügungen getroffen worden und tritt eine von ihnen aufgrund eines Rücktrittsvorbehalts vom Erbvertrag zurück, so wird der Erbvertrag dadurch insgesamt unwirksam (§ 2298 Abs. 2 BGB). In diesem Fall kann der Rücktritt nur bis zum Tod der anderen Vertragspartei erfolgen. Nach deren Tod besteht die Möglichkeit, die Zuwendung auszuschlagen und dann wieder neue wirksame Verfügungen zu treffen. Hat nur die länger lebende Vertragspartei vertragsmäßige Verfügungen getroffen, kann sie die Verfügung nach dem Tod der anderen Vertragspartei durch ein Testament aufheben.

Ein gesetzliches Rücktrittsrecht steht der vererbenden Person in zwei Fällen zu:

- ▶ Sie kann von einer vertragsmäßigen Verfügung zurücktreten, wenn sich Bedachte einer Verfehlung schuldig machen, die die vererbende Person zur Entziehung des Pflichtteils berechtigt – oder, falls die Bedachten nicht zu den Pflichtteilsberechtigten gehören – zu der Entziehung berechtigen würde, wenn die Bedachten zu den Nachkommen gehörten. Das Rücktrittsrecht beschränkt sich damit auf vorsätzliche körperliche Misshandlung, Verbrechen oder sonstige schwere Verfehlungen (§ 2294 BGB; zu den Möglichkeiten, den Pflichtteil zu entziehen, siehe im Einzelnen Seite 149). Zum Rücktritt berechtigt ist die vererbende Person nur, wenn die Verfehlungen nach dem Abschluss des Erbvertrags begangen wurden, frühere Verfehlungen der Bedachten sind unerheblich, können aber unter Umständen ein Anfechtungsrecht begründen. Das Rücktrittsrecht steht nur der vererbenden Person zu. Sie kann nicht im Voraus darauf verzichten. Dass die Voraussetzungen für den Rücktritt vorliegen, muss die vererbende Person beweisen.
- ▶ Sie kann von einer vertragsmäßigen Verfügung auch zurücktreten, wenn sie die Verfügung mit Rücksicht auf eine rechtsgeschäftliche Verpflichtung der Bedachten, der vererbenden Person zu Lebzeiten wiederkehrende Leistungen zu entrichten, insbesondere

Unterhalt zu gewähren, getroffen hat und die Verpflichtung vor ihrem Tod aufgehoben wird (§ 2295 BGB). In Betracht kommen hierbei ausschließlich rechtsgeschäftliche Verpflichtungen und keine gesetzlichen Verpflichtungen (zum Beispiel gesetzliche Unterhaltspflicht). Schlechterfüllung, Verzug oder Nichterfüllung reichen für den Rücktritt nicht aus, allerdings kann in diesen Fällen die Anfechtung in Betracht kommen. Das Rücktrittsrecht steht nur dem Erblasser zu. Dass die Voraussetzungen für den Rücktritt vorliegen, muss die vererbende Person jedoch beweisen.

Wenn die vererbende Person vom Erbvertrag oder von einzelnen vertragsmäßigen Verfügungen zurücktreten will, muss diese Erklärung notariell beurkundet sein, damit sie wirksam ist. Sie muss persönlich abgegeben werden; der Rücktritt kann nicht durch eine Stellvertretung eingereicht werden (§ 2296 BGB). Der Rücktritt ist nicht widerruflich und kann nicht unter einer Bedingung erfolgen.

> **SO MACHEN SIE ES RICHTIG: Rücktritt vom Erbvertrag**
>
> *Herr/Frau _____ hat sich im Erbvertrag vom _____ mir gegenüber zu Pflegeleistungen verpflichtet. Im Gegenzug habe ich ihm/ihr ein Wohnungsrechtsvermächtnis zugewandt.*
>
> *Nachdem Herr/Frau _____ seit _____ die Pflegeleistungen wegen Krankheit nicht mehr erbringen kann, trete ich hiermit vom Erbvertrag in vollem Umfang zurück. Der Notar wird beauftragt, Herrn/Frau _____ eine Ausfertigung der Rücktrittserklärung durch den zuständigen Gerichtsvollzieher zustellen zu lassen.*

Die notarielle Beurkundung des Rücktritts vom Erbvertrag kostet nach dem Gerichts- und Notarkostengesetz eine halbe Gebühr. Bei einem Nachlasswert von etwa 50.000 Euro würde die Gebühr 82,50 Euro, bei einem Nachlasswert von 140.000 Euro würde sie 163,50 Euro betragen, jeweils zuzüglich Mehrwertsteuer.

Die notarielle Urkunde mit dem Rücktritt muss der anderen Vertragspartei in Urschrift oder als Ausfertigung zugehen. Der Zugang einer einfachen Abschrift genügt nicht. Sinnvoll ist zudem die Zustellung durch den Gerichtsvollzieher.

> **GUT ZU WISSEN:** Wenn Sie als vererbende Person zum Rücktritt berechtigt sind, können Sie von der vertragsmäßigen Verfügung auch noch nach dem Tod Ihrer Vertragspartei zurücktreten, indem Sie die Verfügung durch Testament aufheben. Voraussetzung ist, dass Sie aufgrund eines Rücktrittsvorbehalts oder aufgrund eines gesetzlichen Rücktrittsrechts zum Rücktritt berechtigt sind.

Tritt die vererbende Person aufgrund eines gesetzlichen Rücktrittsrechts vom Erbvertrag oder von einzelnen vertragsmäßigen Verfügungen zurück, so werden deren Verfügungen aufgehoben, die vertragsmäßigen Verfügungen der Vertragspartei bleiben jedoch wirksam.

Soweit die vererbende Person zum Rücktritt berechtigt ist, kann sie nach dem Tod der Vertragspartei die vertragsmäßige Verfügung auch durch ein Testament widerrufen (§ 2297 BGB).

ZUSAMMENGEFASST – DAS IST WICHTIG:

Wer ein eigenhändiges Testament errichten will, muss volljährig und voll geschäftsfähig sein. Wer das 16. Lebensjahr vollendet hat, kann ein notarielles Testament durch mündliche Erklärung gegenüber einem Notar oder durch Übergabe einer offenen Schrift errichten.

Das eigenhändige Testament kann ohne Einschaltung eines Notars durch eine eigenhändig geschriebene und unterschriebene Erklärung errichtet werden. Es kann an jedem beliebigen Ort aufbewahrt und jederzeit geändert oder widerrufen werden. Gründe für die Änderung oder den Widerruf müssen nicht angegeben werden.

Das notarielle Testament kann durch mündliche Erklärung zur Niederschrift des Notars oder durch Übergabe einer offenen oder verschlossenen Schrift an den Notar errichtet werden. Nach der Beurkundung wird das Testament in amtliche Verwahrung gebracht. Die Rücknahme aus der amtlichen Verwahrung hat zur Folge, dass das Testament als widerrufen gilt.

Ein gemeinschaftliches Testament können nur Eheleute oder eingetragene Lebenspartner aufsetzen. Das Besondere ist, dass in diesem Testament Verfügungen sowohl für den Tod des Ehemanns wie auch für den der Ehefrau getroffen werden können, die einseitig und ohne Kenntnis des anderen Ehepartners oder der -partnerin nicht geändert oder aufgehoben werden können.

Mit dem Berliner Testament setzen sich beide, Ehemann und Ehefrau, wechselseitig zu Erben ein und verfügen, dass nach dem Tod des Längerlebenden der beiderseitige Nachlass an einen Dritten, meist die Kinder, fallen soll.

In einem Erbvertrag trifft zumindest eine Person letztwillige Verfügungen, die nicht – wie beim Testament – von der testierenden Person einseitig geändert werden können.

4

Testament

5

Welche erbrechtlichen Anordnungen getroffen werden können

In einem Testament können verschiedene erbrechtliche Anordnungen getroffen werden. Wer erben oder nicht erben soll, wer ersatzweise Erbe wird, ob eine Vor- oder Nacherbschaft eintritt, ob ein Testamentsvollstrecker eingesetzt wird oder wie der Nachlass unter verschiedenen Erben aufgeteilt werden soll oder nicht verteilt werden darf, kann testamentarisch bestimmt werden. Darüber hinaus können Vermächtnisse zugewendet und den Erben Verpflichtungen auferlegt werden.

IN DIESEM KAPITEL ERFAHREN SIE,

wie Sie im Testament Ihre Erben einsetzen und Ersatzerben bestimmen können
■ **Seiten 98** und **101**

welche weiteren erbrechtlichen Verfügungen möglich sind ■ **Seite 113**

wie Sie gesetzliche Erben von der Erbfolge ausschließen können ■ **Seite 103**

welche familienrechtlichen Anordnungen Sie treffen können ■ **Seite 131**

was unter der Vor- und Nacherbfolge zu verstehen ist und in welchen Fällen die Anordnung sinnvoll ist ■ **Seite 104**

wie Sie Ihren digitalen Nachlass regeln können ■ **Seite 133**

Erbeinsetzung

Wenn eine Verfügung von Todes wegen erstellt werden soll, dann gehört die Erbeinsetzung zu den wichtigsten Bestimmungen. Wer als Erbe eingesetzt wird, ist zunächst die ganz persönliche Entscheidung der vererbenden Person. Allerdings sollten bestimmte rechtliche Gegebenheiten beachtet werden, um eine für die jeweilige persönliche Situation richtige Entscheidung treffen zu können.

✓ **CHECKLISTE: WER SOLL WAS ERBEN?**
☐ Welches Vermögen möchte ich vererben?
☐ Wem möchte ich mein Vermögen vererben?
☐ Will ich einen Alleinerben bestimmen oder wünsche ich eine Erbengemeinschaft?
☐ Wer soll welche Erbquote erhalten?
☐ Werden die Miterben in der Erbengemeinschaft miteinander klarkommen oder sind Schwierigkeiten zu erwarten?
☐ Wie ist die Beziehung zu den Schwiegerkindern?
☐ Sollen bestimmte Vermögenswerte den Miterben unmittelbar übertragen werden?
☐ Wie alt sind die Erben?
☐ Wer soll erben, wenn ein eingesetzter Erbe vor dem Erbfall verstirbt?

Nachdem sich die vererbende Person einen grundsätzlichen Überblick über ihr Vermögen verschafft hat (siehe Seite 11), muss sie zunächst entscheiden, wer allein oder gemeinsam mit anderen erben soll. Grundsätzlich kann jede Person – unabhängig vom Alter, Geschlecht oder von der Staatsangehörigkeit – als Erbe eingesetzt werden. Es steht der vererbenden Person also frei, bestimmte Kinder zu bevorzugen oder zu enterben. Auch der nicht eheliche Lebenspartner oder die nicht eheliche Lebenspartnerin kann erben, und zwar selbst dann, wenn Sie als vererbende Person selbst, oder der Mensch, mit dem Sie zusammenleben, noch verheiratet sind.

Ist die vererbende Person allerdings in einer Heimeinrichtung untergebracht, sind Einschränkungen zu beachten, wenn der Träger des Heims, dessen Leitung oder Heimbeschäftigte bedacht werden sollen (siehe dazu Seite 60).

Ein Tier kann nicht als Erbe eingesetzt werden. Ein entsprechendes Testament wäre unwirksam. Allerdings kann der Tierschutzverein als Erbe bestimmt und in diesem Zusammenhang können dann Verfügungen für die Betreuung des Tiers getroffen werden (siehe dazu auch Seite 201).

➡ **DAS IST WICHTIG:** Als Erbe oder Erbin kommt jeder Mensch, also jede natürliche Person in Betracht, wenn sie zum Zeitpunkt des Erbfalls lebt (§ 1923 Abs. 1 BGB). Stirbt der eingesetzte Erbe vor dem Erbfall, wird er nicht Erbe. Wer an seiner Stelle Erbe wird, kann die vererbende Person in einer Verfügung von Todes wegen bestimmen (§ 2096 BGB); andernfalls gilt die gesetzliche Erbfolge. Als Erbin kann auch eingesetzt werden, wer bei Eintritt des Erbfalls zwar noch nicht geboren, aber bereits gezeugt worden ist (§ 1923 Abs. 2 BGB). Voraussetzung ist, dass das Kind lebend zur Welt kommt.

Als Erben können juristische Personen des Privatrechts (zum Beispiel eingetragene Vereine, Gesellschaften mit beschränkter Haftung, Aktiengesellschaften) ebenso eingesetzt werden wie juristische Personen des öffentlichen Rechts (zum Beispiel der Bund, ein Bundesland oder die Kirche).

Die vererbende Person kann auch eine minderjährige Person als Erbin einsetzen und in diesem Zusammenhang besondere familienrechtliche Anordnungen treffen (siehe Seite 131).

Die vererbende Person kann einen Alleinerben einsetzen oder mehrere Erben bestimmen, was zwangsläufig eine Erbengemeinschaft zur Folge hat. Wichtig ist, dass sich die Erbeinsetzung entweder auf den gesamten Nachlass oder auf einen Bruchteil (zum Beispiel ein Viertel) bezieht. Einzelne Gegenstände können nicht vererbt werden, sondern nur im Rahmen eines Vermächtnisses

bestimmten Personen zugewendet werden. Für die Gesamtrechtsnachfolge muss die vererbende Person einen Erben oder eine Erbin bestimmen. Wenn sie im Testament nur einzelne Vermächtnisse anordnet, so gilt für den Rest ihres Vermögens die gesetzliche Erbfolge.

 SO MACHEN SIE ES RICHTIG: Erbeinsetzung
Hiermit setze ich meine beiden Kinder ____ und ____ zu meinen Erben zu jeweils gleichen Teilen meines gesamten Vermögens ein.
[Oder]
Ich bestimme hiermit, dass ____ mein Alleinerbe sein soll.

Häufig entspricht der gesetzliche Sprachgebrauch nicht dem umgangssprachlichen. Deshalb ist es im Einzelfall erforderlich, letztwillige Verfügungen auszulegen, so etwa, ob der Begünstigte Erbe oder nur Vermächtnisnehmer sein soll.

Für diesen Fall enthält das Gesetz eine allgemeine Auslegungsregel: Hat die vererbende Person ihr Vermögen oder einen Bruchteil ihres Vermögens dem Bedachten zugewendet, so ist die Verfügung als Erbeinsetzung anzusehen, auch wenn der Bedachte nicht als Erbe bezeichnet ist. Sind dem Bedachten dagegen nur einzelne Gegenstände zugewendet, so ist im Zweifel nicht anzunehmen, dass er Erbe sein soll, auch wenn er als Erbe bezeichnet ist (§ 2087 BGB).

Es ist nicht möglich, eine letztwillige Verfügung so zu treffen, dass ein anderer zu bestimmen hat, ob diese gelten oder nicht gelten soll. Auch kann die Bestimmung der Person, die eine Zuwendung erhalten soll, sowie die Bestimmung des Gegenstands der Zuwendung keinem Dritten überlassen werden.

BEISPIEL: A hat seiner Tochter B ein Geldvermächtnis für den Fall angeordnet, dass sie ihr Jura-Studium erfolgreich abschließt. Wenn B ihr Studium nach dem Tod ihres Vaters beendet, steht ihr das Geldvermächtnis zu, nachdem sie die Bedingung erfüllt hat.

§ **SO ENTSCHIEDEN DIE GERICHTE:**
Eine letztwillige Verfügung, in der die vererbende Person die Person zu seinem Erben einsetzt, die sich bis zu seinem Tode um ihn „kümmert", ist nichtig (OLG München, Az. 31 Wx 55/13).

SO MACHEN SIE ES RICHTIG: Erbeinsetzung unter einer aufschiebenden Bedingung
Ich bestimme _____ zu meinem Alleinerben/meiner Alleinerbin. Diese Erbeinsetzung steht unter der Bedingung, dass _____ (zum Beispiel, dass der eingesetzte Erbe erfolgreich ein bestimmtes Studium abschließt). Für den Fall, dass die Bedingung nicht erfüllt wird, soll die gesetzliche Erbfolge gelten.

In der Regel führt die Unwirksamkeit einer von der vererbenden Person getroffenen Verfügung aber nicht automatisch dazu, dass das gesamte Testament unwirksam wird. Es wird in diesem Fall ausnahmsweise nur dann unwirksam, wenn anzunehmen ist, dass andere Verfügungen nicht ohne die unwirksame Verfügung getroffen worden wären.

Eine Erbeinsetzung kann auch unter einer sogenannten aufschiebenden Bedingung vorgenommen werden. In diesem Fall erfolgt die Zuwendung im Zweifel nur, wenn der Bedachte den Eintritt der Bedingung erlebt (§ 2074 BGB).

Für den Fall einer auflösenden Bedingung gilt Folgendes: Hat die vererbende Person eine letztwillige Zuwendung unter der Bedingung gemacht, dass die oder der Begünstigte sich in einer bestimmten Weise verhält oder dass ein bestimmtes Verhalten unterlassen wird, so verbleibt die Zuwendung, solange sich entsprechend der Bedingung verhalten wird (§ 2075 BGB). So kann beispielsweise der Erblasser Hilfs- und Pflegeleistungen zur auflösenden Bedingung seines Testaments machen.

BEISPIEL: Der unverheiratete A hat seine Lebensgefährtin B zur Alleinerbin eingesetzt unter der Bedingung, dass sie sich innerhalb von fünf Jahren nach seinem Tod nicht wieder verheiratet. Beim Tod von A wird B Erbin. Heiratet sie aber vor Ablauf von fünf Jahren, dann hat sie die Erbschaft an die gesetzlichen Erben des A herauszugeben.

SO MACHEN SIE ES RICHTIG: Erbeinsetzung unter einer auflösenden Bedingung
Ich bestimme _____ zu meinem Alleinerben/meiner Alleinerbin unter der Bedingung, dass _____ (zum Beispiel, dass die eingesetzte Erbin nicht heiratet). Für den Fall, dass diese Bedingung eintritt, bestimme ich _____ zum Alleinerben/zur Alleinerbin.

Einsetzung eines Ersatzerben

Wer vor der vererbenden Person stirbt, kann diese nicht beerben (§ 1923 BGB). Der Nachlass kann deshalb auch nicht auf dessen Erben und Erbinnen übergehen.

Für den Fall, dass ein Erbe vor oder nach Eintritt des Erbfalls wegfällt, kann die vererbende Person in ihrer Verfügung von Todes wegen eine Ersatzerbin, also einen anderen Erben einsetzen (§ 2096 BGB).

Die zunächst eingesetzte Erbin kann aus verschiedenen Gründen wegfallen. So kann der zuerst Berufene bereits vor dem Erbfall versterben oder die angefallene Erbschaft ausschlagen; ferner kann die Verfügung von Todes wegen wirksam angefochten werden. Für diese Fälle kann die vererbende Person eine Ersatzerbschaft verfügen. Der Ersatzerbe wird nur Erbe, wenn der zunächst berufene Erbe vor oder nach dem Erbfall aus einem der genannten oder aus anderen Gründen wegfällt. Durch die Benennung eines Ersatzerben werden die Nachkommen des ausgefallenen Erben ausgeschlossen.

BEISPIEL: A hat in seinem Testament B als Alleinerben eingesetzt. Als Ersatzerbin für B hat er C bestimmt. Stirbt B vor dem Erbfall oder schlägt er die Erbschaft aus, wird C als eingesetzte Ersatzerbin Alleinerbin.

Die Anordnung einer Ersatzerbschaft ist ein wichtiges Gestaltungsmittel in einer Verfügung von Todes wegen. Damit wird in erster Linie verhindert, dass die gesetzliche Erbfolge eintritt, deren Folgen die vererbende Person unter Umständen nicht wünscht. Ferner kann damit die sogenannte Anwachsung vermieden werden, die bei mehreren eingesetzten Erben eintreten kann.

Hat die vererbende Person mehrere Personen in der Weise zu Miterben berufen, dass sie die gesetzliche Erbfolge ganz ausschließen und fällt einer der Miterben vor oder nach dem Erbfall weg, dann wächst der Anteil des Weggefallenen den übrigen Miterben im Verhältnis ihrer Erbteile an. Mit dem Ergebnis, dass den Miterben also ein proportional vergrößerter Erbteil zufällt. Soll das vermieden werden, muss eine Ersatzerbschaft angeordnet werden.

SO MACHEN SIE ES RICHTIG: Ersatzerbschaft

Hiermit setze ich meine Tochter/meinen Sohn _____ zu meinem Alleinerben/ meiner Alleinerbin ein, ersatzweise meine Schwester _____.
[Oder]
Ich setze _____ und _____ jeweils zur Hälfte zu meinen Erben ein. Als Ersatzerben für _____ bestimme ich _____.
Für _____ soll _____ Ersatzerbe sein.

Vom Ersatzerben zu unterscheiden ist der Nacherbe (siehe Seite 104). Der Ersatzerbe wird nicht Nachfolger des Erben. Er ist vielmehr statt des Erben zur Erbfolge berufen, wenn der zunächst berufene Erbe vor oder nach Eintritt des Erbfalls wegfällt. Dagegen ist der Nacherbe Nachfolger des (Vor-) Erben.

Selbst wenn eine Ersatzerbschaft nicht ausdrücklich bestimmt wurde, kann sich diese unmittelbar aus dem Gesetz ergeben. Danach gilt: Hat eine vererbende Person einen ihrer Nachkommen bedacht und fällt beispielsweise der Sohn nach der Erstellung des Testaments weg, so ist – wenn nichts anderes angeord-

net wurde – anzunehmen, dass dessen Nachkommen insoweit bedacht sind, als sie bei der gesetzlichen Erbfolge an dessen Stelle treten würden (§ 2069 BGB). Zuwendungen an einen Abkömmling werden also im Zweifel auf dessen Nachkommen erstreckt, wenn die oder der zunächst Bedachte nach Errichtung des Testaments weggefallen ist (durch Tod, Ausschlagung, Erbunwürdigkeitserklärung). Die Ersatzerbschaft tritt in diesem Fall also kraft gesetzlicher Vermutung ein, wenn die vererbende Person keine abweichenden Regelungen trifft.

Achten Sie darauf, dass die Berufung eines Ersatzerben in Ihrer Verfügung von Todes wegen eindeutig zum Ausdruck kommt. Vermeiden Sie möglichst, dass im Streitfall auf die genannten gesetzlichen Vermutungen oder Auslegungsregeln zurückgegriffen werden muss.

BEISPIEL: A hat ihre Tochter als Alleinerbin eingesetzt, will aber auf keinen Fall, dass deren Sohn (ihr Enkelkind) anstelle der Tochter erbt. In diesem Fall muss A einen Ersatzerben (zum Beispiel ihre Geschwister) einsetzen, andernfalls würde das Enkelkind kraft gesetzlicher Vermutung anstelle der Mutter erben.

Die Einsetzung als Nacherbe (siehe Seite 104) enthält im Zweifel auch die Einsetzung als Ersatzerbe (§ 2102 BGB). Wird also die oder der zunächst Berufene nicht Erbe (etwa durch Tod, Ausschlagung, Anfechtung), so fällt der als Nacherbe eingesetzten Person die Erbschaft im Zweifel bereits mit dem Erbfall an.

Ein Ersatzerbe hat vor dem Erbfall keine Rechte am Nachlass. Nach dem Wegfall des zunächst berufenen Erben ist er oder sie unmittelbarer Rechtsnachfolger der vererbenden Person. Er tritt dann das Erbe zum Zeitpunkt des Todes der vererbenden Person an, mit allen Rechten und Pflichten eines Erben beziehungsweise einer Erbin, und ist dann unter Umständen mit Auflagen und Vermächtnissen belastet. Im Zweifel trifft ihn oder sie auch eine Ausgleichungspflicht.

Die Enterbung kann in zwei Formen erfolgen:
- ▶ In einem sogenannten negativen Testament wird ausdrücklich die Enterbung eines gesetzlichen Erben angeordnet, ohne eine Erbeinsetzung vorzunehmen (§ 1938 BGB).
- ▶ Die vererbende Person vererbt ihren gesamten Nachlass an eine Person, die nicht zu den gesetzlichen Erben gehört. Damit ergibt sich dann zwangsläufig die Enterbung seiner gesetzlichen Erben.

Enterbung

Der vererbenden Person steht es nicht nur frei, von der gesetzlichen Erbfolge in der Weise abzuweichen, dass sie andere Personen als ihre Erben bestimmen kann, sondern sie kann auch durch Testament oder Erbvertrag einen Verwandten, ihren Ehemann oder ihre Ehefrau von der gesetzlichen Erbfolge ausschließen, ohne einen Erben einzusetzen. Diese Verfügung muss nicht begründet werden.

SO ENTSCHIEDEN DIE GERICHTE:
Die in einem privatschriftlichen Testament enthaltene Formulierung „jegliche Forderungen von Verwandten (mit denen schon seit Jahrzehnten keinerlei Kontakt mehr besteht) werden ausdrücklich ausgeschlossen" stellt eine Enterbung der Angehörigen dar (OLG Hamm, Az. I-15 W 701/10).

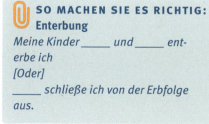

SO MACHEN SIE ES RICHTIG:
Enterbung
Meine Kinder _____ und _____ enterbe ich
[Oder]
_____ schließe ich von der Erbfolge aus.

Wer von der gesetzlichen Erbfolge ausgeschlossen wurde, wird so behandelt, als würde sie oder er zur Zeit des Erbfalls nicht mehr leben. Damit treten an die Stelle von Enterbten deren Nachkommen. Die Enterbung eines gesetzlichen Erben gilt also grundsätzlich nur für seine Person und betrifft nicht seine Nachkommen. Wenn die vererbende Person die Enterbung auch auf die Nachkommen der oder des Enterbten erstrecken will, muss sie dies in ihrer Verfügung ausdrücklich erklären.

> 📎 **SO MACHEN SIE ES RICHTIG:**
> **Enterbung auch der Nachkommen des Enterbten**
> _____ *und ihre/seine Nachkommen enterbe ich.*

Die Enterbung des Ehemanns, der Ehefrau oder der Kinder hat zur Folge, dass diese den Pflichtteil geltend machen können. Die Entziehung des Pflichtteils ist nur unter engen Voraussetzungen möglich (Einzelheiten siehe Seite 149).

Die Testierfreiheit der vererbenden Person erlaubt es auch, den Ehemann oder die Ehefrau zu enterben. Andernfalls würde diesem oder dieser neben den Kindern ein Erbteil von einem Viertel des Nachlasses und einem zusätzlichen Viertel als pauschaler Ausgleich des Zugewinns zustehen. Im Fall der Enterbung verbleiben dem Ehemann oder der Ehefrau der Anspruch auf Ausgleich des Zugewinns und ein Anspruch auf den sogenannten kleinen Pflichtteil (siehe Seite 142). Diese Ansprüche bestehen weiterhin.

Vor- und Nacherbfolge

Sie als vererbende Person können einen Erben oder eine Erbin auch in der Form einsetzen, dass diese erst Erbe werden, nachdem ein anderer Erbe geworden ist (Nacherbe, § 2100 BGB). Dies eröffnet Ihnen die Möglichkeit, den Verbleib Ihres Vermögens über einen längeren Zeitraum zu bestimmen. Die zunächst eingesetzte Erbin wird für bestimmte Zeit Vorerbin; deren Erbrecht endet mit einem von Ihnen festgelegten Ereignis, dem sogenannten Nacherbfall. Dann geht die Erbschaft auf den Nacherben über, der letztlich Erbe ist.

> 🔍 **BEISPIEL:** Wenn Sie Ihren Ehemann als Erben einsetzen wollen und nach dessen Tod Ihr Vermögen an Ihre gemeinsamen Kinder fallen soll, dann können Sie das unter anderem mit der Anordnung der Vor- und Nacherbfolge erreichen. Mit dem Erbfall fällt die Erbschaft zunächst Ihrem Ehemann als Vorerben an. Mit dessen Tod als dem Nacherbfall erben Ihre Kinder. Ihre Kinder erben zwar das Vermögen aus dem ersten Erbfall und das Vermögen des länger lebenden Ehemanns oder der länger lebenden Ehefrau, Gegenstand der Vor- und Nacherbschaft ist aber nur Ihr Vermögen, also das Vermögen aus dem ersten Erbfall.

Indem Sie Vor- und Nacherbfolge hintereinander anordnen, bestimmen Sie über mehrere Generationen das Schicksal Ihres Vermögens.

Vor- und Nacherbfolge kann für den gesamten Nachlass oder nur für einen Bruchteil davon angeordnet, nicht aber auf einzelne Nachlassgegenstände beschränkt werden.

Vor- und Nachteile

Mit der Anordnung der Vor- und Nacherbfolge hat die vererbende Person die Möglichkeit, ihr Vermögen zunächst dem Vorerben (zum Beispiel dem Ehemann oder der Ehefrau) zu übertragen und diesen damit wirtschaftlich zu versorgen. Der Vorerbe darf das Vermögen auf Zeit nutzen, ohne die Substanz anzugreifen. Damit wird gewährleistet, dass das Vermögen weitgehend ungeschmälert auf den Nacherben (zum Beispiel die Kinder) übergeht. Auch zum Zeitpunkt des Erbfalls noch nicht gezeugte Personen können als Nacherben eingesetzt werden. Zudem besteht die Möglichkeit, Personen die Erbschaft für eine bestimmte Zeit (etwa bis sie ein bestimmtes Alter erreicht haben) oder bis zu einem bestimmten Ereignis (beispielsweise Studienabschluss oder Verheiratung) vorzuenthalten.

→ GUT ZU WISSEN: Bedenken Sie, dass ein Vorerbe gesetzlich bestimmten Verfügungsbeschränkungen unterworfen ist und der Kontrolle der Nacherben unterliegt. Diese Umstände können zu erheblichen Belastungen zwischen Vor- und Nacherben führen.

Ein gewichtiger Nachteil der Vor- und Nacherbfolge ist, dass der Vorerbe nicht mehr auf Veränderungen nach dem Erbfall reagieren kann. So kann zum Beispiel der als Vorerbe eingesetzte länger lebende Ehemann oder die länger lebende Ehefrau in wirtschaftliche Schwierigkeiten geraten, den Nachlass aber nicht verwerten. Es kann familiäre Probleme geben (etwa Streit zwischen Ehemann oder Ehefrau als Vorerben und den Kindern als Nacherben), ohne dass Ehemann beziehungsweise Ehefrau von der angeordneten Vor- und Nacherbfolge abweichen kann.

Erbschaftsteuerlich nachteilig kann sich auswirken, dass die Nacherben als Erben des Vorerben angesehen werden. Dies hat zur Folge, dass der Nachlass grundsätzlich zweimal zu versteuern ist. Auf Antrag ist der Versteuerung jedoch das Verhältnis des Nach- zum Vorerben zugrunde zu legen.

Das Gestaltungsmittel der Vor- und Nacherbfolge kann für verschiedene persönliche Lebensumstände eingesetzt werden:

▶ **Verwaltung des Vermögens:** Zunächst haben Sie als die vererbende Person die Möglichkeit, die Verwaltung und Nutzung Ihres Vermögens vorübergehend in andere Hände als die Ihrer endgültigen Erben zu geben. Das kann zum Beispiel sinnvoll sein, wenn Sie diese noch nicht für fähig halten, den Nachlass sinnvoll zu verwalten. Mit der Anordnung einer Vor- und Nacherbfolge können Sie dann vorübergehend eine Person für die Verwaltung einsetzen, die in einem bestimmten Rahmen auch berechtigt ist, den Nachlass zu nutzen. Mit der Festlegung des Nacherbfalls (zum Beispiel Erreichen eines bestimmten Alters, Schulabschluss, Verheiratung, Tod des Vorerben) legen Sie fest, wann die Erbschaft auf die endgültigen Erben weitergegeben wird. Damit können Sie die eingesetzten Nacherben unter Umständen auch zu einem bestimmten Verhalten veranlassen.

▶ **Verkürzung von Pflichtteilsansprüchen:** Mit der Vor- und Nacherbfolge können Pflichtteilsansprüche verkürzt werden. Während durch das Berliner Testament die Pflichtteilsberechtigten sowohl am Vermögen der oder des Erstverstorbenen als auch an dem Vermögen der oder des Letztverstorbenden partizipieren, beschränkt sich das Pflichtteilsrecht bei der Vor- und Nacherbfolge auf das der Nacherbschaft unterliegende Vermögen. Damit kann zwar nicht die Quote, wohl aber der Wert des Pflichtteils beeinflusst werden. Die vererbende Person kann also durch Vor- und Nacherbfolge verhindern, dass die Pflichtteilsberechtigten der oder des Längerlebenden indirekt am Nachlass der oder des Erstverstorbenen teilhaben.

🔍 **BEISPIEL:** Sie sind verheiratet, haben mit Ihrem Ehemann zwei gemeinsame Kinder und ein Kind aus erster Ehe, das bei Ihrem geschiedenen Mann aufgewachsen ist und mit dem Sie in der Vergangenheit kaum Kontakt hatten. In diesem Fall können Sie Ihren Ehemann als Vorerben einsetzen und Ihre gemeinsamen Kinder als Nacherben. Bei Ihrem Tod bleibt dann der Nachlass Ihres Ehemanns bei der Berechnung des Pflichtteils Ihres Kindes aus erster Ehe unberücksichtigt.

▶ **Überschuldung von Vorerben:** Ist ein Vorerbe überschuldet, wird durch Vor- und Nacherbfolge verhindert, dass Gläubiger des Vorerben in den Nachlass vollstrecken können, soweit dies das Recht des Nacherben vereiteln oder beeinträchtigen würde (siehe dazu Seite 198). In diesem Zusammenhang kann zum Beispiel durch die Einsetzung eines behinderten Kindes als Vorerbe der Nachlass dem Zugriff des Sozialhilfeträgers entzogen werden (siehe dazu Seite 189).

▶ **Generationensprung:** Die vererbende Person kann durch Vor- und Nacherbfolge eine Person als Nacherben einsetzen, die noch nicht gezeugt ist. Überhaupt kann damit eine Generation übersprungen und der Nachlass den Enkeln als Nacherben überlassen werden, indem Kinder als Vorerben für eine bestimmte Zeit auf die Verwaltung und Nutzung des Vermögens beschränkt werden.

▶ **Vermeidung von Pflichtteilsansprüchen:** Mit der Anordnung der Vor- und Nacherbfolge können Kinder zu Erben eingesetzt und es kann gleichzeitig verhindert werden, dass bei deren Tod ohne Nachkommen zum Beispiel der geschiedene Ehemann oder dessen Verwandte Erben werden oder Pflichtteilsansprüche erwerben.

Die Vor- und Nacherbfolge ist ein recht kompliziertes Rechtsgebilde. Häufig führt dieses erbrechtliche Gestaltungsmittel zu Problemen und zu Belastungen des Verhältnisses zwischen Vor- und Nacherben. Diese verfolgen in der Regel unterschiedliche Interessen; die Folgen sind Konflikte und Streitigkeiten, die vererbende Personen auch bei noch so sorgfältigen Anordnungen in der Verfügung von Todes wegen kaum vermeiden können. Insbesondere die Einsetzung des länger lebenden Ehemanns oder der länger lebenden Ehefrau als Vorerben und der Kinder als Nacherben hat häufig Konsequenzen, die von der vererbenden Person nicht gewollt sind.

➡ **GUT ZU WISSEN:** Wenn Sie in Ihrem Testament eine Vor- und Nacherbfolge anordnen wollen, sollten Sie sich von einem Notar oder einer erbrechtlich versierten Anwältin beraten lassen.

Anordnung der Vor- und Nacherbfolge

Für die Anordnung der Vor- und Nacherbfolge bedarf es einer Verfügung von Todes wegen, also eines Testaments oder eines Erbvertrags. Eine entsprechende Anordnung kann auch in einem gemeinschaftlichen Testament getroffen werden.

➡ **DAS IST WICHTIG:** Ob überhaupt eine Vor- und Nacherbfolge gewollt ist, sollten Sie als vererbende Person klar und eindeutig regeln. Häufig ist es nämlich schwierig, diesen Willen zu ermitteln und getroffene Anordnungen vom Berliner Testament (siehe Seite 77) abzugrenzen.

Die vererbende Person muss folgende Regelungen für eine wirksame Anordnung der Vor- und Nacherbfolge treffen:

▶ **Vorerbe:** Sie muss die Person des Vorerben bestimmen. Der Vorerbe ist Inhaber der Erbschaft zwischen dem Erbfall und dem Eintritt des Nacherbfalls. Diese Festlegung kann keinem Dritten (zum Beispiel einem Testamentsvollstrecker) überlassen werden. Wurde keine Bestimmung getroffen, geht das Gesetz davon aus, dass die gesetzlichen Erben Vorerben sein sollen.
▶ **Nacherbe:** Sie muss auch die Person des Nacherben festlegen. Der Nacherbe ist mit dem Nacherbfall endgültiger Inhaber der Erbschaft. Nacherbe kann auch sein, wer zum Zeitpunkt des Erbfalls noch nicht gezeugt war.

Wurde keine Bestimmung in der Verfügung von Todes wegen getroffen, so sind im Zweifel die gesetzlichen Erben zum Zeitpunkt des Erbfalls Nacherben (§ 2014 BGB). Wurde weder ein Vorerbe noch ein Nacherbe ernannt, so ist die Verfügung unwirksam.

▶ **Nacherbfall:** Sie muss den Zeitpunkt des Eintritts des Nacherbfalls bestimmen. Diese Festlegung kann keinem Dritten überlassen werden. Als Nacherbfall kann ein bestimmtes Datum oder der Eintritt eines bestimmten Ereignisses (zum Beispiel Volljährigkeit des Nacherben, Eheschließung des Vorerben) festgelegt werden. Wurde keine Anordnung getroffen, so tritt der Nacherbfall mit dem Tod des Vorerben ein. Grundsätzlich ist die Anordnung der Nacherbfolge unwirksam, wenn der Nacherbfall nicht innerhalb von 30 Jahren eingetreten ist. Tritt der Nacherbfall nicht ein, fällt die Nacherbfolge aus

🔍 **BEISPIEL:** Als Voraussetzung für den Nacherbfall haben Sie den Studienabschluss des Vorerben festgelegt. Schließt dieser sein Studium nicht ab, fällt die Nacherbfolge aus.

▶ **Umfang:** Sie muss festlegen, auf welchen Teil des Nachlasses sich die angeordnete Vor- und Nacherbfolge beziehen soll. Die Anordnung kann sich auf den gesamten Nachlass oder auf einen Teil des Nachlasses, das heißt auf einen Bruchteil, nicht aber auf einzelne Nachlassgegenstände erstrecken. Wurde keine Verfügung getroffen, so umfasst die Nacherbfolge im Zweifel den gesamten Erbteil des Vorerben.

▶ **Befugnisse des Vorerben:** Sie muss festlegen, welche Befugnisse den Vorerben in Bezug auf den Nachlass zustehen sollen. Gesetzlich unterliegt ein Vorerbe bestimmten Verfügungsbeschränkungen, von denen dieser allerdings in einem gesetzlich bestimmten Rahmen von der vererbenden Person befreit werden kann (sogenannter befreiter Vorerbe, Einzelheiten siehe unten).

📎 **SO MACHEN SIE ES RICHTIG: Anordnung der Vor- und Nacherbfolge**
Meine Schwester _____ soll mein gesamtes Vermögen erben. Sie ist jedoch nur Vorerbin.
Zu Nacherben bestimme ich meinen Bruder _____ und meinen Neffen _____ zu jeweils gleichen Teilen.
Der Nacherbfall tritt mit dem Tod der Vorerbin ein.

Wegen nicht eindeutiger Formulierungen bereitet insbesondere die Abgrenzung der Vor- und Nacherbfolge zum Berliner Testament

Schwierigkeiten. Die rechtlichen Konsequenzen sind jedoch gravierend:

- Beim Berliner Testament, in dem sich die Eheleute durch gemeinschaftliches Testament gegenseitig zu Erben und einen Dritten zum Erben des Längstlebenden einsetzen, wird der länger lebende Ehemann oder die länger lebende Ehefrau Vollerbe. Die beiden Vermögen von Ehemann und Ehefrau fallen durch den ersten Erbfall zusammen und werden dann als Ganzes an den Dritten weitervererbt (Einzelheiten siehe Seite 77).

- Bei der Anordnung einer Vor- und Nacherbfolge setzen sich die Eheleute in einem gemeinschaftlichen Testament gegenseitig als Vorerben und den Dritten zum Nacherben ein. Mit dem Tod des ersten Ehemanns oder der ersten Ehefrau wird der oder die Längerlebende allerdings nicht Vollerbe, sondern nur Vorerbe. Der Nachlass des erstverstorbenen Ehemanns oder der erstverstorbenen Ehefrau fällt nicht mit dem Vermögen der oder des Längerlebenden zusammen. Beim Nacherbfall erhält also der Dritte zwei verschiedene Vermögensmassen: das Vermögen der oder des Erstverstorbenen als Nacherbe und das Vermögen der oder des zuletzt Verstorbenen als Vollerbe.

Das Gesetz geht im Zweifel bei einem gemeinschaftlichen Testament davon aus, dass keine Vor- und Nacherbfolge gelten soll. Deshalb muss die vererbende Person – falls dies gewollt ist – in ihrer Verfügung von Todes wegen exakt und eindeutig die Vor- und Nacherbfolge formulieren.

> **SO MACHEN SIE ES RICHTIG: Vor- und Nacherbfolge im Berliner Testament**
>
> *Wir, _____, und _____ setzen uns gegenseitig zu alleinigen Vorerben ein. Nacherben des erstversterbenden Ehemanns oder der erstversterbenden Ehefrau und zugleich Erben der oder des Längerlebenden sind unsere drei Kinder _____, _____ und _____ zu gleichen Teilen.*
>
> *Der Nacherbfall tritt mit dem Tod der oder des Letztversterbenden ein.*
>
> *Wenn eines unserer Kinder nach dem Tod der oder des Erstversterbenden, aber vor dem Tod der oder des Längerlebenden stirbt, treten seine Nachkommen an seine Stelle.*

Rechtliche Stellung des Vorerben

Soll in einem Testament Vor- und Nacherbfolge angeordnet werden, muss unbedingt die rechtliche Stellung des eingesetzten Vorerben beachtet werden.

Der Vorerbe ist Erbe der vererbenden Person und damit Inhaber der zum Nachlass gehörenden Gegenstände. Auf ihn gehen das

Eigentum und der Besitz der vererbenden Person über, daneben aber auch deren Verbindlichkeiten.

Der Vorerbe ist berechtigt, für die Zeit der Vorerbschaft das Erbe zu nutzen und darüber zu verfügen (§ 2112 BGB).

In seiner Verfügungsbefugnis wird der Vorerbe allerdings in mehrfacher Hinsicht beschränkt:

- Verfügungen über Grundstücke und Rechte an Grundstücken sind beim Eintritt des Nacherbfalls insoweit unwirksam, als sie das Recht des Nacherben vereiteln oder beeinträchtigen würden (§ 2113 Abs. 1 BGB).
- Der Vorerbe darf keine Schenkungen aus dem Nachlass vornehmen. Betroffen sind nicht nur Grundstücke, sondern Nachlassgegenstände jeglicher Art (zum Beispiel auch bewegliche Sachen). Unentgeltliche Verfügungen sind insoweit unwirksam, als sie das Recht des Nacherben vereiteln oder beeinträchtigen würden (§ 2113 Abs. 2 BGB).
- Der Vorerbe hat auf Verlangen des Nacherben bestimmte, zur Erbschaft gehörende Wertpapiere zu hinterlegen (§ 2116 BGB).
- Sie beziehungsweise er hat Geld mündelsicher anzulegen (§ 2119 BGB).

Der Vorerbe ist verpflichtet, ein Verzeichnis über die Nachlassgegenstände aufzustellen, wenn die Nacherben dies verlangen (§ 2121 Abs. 1 BGB). Er oder sie hat den Nachlass ordnungsgemäß zu verwalten und die Nachlassverbindlichkeiten zu erfüllen.

Die Nutzungen der Erbschaft (zum Beispiel Mieteinnahmen, Zinserträge) stehen dem Vorerben bis zum Eintritt des Nacherbfalls zu. Er darf die Nachlassgegenstände aber nicht für eigene Zwecke verbrauchen; andernfalls ist er beim Nacherbfall verpflichtet, dem Nacherben Wertersatz zu leisten und bei Verschulden Schadenersatz zu zahlen.

GUT ZU WISSEN: Ein Vorerbe ist gesetzlich in seinen Verwaltungs- und Verfügungsbefugnissen erheblichen Beschränkungen unterworfen. Deshalb ist die wirtschaftliche Versorgung des länger lebenden Ehemanns oder der länger lebenden Ehefrau durch ein Berliner Testament in der Regel besser gewährleistet.

Durch entsprechende Anordnung in einer Verfügung von Todes wegen kann die vererbende Person den Vorerben jedoch von bestimmten Beschränkungen und Verpflichtungen befreien und insoweit die Vor- und Nacherbfolge flexibler gestalten. Damit kann er dem Vorerben eine unabhängigere Stellung gegenüber dem Nacherben verschaffen und ihn von dessen Kontroll- und Zustimmungsrechten weitgehend entbinden.

Von den gesetzlichen Beschränkungen und Verpflichtungen können Sie als die vererbende Person den Vorerben ganz oder teilweise befreien. Die Befreiungsmöglichkeiten unterliegen aber den gesetzlichen Grenzen (§ 2136 BGB).

> **GUT ZU WISSEN:** Die Befreiung des Vorerben von den gesetzlichen Verfügungsbeschränkungen ist in vielen Fällen sinnvoll. Insbesondere wenn die Versorgung des Ehemanns oder der Ehefrau gesichert, in jedem Fall aber wenn eine Vor- und Nacherbfolge angeordnet werden soll, sollte er oder sie als befreiter Vorerbe eingesetzt werden. Die Befreiung kann gegebenenfalls auch unter einer Bedingung erklärt werden, etwa für den Not- oder Pflegefall.

Befreit werden kann der Vorerbe unter anderem von
- der Verfügungsbeschränkung über Grundstücke und über Rechte an solchen;
- der Hinterlegung von Wertpapieren und der Anlage von Geld;
- dem Gebot der ordnungsgemäßen Verwaltung mit der Folge, dass der Vorerbe nur die noch vorhandenen Erbschaftsgegenstände an den Nacherben herauszugeben hat.

Nicht befreien kann die vererbende Person den Vorerben unter anderem von
- der Unwirksamkeit unentgeltlicher Verfügungen;
- der Unwirksamkeit von Zwangsvollstreckungsverfügungen gegen den Vorerben in den Nachlass;
- der Verpflichtung, die gewöhnlichen Erhaltungskosten der Nachlassgegenstände zu tragen.

Die Befreiung von allen gesetzlich möglichen Beschränkungen und Verpflichtungen gilt als angeordnet, wenn die vererbende Person den Nacherben auf dasjenige angesetzt hat, was von der Erbschaft bei Eintritt des Nacherbfalls übrig sein wird. Das Gleiche ist im Zweifel anzunehmen, wenn der Vorerbe berechtigt sein soll, über die Erbschaft frei zu verfügen (§ 2137 BGB).

SO MACHEN SIE ES RICHTIG: Befreiung
Der Vorerbe ist von allen gesetzlichen Beschränkungen und Verpflichtungen, soweit nach § 2136 BGB zulässig, befreit.

Rechtliche Stellung des Nacherben

Vor Eintritt des Erbfalls ist der Nacherbe noch nicht Erbe. Ihm oder ihr steht lediglich mit dem Eintritt des Erbfalls eine Anwartschaft auf die Erbschaft beziehungsweise auf seinen oder ihren Erbteil zu. Geschützt wird der Nacherbe in diesem Zusammenhang durch die dem Vorerben auferlegten gesetzlichen Verfügungsbeschränkungen (siehe oben) und dessen Pflicht, den Nachlass ordnungsgemäß zu verwalten. Ferner stehen dem Nacherben folgende Rechte zu: Sie beziehungsweise er kann

- vom Vorerben Auskunft über den Bestand der Erbschaft verlangen, wenn anzunehmen ist, dass dieser durch seine Verwaltung die Rechte des Nacherben erheblich verletzt (§ 2127 BGB).
- Sicherheitsleistung verlangen, wenn durch das Verhalten des Vorerben oder dessen ungünstige Vermögenslage begründete Sorge besteht, dass die Rechte der Nacherben erheblich verletzt werden (§ 2128 BGB).
- vom Vorerben ein Verzeichnis der zur Erbschaft gehörenden Gegenstände verlangen (§ 2121 BGB).

GUT ZU WISSEN: Weil ein Nacherbe vor Eintritt des Nacherbfalls nicht Erbe ist, haftet sie oder er auch noch nicht für Nachlassschulden.

Tritt der Nacherbfall ein, zum Beispiel mit dem Tod des Vorerben, wird der Nacherbe gesetzlicher Erbe der vererbenden Person (also nicht Erbe des Vorerben, § 2139 BGB). Sie beziehungsweise er kann vom Vorerben die Herausgabe der Erbschaft in dem Zustand verlangen, der sich bei einer ordnungsgemäßen Verwaltung ergibt (§ 2130 BGB). Der Vorerbe hat dem Nacherben nur für die Sorgfalt einzustehen, die er in eigenen Angelegenheiten anzuwenden pflegt und hat auf Verlangen dem Nacherben Rechenschaft abzulegen.

Soweit der Vorerbe diese Verpflichtung schuldhaft verletzt hat, ist er dem Nacherben zum Schadenersatz verpflichtet. Mit Eintreten des Nacherbfalls haftet der Nacherbe als Vollerbe für alle nicht getilgten Nachlassverbindlichkeiten; er kann allerdings seine Haftung auf den noch vorhandenen Nachlass beschränken.

GUT ZU WISSEN: Die Einsetzung als Nacherbe enthält im Zweifel auch die Einsetzung als Ersatzerbe (§ 2101 Abs. 1 BGB). Der Nacherbe tritt an die Stelle des Vorerben, wenn dieser vor oder nach Eintritt des Erbfalls durch Tod oder Ausschlagung der Erbschaft wegfällt. Als vererbende Person können Sie aber abweichende Bestimmungen treffen.

Stirbt der Nacherbe vor der vererbenden Person, so wird der Vorerbe endgültiger Erbe, es sei denn, die vererbende Person hat für diesen Fall einen Ersatzerben berufen oder der vorher verstorbene Nacherbe ist ein Abkömmling der vererbenden Person. In diesem Fall gelten dann die Nachkommen des Nacherben als Ersatznacherben.

Vermächtnis

Unter einem Vermächtnis versteht man die Zuwendung eines Vermögensvorteils durch Testament oder Erbvertrag, ohne einen Begünstigten als Erben einzusetzen (§ 1339 BGB). Gegenstand eines Vermächtnisses kann alles sein, was auch Inhalt einer Leistung sein kann.

BEISPIEL: Einer Begünstigten können einzelne Vermögenswerte aus dem Nachlass zugewendet werden (zum Beispiel eine bestimmte Geldsumme, die Briefmarkensammlung oder ein Grundstück). Die Zuwendung kann auch darin bestehen, dass der Begünstigten bestehende Schulden erlassen werden oder ihr ein Nutzungsrecht etwa an einem Hausgrundstück eingeräumt wird (sogenanntes Nießbrauchsvermächtnis, siehe Seite 118).

Von der Erbeinsetzung unterscheidet sich das Vermächtnis dadurch, dass dem Begünstigten (Vermächtnisnehmer) nicht die Stellung eines Erben eingeräumt ist. Er ist nicht unmittelbar am Nachlass beteiligt, sondern erwirbt lediglich einen Anspruch gegen den Beschwerten (im Regelfall die Erben). Manchmal kann die Abgrenzung zwischen Erbeinsetzung und Vermächtnis zu Schwierigkeiten führen. Deshalb enthält das Gesetz zwei wichtige Auslegungsregeln:

- ► Sind einem Begünstigten nur einzelne Gegenstände am Nachlass zugewendet, so ist im Zweifel nicht anzunehmen, dass er oder sie Erbe sein soll, selbst wenn er oder sie als Erbe bezeichnet ist (§ 2087 Abs. 2 BGB).
- ► Hat die vererbende Person dagegen ihr Vermögen oder einen Bruchteil ihres Vermögens dem Begünstigten zugewendet, so ist die Verfügung als Erbeinsetzung anzusehen, selbst wenn der Begünstigte nicht als Erbe bezeichnet ist (§ 2087 Abs. 1 BGB).

Von der Auflage (siehe Seite 122) unterscheidet sich das Vermächtnis dadurch, dass dem Begünstigten hiermit ein Vermögensvorteil zugewendet wird, den dieser auch gegen den Beschwerten rechtlich durchsetzen kann. Dagegen gewährt die Auflage dem Begünstigten keinen Anspruch, den er auch einklagen kann.

Erbrechtliche Gestaltungsmöglichkeiten

Die Anordnung eines Vermächtnisses als begleitende Möglichkeit der Erbeinsetzung eröffnet viele Varianten, um eigene Vorstellungen und Wünsche bei der Vermögensübertragung von Todes wegen zu realisieren.

- ► Es können einzelne Vermögensgegenstände Personen zugewendet werden, die nicht Erbe sein sollen, gleichwohl aber entsprechend den eigenen Wünschen der vererbenden Person am Nachlass beteiligt werden sollen.
- ► Mit einem Vermächtnis kann einer Person etwas zugewendet werden, ohne diese zum Erben einsetzen zu müssen. Es kann also ein Anspruch auf Übertragung einzelner Vermögenswerte eingeräumt werden, ohne dass diese Person wie die Erben im Wege der Gesamtrechtsnachfolge in die Rechte und Pflichten der vererbenden Person eintritt.
- ► Es besteht die Möglichkeit, durch die Anordnung von Vermächtnissen das Vermögen auf mehrere Köpfe zu ver-

teilen, was unter erbschaftsteuerlichen Gesichtspunkten von Vorteil ist.

▸ Eine Person, die gesetzlicher Erbe ist, kann enterbt, aber gleichzeitig durch ein ausgesetztes Vermächtnis entschädigt werden. Das kann zum Beispiel sinnvoll sein, wenn Streit unter den Miterben einer Erbengemeinschaft befürchtet wird und deshalb eine bestimmte Person (zum Beispiel ein nicht eheliches Kind) nicht Mitglied einer Erbengemeinschaft werden soll.

▸ Es kann eine nahestehende Person (zum Beispiel der Ehemann oder die Ehefrau) begünstigt werden, ohne ihn oder sie zum Erben einsetzen zu müssen. Durch die Anordnung eines Vermächtnisses kann die betreffende Person wirtschaftlich versorgt und unmittelbar können Kinder oder Enkel als Erben eingesetzt werden. Das verhindert, dass Vermögen zweimal besteuert wird.

▸ Mit der Anordnung eines Vermächtnisses können Personen von einem bestimmten Verhalten abgehalten werden. So kann durch Vermächtnisse im Berliner Testament verhindert werden, dass die zunächst enterbten Kinder beim Tod des Erstversterbenden ihren Pflichtteil gegenüber dem länger lebenden Ehemann oder der länger lebenden Ehefrau geltend machen und ihn oder sie unter Umständen damit in finanzielle Schwierigkeiten bringen.

➡ **GUT ZU WISSEN:** Das Vermächtnis ist ein flexibles und gutes Instrument, um Ihre Wünsche und Vorstellungen bei der Vermögensübertragung von Todes wegen zu realisieren. Sie können Vermächtnisse in Ihrem Einzeltestament frei widerruflich oder in einem Erbvertrag bindend anordnen. In Ihrem gemeinschaftlichen Testament mit Ihrem Ehemann oder Ihrer Ehefrau kann die Anordnung auch wechselbezüglich erfolgen.

Inhalt

Eine vererbende Person kann Vermächtnisse inhaltlich in verschiedenen Formen anordnen.

Stückvermächtnis

Mit einem Stückvermächtnis kann einem Begünstigten ein bestimmter Gegenstand zugewendet werden. Das Stückvermächtnis ist der Regelfall eines Vermächtnisses. Gegenstand des Vermächtnisses ist meist eine Sache, in Betracht kommen aber auch eine Forderung oder ein Recht. So kann die vererbende Person einem Freund eine Briefmarkensammlung oder der Haushälterin das Auto vermachen.

> **SO MACHEN SIE ES RICHTIG:**
> **Stückvermächtnis**
> *Meinem Freund/Meiner Freundin _____ vermache ich meine Briefmarkensammlung.*

Voraussetzung für die Wirksamkeit des Stückvermächtnisses ist, dass der Gegenstand zum Zeitpunkt des Erbfalls zum Nachlass gehört. Gehört der Gegenstand selbst nicht zum Nachlass, stand der vererbenden Person aber beim Erbfall ein Anspruch auf Leistung des vermachten Gegenstands zu, so gilt der Leistungsanspruch als vermacht. Gehört der vermachte Gegenstand im Erbfall nicht mehr zum Nachlass, weil er nach der Anordnung des Vermächtnisses untergegangen oder der vererbenden Person entzogen worden ist, so gilt der Wertersatz als vermacht (§ 2169 BGB).

Gattungsvermächtnis

Bei einem Gattungsvermächtnis beschränkt sich die vererbende Person darauf, den vermachten Gegenstand nur der Gattung nach zu bestimmen und die Gattungsmerkmale zu beschreiben.

> **BEISPIEL:** A vermacht seinem Bruder ein Bild des Malers XY.

Beim Gattungsvermächtnis hat der Beschwerte eine den Verhältnissen des Bedachten entsprechende Sache zu leisten (§ 2155 Abs. 1 BGB). Die konkrete Bestimmung des Gegenstands kann dem Beschwerten, dem Bedachten oder einem Dritten obliegen. Wenn keine Anordnung getroffen wurde, bestimmt die oder der Beschwerte den vermachten Gegenstand.

Vorausvermächtnis

Von einem Vorausvermächtnis spricht man, wenn das Vermächtnis dem Erben selbst zugewandt wird (§ 2150 BGB). Damit wendet die vererbende Person dem Erben einen bestimmten Gegenstand zu, ohne dass damit eine Anrechnung auf dessen Erbteil verbunden ist. Mit einem Vorausvermächtnis wird die Möglichkeit genutzt, einen einzelnen Miterben gegenüber den anderen Miterben wertmäßig zu begünstigen. Der Vermächtnisnehmer hat bereits vor der Teilung des Nachlasses einen Anspruch gegenüber den übrigen Erben auf Übertragung des vermachten Gegenstands.

> **SO MACHEN SIE ES RICHTIG:**
> **Vorausvermächtnis**
> *Meine Kinder _____ und _____ setze ich zu meinen Vollerben jeweils zu gleichen Teilen ein.*
> *Meine Tochter _____ erhält darüber hinaus mittels des Vorausvermächtnisses, also ohne Anrechnung auf ihren Erbteil, mein Wertpapierdepot Nr. _____.*

Wahlvermächtnis

Mit einem Wahlvermächtnis begünstigt die vererbende Person den Vermächtnisnehmer in der Form, dass der Bedachte von mehreren Gegenständen nur den einen oder den anderen erhalten soll (§ 2154 BGB). Wahlberechtigt ist in erster Linie der mit dem Vermächtnis Beschwerte, also in der Regel der Erbe oder die Erbin. Die Wahl kann aber auch einem Dritten übertragen werden. Im Zweifel steht das Wahlrecht dem Beschwerten zu.

> **BEISPIEL:** B vermacht ihrem Neffen A eine ihrer drei Eigentumswohnungen. A kann zwischen den Wohnungen in der _____straße, der _____straße und der _____straße wählen.

Gemeinschaftliches Vermächtnis

Ein gemeinschaftliches Vermächtnis liegt vor, wenn derselbe Gegenstand mehreren Begünstigten vermacht wurde (§ 2157 BGB), also zum Beispiel das Hausgrundstück der Schwester der vererbenden Person und deren Ehefrau.

> **SO MACHEN SIE ES RICHTIG:**
> **Gemeinschaftliches Vermächtnis**
> *Ich vermache meine Kunstsammlung meinen Brüdern _____ und _____.*

Verschaffungsvermächtnis

Es kann einer Person auch ein Gegenstand vermacht werden, der zur Zeit des Erbfalls nicht zur Erbschaft gehört. In diesem Fall spricht man von einem Verschaffungsvermächtnis. Der Beschwerte hat dem Bedachten den Gegenstand zu verschaffen. Ist er zur Beschaffung nicht imstande oder ist die Verschaffung nur mit unverhältnismäßigen Aufwendungen

möglich, hat er dem Bedachten Wertersatz zu leisten (§ 2170 BGB).

> **BEISPIEL:** A vermacht seiner Enkelin ein im Nachlass nicht vorhandenes Klavier, um deren musikalische Leistungen zu fördern.

Zweckvermächtnis

Mit einem Zweckvermächtnis kann der Zweck des Vermächtnisses bestimmt und es im Übrigen dem Beschwerten oder Dritten überlassen werden, den konkreten Vermächtnisgegenstand festzulegen (§ 2156 BGB). Für die Wirksamkeit der Anordnung ist erforderlich, dass der Zweck so genau bezeichnet ist, dass der Bestimmungsberechtigte genügend Anhaltspunkte für die Ausübung seines billigen Ermessens hat.

> **BEISPIEL:** B vermacht seiner Enkelin einen nicht näher bezifferten Geldbetrag für das Studium. Die Höhe des Geldbetrags soll seine Tochter als Alleinerbin festlegen.

Bestimmungsvermächtnis

Mit einem Bestimmungsvermächtnis können mehrere Personen in der Weise begünstigt werden, dass der Beschwerte (in der Regel der Erbe) oder ein Dritter zu bestimmen hat, wer aus dem bestimmten Personenkreis begünstigt werden soll (§ 2151 BGB).

BEISPIEL: D als vererbende Person verfügt, dass seine Brüder A, B oder C die Eigentumswohnung in der ____ straße erhalten sollen. Welcher Bruder letztlich die Wohnung erhält, soll der Alleinerbe A bestimmen.

Forderungsvermächtnis
Mit dem Forderungsvermächtnis wird einem Begünstigten der Anspruch auf Übertragung der vermachten Forderung nebst Zinsen seit dem Anfall übertragen (§ 2173 BGB).

 SO MACHEN SIE ES RICHTIG: Forderungsvermächtnis
Meiner Schwester ____ vermache ich das zum Zeitpunkt meines Todes bestehende Guthaben auf meinem Sparbuch Nr. ____ bei der ____ bank.

Nachvermächtnis
Es können auch mehrere Personen zeitlich hintereinander als Vermächtnisnehmer eingesetzt werden (§ 2191 BGB). Man spricht dann von einem Nachvermächtnis. In diesem Fall sind die gesetzlichen Vorschriften über die Vor- und Nacherbfolge zu beachten.

SO MACHEN SIE ES RICHTIG: Nachvermächtnis
Mein Sohn ____ erhält als Vorvermächtnis mein Haus in der ____ straße in ____. Nachvermächtnisnehmer sind die Nachkommen des Vorvermächtnisnehmers. Der Nachvermächtnisfall tritt mit dem Ableben des Vorvermächtnisnehmers ein.

Ersatzvermächtnis
Beim Ersatzvermächtnis wird angeordnet, dass für den Fall, dass der Vermächtnisnehmer das Vermächtnis ausschlagen oder sonst wegfallen sollte, der Ersatzvermächtnisnehmer den zugewendeten Gegenstand anstelle des Vermächtnisnehmers erhalten soll (§ 2190 BGB). Der Ersatzvermächtnisnehmer erwirbt dann den Anspruch auf die vermachte Zuwendung. Die vererbende Person kann also ihrem Freund die Münzsammlung vermachen und ersatzweise dessen Erben als Vermächtnisnehmer einsetzen.

 SO MACHEN SIE ES RICHTIG: Ersatzvermächtnis
____ soll ____ erhalten. Sollte sie/er zuvor versterben, so soll das Vermächtnis ____ zufallen.

Nießbrauchsvermächtnis

Die wirtschaftliche Versorgung des länger lebenden Ehemanns, der länger lebenden Ehefrau oder eines nahen Verwandten kann die vererbende Person durch ein Nießbrauchsvermächtnis sicherstellen. Der Nießbrauch ist das unvererbliche und unübertragbare dingliche Recht, einen Gegenstand in Besitz zu nehmen, zu verwalten und zu bewirtschaften und die Nutzungen daraus zu ziehen. Gegenstand des Nießbrauchs kann der gesamte Nachlass oder ein Teil des Nachlasses sein. Unter erbschaftsteuerlichen Gesichtspunkten ist das Nießbrauchsvermächtnis eine interessante Gestaltungsvariante (siehe Seite 181).

BEISPIEL: C kann seine Kinder A und B als Alleinerben einsetzen, während seiner Frau bis zu deren Lebensende die Nutzungen aus den Immobilien zustehen sollen.

SO MACHEN SIE ES RICHTIG:
Nießbrauchsvermächtnis
Im Wege eines Vermächtnisses wende ich den lebenslangen unentgeltlichen Nießbrauch an dem Hausgrundstück Nr. _____ meiner Ehefrau/meinem Ehemann _____ zu.

Rentenvermächtnis

Die Gewährung einer lebenslangen oder zeitlich befristeten Rente dient dazu, Ehemann oder Ehefrau, einen nicht ehelichen Partner, einen Verwandten oder eine sonstige Person zu versorgen. Mit einem Rentenvermächtnis können einem Begünstigten periodisch wiederkehrende Leistungen in Geld auf Lebenszeit oder während eines genau festgelegten Zeitraums vermacht werden. Die Geldleistung kann als Leibrente oder als dauernde Last gewährt werden (siehe dazu Seite 30).

SO MACHEN SIE ES RICHTIG:
Rentenvermächtnis
Meinem Sohn _____ setze ich bis zur Vollendung seines 18. Lebensjahres ein Geldvermächtnis in Höhe von _____ Euro aus, zahlbar in monatlichen Raten von jeweils _____ Euro, beginnend am _____.

Wohnungsrechtsvermächtnis

Mit einem Wohnungsrechtsvermächtnis kann einer Person (zum Beispiel Ehemann, Ehefrau, dem nicht ehelichen Lebenspartner oder der nicht ehelichen Lebenspartnerin) ein dingliches Wohnungsrecht eingeräumt werden.

> **SO MACHEN SIE ES RICHTIG:**
> **Wohnungsrechtsvermächtnis**
> *Meine Ehefrau/Mein Lebensgefährte*
> *_____ erhält mittels des Vermächtnis-*
> *ses ein lebenslanges und unentgeltli-*
> *ches dingliches Wohnungsrecht an der*
> *Dachgeschosswohnung meines Zwei-*
> *familienhauses in _____. Sie/Er ist be-*
> *rechtigt, die zum gemeinschaftlichen*
> *Gebrauch der Hausbewohner bestimm-*
> *ten Anlagen und Einrichtungen, insbe-*
> *sondere den Keller, den Speicher und*
> *den Garten mitzubenutzen. Die Aus-*
> *übung des Wohnungsrechts kann Drit-*
> *ten überlassen werden.*

Unwirksames Vermächtnis

Ein Vermächtnis ist unwirksam, wenn dessen Leistung zur Zeit des Erbfalls unmöglich
ist oder wenn diese gegen ein bestehendes gesetzliches Verbot verstößt (§ 2171 BGB).

Ein Vermächtnis kann aus rechtlichen
oder tatsächlichen Gründen unwirksam sein.
Rechtlich unmöglich ist es, wenn lediglich der
Beschwerte die Leistung nicht erbringen kann,
wohl aber irgendein Dritter (zum Beispiel gehört die geschuldete Sache einem Dritten, der
nicht bereit ist, diese zu veräußern). Tatsächlich unmöglich ist ein Vermächtnis zum Beispiel, wenn der vermachte Gegenstand oder
das zu übertragende Recht nicht existiert.
Entscheidend für die Unwirksamkeit eines
Vermächtnisses ist, ob dessen Erfüllung zum
Zeitpunkt des Erbfalls tatsächlich oder rechtlich möglich ist.

Vermächtnisnehmer

Vermächtnisnehmer oder auch Vermächtnis-
nehmerin ist die Person, die Anspruch auf den
Vermögensvorteil gegen den Beschwerten hat.
Begünstigt werden können alle natürlichen
und juristischen Personen (zum Beispiel ein
eingetragener Verein), auch der Erbe oder die
Erbin selbst. Ebenso kann ein noch nicht ge-
zeugter Mensch Vermächtnisnehmer sein.

Lebt die oder der durch ein Vermächtnis
Begünstigte zur Zeit des Erbfalls nicht mehr,
so ist das Vermächtnis unwirksam (§ 2160
BGB). Dann geht der Anspruch aus dem Vermächtnis nicht auf die Erben des Vermächtnisnehmers über. Begünstigt werden also
die durch das Vermächtnis Beschwerten. Für
den Fall, dass der durch das angeordnete Vermächtnis Bedachte vor dem Erbfall verstirbt,
kann die vererbende Person allerdings ein
Ersatzvermächtnis anordnen. Anstelle des
Vermächtnisnehmers erhält dann der Ersatzvermächtnisnehmer den zugewendeten
Gegenstand.

> **GUT ZU WISSEN:** Wenn Sie im
> Rahmen eines Vermächtnisses eine
> Zuwendung an eine andere Person ma-
> chen wollen, den bedachten Personenkreis
> aber nicht festlegen können oder wollen
> (zum Beispiel bei einer Spende an einen
> „wohltätigen Zweck"), so können Sie Ih-
> ren Erben eine Auflage (siehe Seite 122)

machen. In diesem Fall muss der begünstigte Personenkreis nicht weiter angegeben werden.

Die Bestimmung des Vermächtnisnehmers kann die vererbende Person dem mit dem Vermächtnis Beschwerten, also insbesondere den Erben, oder auch einem Dritten (zum Beispiel dem Testamentsvollstrecker) überlassen. Allerdings darf die Personenauswahl nicht völlig in das Belieben eines Dritten gestellt sein. Vielmehr muss der Personenkreis, aus dem der Vermächtnisnehmer zu bestimmen ist, hinreichend genau umschrieben sein.

Beschwerte

Die vererbende Person kann ihre Erben oder einen Vermächtnisnehmer mit einem Vermächtnis beschweren.

→ **DAS IST WICHTIG:** Soweit nichts anderes bestimmt ist, sind die Erben beschwert (§ 2147 Satz 2 BGB).

Ob gesetzliche Erbfolge besteht oder Erben durch Testament oder einen Erbvertrag erben, hat keine Bedeutung. Mit einem Vermächtnis können sowohl der Allein- als auch alle oder einzelne Miterben beschwert werden. Bei einer Vor- und Nacherbschaft (siehe Seite 104) muss die vererbende Person bestimmen, ob der Vor- oder der Nacherbe das Vermächtnis zu erfüllen hat. Ist nichts bestimmt, ist die Erbschaft als solche beschwert. Tritt der Nacherbfall ein, geht die Pflicht zur Erfüllung des Vermächtnisses also gegebenenfalls auf den Nacherben über.

→ **GUT ZU WISSEN:** Die vererbende Person kann auch mehrere Personen mit einem Vermächtnis beschweren. Soweit sie in diesem Fall nichts anderes bestimmt hat, sind diese dann im Verhältnis ihrer Erb- beziehungsweise Vermächtnisanteile beschwert (§ 2148 BGB).

Wenn jemand mit einem Vermächtnis beschwert, aber nicht Erbe wird (zum Beispiel weil er die Erbschaft ausgeschlagen hat), bleibt das Vermächtnis grundsätzlich wirksam. Beschwert ist dann derjenige, der unmittelbar davon profitiert, wenn der zunächst Beschwerte wegfällt (§ 2161 BGB). In Betracht kommen beispielsweise die gesetzlichen Erben, wenn der durch Verfügung von Todes wegen eingesetzte Erbe ausscheidet. Die vererbende Person kann aber auch einen anderen Beschwerten bestimmen oder verfügen, dass das Vermächtnis unwirksam wird, wenn der oder die Beschwerte wegfällt.

Anfall und Fälligkeit

In der Regel fällt das Vermächtnis mit dem Erbfall an (§ 2176 BGB); zu diesem Zeitpunkt entsteht die Forderung des Vermächtnisnehmers. Die vererbende Person hat allerdings die Möglichkeit, den Anfall durch eine Bedingung oder Befristung zu verschieben. Dann fällt das Vermächtnis erst an, wenn diese Bedingung oder der Termin eintritt.

BEISPIEL: G ordnet für seine Kinder ein Geldvermächtnis für den Fall an, dass der länger lebende Ehemann oder die länger lebende Ehefrau wieder heiratet. Bei dieser Regelung fällt das Vermächtnis mit der Wiederverheiratung der oder des Längerlebenden an.

Sicherung des Vermächtnisanspruchs

Zwar erwirbt der Vermächtnisnehmer mit dem Erbfall einen Anspruch gegen den Beschwerten, den vermachten Gegenstand zu fordern, er ist aber darauf angewiesen, dass der Beschwerte den Anspruch auch erfüllt. Deshalb kann es unter Umständen sinnvoll sein, Vorkehrungen zu treffen, damit die angeordneten Vermächtnisse erfüllt werden. So kann die vererbende Person insbesondere

- den Vermächtnisnehmer bevollmächtigen, sich nach dem Anfall des Vermächtnisses die Zuwendung (zum Beispiel das Geld) selbst zu übertragen, indem ihm eine Vollmacht erteilt und er vom gesetzlichen Verbot befreit wird, mit sich selbst Geschäfte abzuschließen,
- einen Testamentsvollstrecker (siehe Seite 125) bestellen und diesen beauftragen, das Vermächtnis zu erfüllen oder
- den Vermächtnisanspruch auf Grundstücksübertragung ab dem Erbfall

durch Eintragung einer Grundbuchvormerkung sichern.

SO MACHEN SIE ES RICHTIG: Anordnung der Testamentsvollstreckung

Ich ordne Testamentsvollstreckung an. Zum Testamentsvollstrecker ernenne ich den vorbezeichneten Vermächtnisnehmer. Der Testamentsvollstrecker hat die Aufgabe, das vorstehend zu seinen Gunsten angeordnete Vermächtnis zu erfüllen. Weitere Aufgaben hat der Testamentsvollstrecker nicht.
Der Testamentsvollstrecker ist von den Beschränkungen des § 181 BGB, soweit erforderlich, befreit.
Für seine Tätigkeit erhält der Testamentsvollstrecker keine Vergütung. Er erhält auch keinen Ersatz für seine Auslagen.

Erbschaftsteuerliche Behandlung

Der Erwerb durch ein Vermächtnis unterliegt der Erbschaftsteuer. Steuerschuldner ist der Vermächtnisnehmer. Die Steuerschuld entsteht mit dem Tod der vererbenden Person. Zuwendungen, die kirchlichen, gemeinnützigen oder mildtätigen Zwecken dienen, sind erbschaftsteuerfrei.

→ GUT ZU WISSEN: Als Nachlassverbindlichkeit mindert das Vermächtnis die Steuerschuld des Erben (§ 10 Abs. 5 Nr. 2 ErbStG, siehe auch Seite 162).

Auflage

Mit einer Auflage kann die vererbende Person ihre Erben oder einen Vermächtnisnehmer zu einer Leistung verpflichten, ohne einem anderen das Recht auf die Leistung zuzuwenden (§ 1939 BGB). Im Unterschied zum Vermächtnis muss bei der Auflage niemand begünstigt werden. Zwar kann auch mit einer Auflage eine Begünstigung verbunden sein, Begünstigte erwerben jedoch kein Recht auf die Leistung.

Inhalt

Mit einer Auflage können Beschwerte zu einem bestimmten Verhalten (Handeln oder Unterlassen) veranlasst werden. Zeitliche Grenzen bestehen für die Wirksamkeit der Auflage nicht. Mit einer Auflage kann natürlich auch eine Person begünstigt werden, im Gegensatz zum Vermächtnisnehmer erlangen Begünstigte aber grundsätzlich keinen Anspruch auf die Leistung. Bei der Auflage braucht es sich nicht um eine vermögenswirksame Leistung zu handeln. Es ist auch nicht erforderlich, dass das Verhalten einer anderen Person zugutekommt. Das Verhalten kann vielmehr auch für die Beschwerten selbst vorteilhaft sein.

🔍 BEISPIEL: Mit einer Auflage kann A dem Beschwerten B aufgeben, die Beerdigung, die Grabpflege oder die Pflege von Haustieren zu übernehmen. Sie können auch Geld- oder Sachleistungen für kulturelle oder karitative Zwecke anordnen. Ferner können Sie verfügen, dass ein Grundstück nicht verkauft wird, der Beschwerte B seinen Wohnsitz nicht wechselt oder dass dieser einen bestimmten Beruf ergreift.

Für die Anordnung einer Auflage in der Verfügung von Todes wegen sprechen mehrere Gründe. So kann die vererbende Person über den Tod hinaus auf das Verhalten der bedachten Personen Einfluss nehmen. Es können Personen begünstigt werden, die nicht rechtsfähig sind (zum Beispiel auch der Stammtisch) oder ein rechtsunfähiges Tier. Die Auswahl eines Begünstigten kann auch den Erben oder einem Dritten (zum Beispiel einer Testamentsvollstreckerin) überlassen bleiben. Die vererbende Person kann auch verfügen, dass gegenüber Begünstigten Zuwendungen zu machen sind. Weil diese aber keinen Anspruch auf Vollziehung haben, stehen die mit der Auflage Beschwerten (in der Regel die Erben) nicht unter dem Druck der Begünstigten.

> **SO MACHEN SIE ES RICHTIG:**
> **Auflage ohne Begünstigung**
>
> *Meinen Erben mache ich zur Auflage, meine Grabstätte entsprechend den örtlichen Gepflogenheiten zu pflegen und zu schmücken.*
> *[Oder]*
> *Ich bestimme, dass meine Erben das im Nachlass befindliche Anwesen _____ nach der Übernahme zehn Jahre lang nicht veräußern dürfen.*

> **SO MACHEN SIE ES RICHTIG:**
> **Auflage mit Begünstigung**
>
> *Meine Erben sind verpflichtet, _____ Euro an den _____verein zu zahlen.*
> *[Oder]*
> *Meine Erben sind verpflichtet, an _____, der meinen Hund/meine Katze versorgen soll, einmalig _____ Euro zu zahlen.*

Vererbende Personen können auch eine sogenannte Zweckauflage verfügen. Darin kann bestimmt werden, welchem Zweck die Auflage dienen soll, es wird aber dem Beschwerten oder einem Dritten (zum Beispiel einem Testamentsvollstrecker) überlassen zu bestimmen, an welche Person die Leistung erfolgen soll. So können die Erben zum Beispiel verpflichtet werden, an einen gemeinnützigen Verein einen bestimmten Geldbetrag für den Umweltschutz zu zahlen.

Nicht zulässig sind sittenwidrige Auflagen, so zum Beispiel eine Anordnung, gesetzwidrig zu handeln oder eine Straftat zu begehen. Unwirksam ist auch eine Auflage, deren Realisierung unmöglich ist.

> **GUT ZU WISSEN:** Achten Sie bei der Gestaltung einer Auflage in Ihrem Testament oder im Erbvertrag darauf, dass diese klar und eindeutig formuliert wird. Verwenden Sie am besten ausdrücklich für Ihre Verfügung den Begriff „Auflage". Eindeutig sollte auch sein, wer mit der Auflage beschwert wird.

Beschwerte

Nur Erben oder Vermächtnisnehmer können mit einer Auflage beschwert werden. Wurde im Testament oder im Erbvertrag nichts anderes verfügt, sind die Erben beschwert. Mehrere Erben gelten im Zweifel im Verhältnis ihrer Erbteile als beschwert, wenn die vererbende Person nichts anderes verfügt hat.

Wird ein Beschwerter nicht Erbe oder Vermächtnisnehmer (zum Beispiel, weil er oder sie die Erbschaft oder das Vermächtnis ausgeschlagen hat), bleibt die angeordnete Auflage wirksam, soweit nicht ein anderer Wille der vererbenden Person anzunehmen ist. Beschwert ist dann die Person, die unmittelbar davon profitiert, wenn der Beschwerte wegfällt (§§ 2192, 2161 BGB).

Vollziehungsberechtigte

Begünstigte selbst haben keinen Anspruch darauf, dass die Auflage erfüllt wird – und sie selbst können nicht verlangen, dass die genannten Bedingungen vollzogen werden. Nach dem Gesetz (§ 2194 Satz 1 BGB) können dies aber wohl bestimmte Personen.

Die Vollziehung einer Auflage verlangen können nur

- der Erbe gegenüber dem beschwerten Vermächtnisnehmer,
- jeder Miterbe gegenüber dem beschwerten Miterben oder dem Vermächtnisnehmer oder dem Vermächtnisnehmer oder
- die Person, der der Wegfall des mit der Auflage zunächst Beschwerten zustattenkommen würde.

GUT ZU WISSEN: Wenn Sie sicherstellen wollen, dass die von Ihnen angeordnete Auflage erfüllt wird, sollten Sie einen Testamentsvollstrecker als Vollzugsberechtigten einsetzen, der den Vollzug der Auflage überwacht oder gegebenenfalls die Auflage durchführt.

Liegt die Vollziehung im öffentlichen Interesse (zum Beispiel die Auflage, eine Münzsammlung einem staatlichen Museum zu überlassen), so kann auch die zuständige Behörde die Vollziehung verlangen (§ 2194 Satz 2 BGB).

Unwirksame Auflage

Nicht zulässig sind sittenwidrige Auflagen, so beispielsweise eine Anordnung, gesetzwidrig zu handeln oder eine Straftat zu begehen. Unwirksam ist auch eine Auflage, deren Realisierung unmöglich ist. Ist eine Auflage unwirksam (zum Beispiel wegen Sittenwidrigkeit), so wird dadurch nicht zwangsläufig die unter der Auflage gemachte Zuwendung unwirksam. Gegebenenfalls muss die Verfügung von Todes wegen ausgelegt werden, wobei dabei zu prüfen ist, ob die vererbende Person die Zuwendung ohne die Auflage nicht gemacht hätte (§ 2195 BGB).

BEISPIEL: B hat ihrem Neffen ein Vermächtnis nur deshalb zugewandt, damit dieser dann entsprechend der gemachten Auflage ihr Grab pflegt. Dieser Zusammenhang wurde auch im Testament zum Ausdruck gebracht. Würde diese Auflage wegen Unwirksamkeit wegfallen, hätte sich die Erblasserin nicht verpflichtet gesehen, dem Neffen die Zuwendung zu machen.

Unmögliche Vollziehung der Auflage

Ist es unmöglich, eine Auflage zu erfüllen, so entfällt diese. Hat ein Beschwerter es allerdings selbst verschuldet, dass es unmöglich ist, die Auflage zu vollziehen, können Begünstigte von diesem Wertersatz verlangen (§ 2196 BGB). Sie können den Geldwert fordern, den dieser hätte ausgeben müssen, um die Auflage zu erfüllen.

Erbschaftsteuerliche Behandlung

Der Erwerb einer Auflage (zum Beispiel eine Geldzuwendung) ist erbschaftsteuerpflichtig. Die Steuer wird erst fällig, wenn die Auflage vollzogen ist. Zuwendungen, die kirchlichen, gemeinnützigen oder mildtätigen Zwecken dienen, sind steuerfrei. Der Erwerber kann die Auflage als Nachlassverbindlichkeit vom Nachlasswert abziehen.

Testamentsvollstreckung

Die vererbende Person kann durch Testament oder durch eine einseitige Verfügung im Erbvertrag einen oder mehrere Testamentsvollstrecker ernennen (§ 2197 Abs. 1 BGB). Sie kann auch für den Fall, dass der ernannte Testamentsvollstrecker vor oder nach der Annahme des Amtes wegfällt, einen anderen Testamentsvollstrecker einsetzen.

Mit der Anordnung einer Testamentsvollstreckung wird in die sonst unbeschränkten Rechte des Erben über den Nachlass eingegriffen. Die Testamentsvollstreckung kann für den gesamten Nachlass, für einzelne Nachlassgegenstände oder für einen oder mehrere Erben angeordnet werden. Motive, um eine Testamentsvollstreckung anzuordnen, gibt es mehrere:

Die vererbende Person will

- ▶ sicherstellen, dass ihre Vorstellungen auch tatsächlich verwirklicht werden,
- ▶ der Zerschlagung wirtschaftlicher Werte in einer Erbengemeinschaft vorbeugen,
- ▶ einfach gewährleistet wissen, dass der Nachlass mit fachlicher Expertise verwaltet wird oder Auflagen oder Vermächtnisse auch vollzogen werden,
- ▶ angesichts der Vielzahl von Erben und Vermächtnisnehmern die ordnungsgemäße Abwicklung des Nachlasses sicherstellen.

Als Gestaltungsmittel kann die Testamentsvollstreckung auch dann sinnvoll sein, wenn für die Verwaltung eines größeren oder speziellen Nachlasses (zum Beispiel komplizierte Vermögensverhältnisse) besondere Sachkunde erforderlich ist.

➡ **DAS IST WICHTIG:** Wichtig ist, dass die vererbende Person eine Person zum Testamentsvollstrecker bestimmt, der sie absolut vertraut. Bei einem größeren Vermögen kann es sinnvoll sein, mehrere Personen als Testamentsvollstrecker einzusetzen. Auch eine Miterbin oder ein Miterbe kann Testamentsvollstrecker sein; in diesem Fall sollte allerdings die Gefahr bedacht werden, dass dieser unter Umständen seine eigenen Interessen stärker verfolgt als die der anderen Miterben.

Die Anordnung der Testamentsvollstreckung hat für die Erben zur Folge, dass ihnen Verwaltungs- und Verfügungsbefugnisse über den Nachlass entzogen werden. Gleichwohl haften sie für Nachlassverbindlichkeiten sowohl mit dem Nachlass als auch unter Umständen mit ihrem Privatvermögen.

Anordnung

Die Anordnung der Testamentsvollstreckung erfolgt im Testament. In einem Erbvertrag kann die entsprechende Verfügung nur einseitig, nicht vertragsmäßig gestaltet werden. Unwirksam wäre eine Verfügung, nach der es einem Dritten überlassen bleibt, ob Testamentsvollstreckung angeordnet wird.

 SO MACHEN SIE ES RICHTIG: Anordnung
*Ich ordne Testamentsvollstreckung an. Zum Testamentsvollstrecker bestimme ich _____. Sie/Er soll die Auseinandersetzung unter den Miterben bewirken und für die Erfüllung der Vermächtnisse und Auflagen sorgen.
Sollte _____ aus irgendeinem Grund nicht infrage kommen oder wieder wegfallen, so hat das zuständige Nachlassgericht einen geeigneten Testamentsvollstrecker mit gleichen Befugnissen zu benennen.*

Zum Testamentsvollstrecker kann jede natürliche oder juristische Person (zum Beispiel eine Bank) eingesetzt werden, die in vollem Umfang geschäftsfähig ist und zur Besorgung ihrer Vermögensangelegenheiten nicht unter Betreuung steht. Testamentsvollstrecker können Rechtsanwälte, Notarinnen, Steuerberater, der Ehemann oder die Ehefrau der vererbenden Person, eine Miterbin, ein Vermächtnisnehmer, ein durch eine Auflage Begünstigter oder eine pflichtteilsberechtigte Person sein. Eine Behörde kann dagegen nicht als Testamentsvollstrecker eingesetzt werden, wohl aber einzelne Behördenmitarbeitende. Die vererbende Person kann die Auswahl der Person auch Dritten überlassen oder das Nachlassgericht ersuchen, einen Testamentsvollstrecker zu ernennen.

Umfang

Über den Umfang der Testamentsvollstreckung entscheidet die vererbende Person in ihrem Testament oder im Erbvertrag. Die Testamentsvollstreckung ist zeitlich befristet oder auf einzelne Nachlassgegenstände oder einzelne Erben beschränkt. Wurde keine Anordnung getroffen, erfasst die Testamentsvollstreckung den gesamten Nachlass, wenn sie für den oder alle Erben angeordnet ist. Höchstpersönliche Rechte eines Erben, wie zum Beispiel die Annahme und Ausschlagung der Erbschaft, die Anfechtung des Testaments oder der Widerruf einer Schenkung, unterliegen nicht der Verwaltung des Testamentsvollstreckers.

Wurde nur eine „Testamentsvollstreckung" verfügt, handelt es sich in der Regel um eine sogenannte Abwicklungsvollstreckung. Der Testamentsvollstrecker soll dafür Sorge tragen, dass das Vermögen in geordneter Weise auf den oder die Erben übergeht. In diesem Fall verwaltet allein der Testamentsvollstrecker den Nachlass und nur er allein kann über die Nachlassgegenstände verfügen. Zu den Hauptpflichten des Testamentsvollstreckers gehören bei der Abwicklungsvollstreckung die Verwaltung des Nachlasses, die Erstellung eines Nachlassverzeichnisses, die Zahlung der Schulden, die Erfüllung von Vermächtnissen, Auflagen und Pflichtteilsansprüchen und die Verteilung des Nachlasses unter den Erben.

Eine Dauervollstreckung kommt unter anderem zur Anwendung, wenn der Erbe oder die Erbin minderjährig und damit nicht imstande ist, das Vermögen zu verwalten. Aber auch, wenn der Erbe behindert oder noch nicht ausreichend qualifiziert ist, um das Vermögen zu verwalten, oder wenn die Erben untereinander zerstritten sind, kann es zur Dauervollstreckung kommen.

Die Dauervollstreckung kann zeitlich befristet oder an ein bestimmtes Ereignis (zum Beispiel Volljährigkeit des Erben oder der Erbin) gebunden werden. Sie endet normalerweise 30 Jahre nach dem Tod der vererbenden Person. Diese kann jedoch auch anordnen, dass die Verwaltung bis zum Tod des Erben oder des Testamentsvollstreckers oder bis zum Eintritt eines anderen Ereignisses in der Person des einen oder des anderen fortdauern soll.

> **GUT ZU WISSEN:** Es kann auch angeordnet werden, dass der Nachlass nach dem Tod noch längere Zeit von einem Testamentsvollstrecker verwaltet wird (§ 2209 BGB).

Aufgaben

Der Testamentsvollstrecker hat die Verfügungen von Todes wegen der vererbenden Person auszuführen (§ 2203 BGB). Bei mehreren Erben hat er den Nachlass gemäß dessen Verfügungen zu verteilen, Vermächtnisse zu erfüllen und Auflagen zu vollziehen.

GUT ZU WISSEN: Als vererbende Person können Sie den Umfang der Testamentsvollstreckung frei bestimmen. Sie können sie zeitlich befristen oder auf einzelne Nachlassgegenstände oder einzelne Erbinnen und Erben beschränken.

Der Testamentsvollstrecker hat den Nachlass ordnungsgemäß zu verwalten (§ 2216 Abs. 1 BGB). Anordnungen, die die vererbende Person in ihrer Verfügung von Todes wegen getroffen hat, können auf Antrag des Testamentsvollstreckers oder eines anderen Beteiligten vom Nachlassgericht außer Kraft gesetzt werden, wenn ihre Befolgung den Nachlass erheblich gefährden würde (§ 2216 Abs. 2 BGB). Insbesondere ist der Testamentsvollstrecker berechtigt, den Nachlass in Besitz zu nehmen und über die Nachlassgegenstände zu verfügen (§ 2205 Satz 1 BGB). Er darf Verbindlichkeiten für den Nachlass eingehen, soweit dies zur ordnungsmäßigen Verwaltung erforderlich ist (§ 2206 Abs. 1 BGB). Zu Schenkungen ist der Testamentsvollstrecker nicht berechtigt, soweit es nicht um die Erfüllung „einer sittlichen Pflicht" (zum Beispiel Unterhalt an einen vermögenslosen Verwandten) oder um eine „auf den Anstand zu nehmende Rücksicht" (zum Beispiel Weihnachts- oder Geburtstagsgeschenke) geht (§ 2205 Satz 2 BGB).

Sind mehrere Erbinnen und Erben vorhanden, hat der Testamentsvollstrecker den Nachlass unter ihnen zu verteilen (§ 2204 BGB).

Zur Verteilung des Nachlasses hat der Testamentsvollstrecker einen sogenannten Auseinandersetzungsplan aufzustellen, zu dem die Erben vorab zu hören sind. Der Testamentsvollstrecker als Verwalter des Nachlasses darf keine Geschäfte mit sich selbst als Privatperson machen, sofern ihm die vererbende Person das nicht ausdrücklich gestattet hat.

Zu den Aufgaben des Testamentsvollstreckers gehört auch die Abgabe der Erbschaftsteuererklärung. Die Kosten der Testamentsvollstreckung können vom Nachlasswert nur insoweit abgezogen werden, als sie die Abwicklung betreffen.

Vergütung

Für seine Tätigkeit kann der Testamentsvollstrecker eine angemessene Vergütung verlangen, soweit die vererbende Person nichts anderes bestimmt hat (§ 2222 BGB). Im Fall der Abwicklung des Nachlasses dürfte bei niedrigen Nachlässen ein Satz von 7,5 Prozent, bei hohen Nachlässen ein Satz von 1 Prozent angemessen sein. Bei der Dauervollstreckung hängt die Vergütung von den gesamten Umständen des Erbfalls ab. In der Regel wird in solchen Fällen eine laufende, nach dem Jahresbetrag der Einkünfte zu zahlende Vergütung angemessen sein.

Sie sollten in Ihrem Testament oder im Erbvertrag unbedingt die Vergütung des Testamentsvollstreckers regeln und diese am besten vorher mit der Person abstimmen, die Sie für das Amt vorgesehen haben. Die von Ihnen festgesetzte Vergütung ist dann verbindlich.

> **SO MACHEN SIE ES RICHTIG:**
> **Vergütung des Testamentsvollstreckers**
>
> *Der Testamentsvollstrecker erhält für seine Tätigkeit bis zur Abwicklung des Nachlasses eine Vergütung von _____ Euro.*
>
> *[Oder]*
>
> *Der Testamentsvollstrecker erhält für seine Tätigkeit keine Vergütung.*

Der Deutsche Notarverein hat die sogenannte „Neue Rheinische Tabelle" entwickelt. Diese bestimmt den Vergütungsgrundbetrag. Die Höhe dieses Grundbetrags ist – grundsätzlich auf der Basis des Verkehrswertes des Aktivnachlasses – wie folgt zu ermitteln:

Bis zu einem Nachlasswert von
bis 250.000 Euro: 4 Prozent
bis 500.000 Euro: 3 Prozent
bis 2.500.000 Euro: 2,5 Prozent
bis 5.000.000 Euro: 2 Prozent
ab 5.000.000 Euro: 1,5 Prozent,

wobei jedoch mindestens der höchste Betrag der Vorstufe zugrunde gelegt wird.

Die Vergütung ist am Ende der Testamentsvollstreckung fällig. Bei einer Dauervollstreckung kann der Testamentsvollstrecker eine Vergütung nach Zeitabschnitten verlangen. Schuldner der Vergütung ist immer der Nachlass. Mehrere Erben haften gesamtschuldnerisch.

Anordnungen für die Auseinandersetzung der Erbengemeinschaft

Wenn sich die Bildung einer Erbengemeinschaft nicht verhindern lässt, sollten in der Verfügung von Todes wegen Anordnungen getroffen werden, die eine spätere Aufteilung des Nachlasses, die sogenannte Auseinandersetzung, erleichtern (§ 2048 BGB). Als Gestaltungsmittel stehen dafür insbesondere die Teilungsanordnung beziehungsweise das Vorausvermächtnis und das Teilungsverbot zur Verfügung.

Teilungsanordnung und Vorausvermächtnis

Mit dem Tod der vererbenden Person geht die Erbschaft in der Regel auf mehrere Personen über. Der Nachlass wird dann gemeinschaftliches Vermögen der Erben. Diesen steht ein bestimmter Bruchteil am Vermögen zu; ein Miterbe kann aber nicht allein über einzelne Nachlassgegenstände verfügen. Erst nach der Verteilung des Nachlasses unter den Erben, der sogenannten Auseinandersetzung, können die Miterben über die ihnen zugewendeten Nachlasswerte verfügen. Mit einer Teilungsanordnung kann die vererbende Person nicht nur bestimmen, wer ihr Vermögen erhält, sondern auch festlegen, wie die Erben dieses Vermögen untereinander aufzuteilen haben.

> **SO MACHEN SIE ES RICHTIG: Teilungsanordnung**
>
> *Für die Auseinandersetzung treffe ich folgende Teilungsanordnung:*
> *Meine Tochter _____ erhält, in Anrechnung auf ihren Erbteil, das Anwesen _____.*
> *Mein Sohn _____ erhält, in Anrechnung auf seinen Erbteil, das Bürogebäude _____.*

Die Teilungsanordnung ändert nichts an den Bruchteilen, zu denen ein Miterbe oder eine Miterbin am Nachlass beteiligt ist. Erhält ein einzelner Erbe durch die Zuweisung eines bestimmten Nachlassgegenstands wertmäßig mehr, als seiner Erbquote entspricht, so hat er den Mehrwert gegenüber den Miterben und Miterbinnen auszugleichen.

Will die vererbende Person Ausgleichsansprüche vermeiden, so muss sie dies ausdrücklich bestimmen. In diesem Fall ist ein sogenanntes Vorausvermächtnis anzuordnen (§ 2150 BGB).

Sind die eingesetzten Erben pflichtteilsberechtigt, müssen deren Pflichtteilsansprüche berücksichtigt werden, wenn die Ausgleichungspflicht ausgeschlossen werden soll. Deshalb muss die vererbende Person darauf achten, dass der jeweilige Erbteil nicht geringer ist als die Hälfte des den pflichtteilsberechtigten Erben zustehenden Erbteils. Andernfalls kann der durch den Ausschluss der Ausgleichungspflicht benachteiligte Erbe von den anderen Miterben einen Pflichtteilsrest-

anspruch in Höhe der wertmäßigen Differenz zu seinem Pflichtteil verlangen.

Mit einer Teilungsanordnung kann die vererbende Person zwar verfügen, dass der Nachlass entsprechend ihren Anordnungen unter den Erben aufgeteilt wird, doch führen die Verfügungen nicht von selbst zur Aufteilung. Die Erben sind also, wenn sie sich untereinander einig sind, nicht gehindert, eine andere Verteilung vorzunehmen. Wollen Sie als Erblasser oder Erblasserin dies verhindern, müssen Sie eine Testamentsvollstreckung anordnen. Ist Ihnen die Aufteilung entsprechend Ihrer Anordnung besonders wichtig, können Sie die Erbeinsetzung an die Bedingung knüpfen, dass der Nachlass entsprechend Ihrer Anordnung unter den Erben aufgeteilt wird.

> **SO MACHEN SIE ES RICHTIG: Teilungsanordnung mit Vorausvermächtnis**
>
> *Für die Auseinandersetzung treffe ich folgende Teilungsanordnung:*
> *Meine Tochter _____ erhält das Hausgrundstück _____.*
> *Mein Sohn _____ erhält das Bürogebäude _____.*
> *Soweit ein Hausgrundstück einen höheren Wert haben sollte, soll kein Wertausgleich stattfinden.*

➡ **GUT ZU WISSEN:** Mit einem Vorausvermächtnis wird einem Miterben ein Vermögensvorteil über seinen Erbteil hinaus zugewendet. Während der dem Erben zustehende Erbteil mit einer Teilungsanordnung nur konkretisiert wird, erwirbt der Erbe das Vorausvermächtnis zusätzlich zu seinem Erbteil.

Teilungsverbot

Jeder Miterbe kann nach Eintritt des Erbfalls eine Auseinandersetzung, also die Aufteilung des Nachlasses verlangen. Will die vererbende Person die Auseinandersetzung des Nachlasses oder einzelner Nachlassgegenstände verhindern, kann er diese ausschließen oder von der Einhaltung einer Kündigungsfrist abhängig machen. Die Auseinandersetzung kann auf bestimmte Zeit oder auf Dauer, im Regelfall aber für höchstens 30 Jahre nach Eintritt des Erbfalls verboten werden (§ 2044 BGB).

➡ **GUT ZU WISSEN:** Wenn Sie vermeiden wollen, dass Ihre Erben den Nachlass trotz Teilungsverbots unter sich aufteilen, sollten Sie eine Testamentsvollstreckung anordnen.

Motiv für ein Teilungsverbot kann sein, dass das Vermögen oder Teile davon als Einheit erhalten oder eine vorschnelle Verschleuderung des Nachlasses verhindert werden soll. Es kann durch ein Teilungsverbot aber auch gewährleistet werden, dass Erben den Nachlass erst dann unter sich aufteilen, wenn sie ein bestimmtes Alter erreicht haben. Durch ein entsprechendes Verbot kann einzelnen Erben Zeit gegeben werden, liquide Mittel für die Auszahlung anderer Miterben zu sammeln.

 SO MACHEN SIE ES RICHTIG: Teilungsverbot
Ich schließe die Auseinandersetzung unter meinen Erben solange aus, bis meine Tochter _____ das 21. Lebensjahr vollendet hat.
Die Auseinandersetzung soll auch nicht einvernehmlich unter den Erben möglich sein. Ich ordne deshalb Testamentsvollstreckung an. Zum Testamentsvollstrecker ernenne ich _____.

Familienrechtliche Anordnungen

Eltern mit minderjährigen Kindern können im Testament auch Anordnungen mit familienrechtlichem Bezug mit erbrechtlicher Wirkung treffen. In Betracht kommen insbesondere eine Verwaltungsanordnung, der Entzug des elterlichen Vermögensverwaltungsrechts und die Benennung eines Vormunds.

Verwaltungsanordnung

Wer einem minderjährigen Kind durch Testament etwas zuwenden will, kann anordnen, wie die Eltern das zugewendete Vermögen zu verwalten haben. An die Verwaltungsanordnung sind die Eltern grundsätzlich gebunden. Abweichungen sind nur bei Gefährdung der Interessen des Kindes mit gerichtlicher Genehmigung erlaubt.

> **SO MACHEN SIE ES RICHTIG:**
> **Verwaltungsanordnung**
> *Ich ordne an, dass das zugewendete Vermögen nicht für _____ (zum Beispiel Anlage von Aktien) verwendet werden darf. Das Geld darf nur als _____ (zum Beispiel Anlage mit gesetzlicher Einlagensicherung) angelegt werden.*

Die Verwaltungsanordnung muss zwar nicht ausdrücklich als solche erklärt werden, allerdings muss im Testament zum Ausdruck kommen, dass es sich um eine verbindliche Anordnung und nicht nur um einen Wunsch oder eine Empfehlung handelt.

Beschränkung der elterlichen Vermögenssorge

Die elterliche Sorge für das minderjährige Kind umfasst neben der Sorge für die Person (Personensorge) auch die Sorge für das Vermögen des minderjährigen Kindes (Vermögenssorge). Dabei vertreten beide Elternteile das minderjährige Kind grundsätzlich gemeinschaftlich. Stirbt ein Elternteil, so steht die elterliche Sorge dem länger lebenden Elternteil zu.

→ **GUT ZU WISSEN:** Die Verwaltungsanordnung stellt im Verhältnis zur Beschränkung der Vermögenssorge die mildere Form der Einflussnahme auf die elterliche Sorge dar.

In Ihrem Testament können Sie die Vermögenssorge der Eltern für Vermögensteile beschränken, die aus Ihrem Nachlass stammen. Darin können Sie bestimmen, dass die Eltern oder ein Elternteil das dem minderjährigen Kind im Wege der Erbfolge zugewendete Vermögen nicht verwalten dürfen. Wenn Sie die Vermögenssorge nur einem Elternteil entziehen, verwaltet automatisch der andere Elternteil das Vermögen. Wenn Sie das Verwaltungsrecht für beide Elternteile ausschließen, muss eine Ergänzungspfleger eingesetzt werden. Die Person des Pflegers können Sie in Ihrem Testament bestimmen.

> **SO MACHEN SIE ES RICHTIG:**
> **Beschränkung der elterlichen Vermögenssorge**
> *Ich setze mein minderjähriges Enkelkind _____ zu meinem Alleinerben ein. Den Eltern meines Enkelkinds, _____ und _____, entziehe ich das Vermögensverwaltungsrecht bezüglich aller*

Gegenstände, die es von mir von Todes wegen erwirbt.
Als Pfleger zur Ausübung des Verwaltungsrechts bestimme ich _____ .

Benennung eines Vormunds

Wenn beide Eltern verstorben sind, erhält ein minderjähriges Kind einen Vormund. Durch eine familienrechtliche Anordnung im Testament kann jeder Elternteil, wenn ihm zur Zeit seines Todes die Sorge für die Person und das Vermögen des Kindes zusteht, für das Kind einen Vormund benennen oder jemanden als Vormund ausschließen. Haben der Vater und die Mutter verschiedene Personen benannt, so gilt die Benennung durch den zuletzt verstorbenen Elternteil.

SO MACHEN SIE ES RICHTIG:
Benennung eines Vormunds
Ich setze meinen minderjährigen Sohn/ meine minderjährige Tochter _____ zu meinem Alleinerben/meiner Alleinerbin ein.
Hiermit benenne ich, falls mein Sohn/ meine Tochter nach meinem Tod ohne gesetzlichen Vertreter ist, _____ als Vormund. Für den Fall, dass der benannte Vormund zur Übernahme der Vormundschaft nicht bereit oder in der Lage ist, bestimme ich in zweiter Linie _____ zum Vormund.

Regelung des „digitalen Nachlasses"

Heute, im digitalen Zeitalter, hinterlässt fast jeder Mensch Spuren im Internet. Was passiert aber mit dem digitalen Nachlass, wenn ein Mensch stirbt? Was wird aus den E-Mail-Accounts, der Mitgliedschaft in sozialen Netzwerken oder bei einer Internet-Partnervermittlung, einer eigenen Homepage, Konten bei kostenpflichtigen Streamingportalen, Aktivitäten auf Internet-Auktionsplattformen oder dem Online-Banking?

In den meisten Fällen wird der digitale Nachlass nicht geregelt. Die Erben müssen sich dann mit den Problemen herumschlagen, wenn sie die Nutzernamen und Passwörter nicht kennen. Schließlich gehen etwa bei Facebook und Twitter immer noch Nachrichten ein, für Online-Mitgliedschaften werden Beiträge abgebucht, eBay-Käufer warten auf Antwort, und für Lizenzen fallen weiterhin Kosten an. Ohne Hilfe sind allerdings die Hinterbliebenen in der Regel aufgeschmissen. Deshalb sollte man sich schon zu Lebzeiten Gedanken über den digitalen Nachlass machen und klären, was nach dem Tod mit den Daten und Online-Konten passieren und wer sich um diese kümmern soll.

Regelungen über den digitalen Nachlass

Sinnvoll ist es, bereits zu Lebzeiten eine Vertrauensperson zum digitalen Nachlassverwalter zu bestellen und in einer sogenannten digitalen Vorsorgevollmacht festzulegen, wie mit den digitalen Daten umgegangen werden soll. Der digitale Nachlass kann aber auch in einem Testament geregelt werden. In jedem Fall muss allerdings sichergestellt sein, dass den Bevollmächtigten beziehungsweise den Erben die entsprechenden Unterlagen und Zugangsdaten zur Verfügung stehen.

✓ **CHECKLISTE: REGELUNGEN ÜBER DIGITALEN NACHLASS**

☐ Fertigen Sie eine Liste mit bestehenden Online-Konten, Benutzernamen und Passwörtern an. Wichtig ist, die Liste gegebenenfalls zu aktualisieren und zu ergänzen.

☐ Die Liste sollten Sie in einem verschlossenen Umschlag oder auf einem USB-Stick abgespeichert sicher verwahren (zum Beispiel in einem Tresor oder einem Bankschließfach).

☐ Eine andere Möglichkeit ist es, einen sogenannten Passwortmanager zu nutzen. Dabei handelt es sich um Programme oder Online-Dienste, in denen sich Passwörter verschlüsselt abspeichern lassen. Der Passwortmanager wird mit einem Hauptpasswort (Masterpasswort) geschützt. In diesem Fall müssen Sie lediglich ein Hauptpasswort hinterlassen, mit dem auf die gespeicherten Passwörter zugegriffen werden kann.

☐ Bestimmen Sie eine Person Ihres Vertrauens zu Ihrem digitalen Nachlassverwalter.

☐ Setzen Sie Ihre digitalen Nachlassverwalterin als Bevollmächtigte ein und legen Sie fest, dass die Vollmacht „über den Tod hinaus" gelten soll.

☐ Regeln Sie in der Vollmacht detailliert, wie mit Ihrem digitalen Nachlass umgegangen werden soll.

☐ Stellen sicher, dass Ihren Bevollmächtigten die Zugangsdaten zu Ihren Accounts zu gegebener Zeit zur Verfügung stehen (zum Beispiel, wo Sie den USB-Stick mit der Liste der bestehenden Konten, den Benutzernamen und den Passwörtern deponiert haben).

☐ Anstelle einer digitalen Vorsorgevollmacht können Sie entsprechende Festlegungen auch in Ihrem Testament treffen.

Digitale Vorsorgevollmacht

Wenn Sie sicherstellen wollen, dass Ihr digitales Erbe ordnungsgemäß verwaltet wird, sollten Sie einer Vertrauensperson eine digitale Vorsorgevollmacht über den Tod hinaus erteilen. Sie können auch für die verschiedenen Profile und Accounts verschiedene Bevollmächtigte einsetzen. In diesem Fall müssen Sie dann aber regeln, welcher Bevollmächtigte welche Befugnisse haben soll.

Die digitale Vorsorgevollmacht sollten Sie schriftlich verfassen und mit dem Datum versehen. In der Vollmacht können Sie regeln, wer zu welchen Profilen und Konten Zugang bekommen soll und welche Daten wie lange öffentlich zugänglich bleiben sollen.

✓ CHECKLISTE: DIGITALE VORSORGEVOLLMACHT

- ☐ Bestimmen Sie eine oder mehrere Personen, die im Fall Ihres Ablebens Zugriff auf Ihre Online-Accounts erhalten.
- ☐ Verfassen Sie die Vollmacht schriftlich.
- ☐ Legen Sie in der Vollmacht fest, dass diese nur dann wirksam ist, wenn die von Ihnen bevollmächtigte Vertrauensperson das Original der Vollmachtsurkunde vorlegen kann.
- ☐ Errichten Sie die Vollmacht „über den Tod hinaus".
- ☐ Regeln Sie in der Vollmacht detailliert, wie mit Ihrem digitalen Nachlass umgegangen werden soll, welche Daten gelöscht werden sollen, wie die Vertrauensperson mit Ihrem Account in einem sozialen Netzwerk umgehen und was mit im Netz vorhandenen Fotos passieren soll.
- ☐ Legen Sie fest, was mit Ihren Endgeräten (Computer, Smartphone, Tablet) und den dort gespeicherten Daten geschehen soll.
- ☐ Die Vollmacht muss vom Vollmachtgeber und vom Bevollmächtigten unterschrieben werden.
- ☐ Versehen Sie die Vollmacht mit dem Ausstellungsdatum.
- ☐ Der Bevollmächtigte benötigt bei einer schriftlich erteilten Vollmacht das Original der Vollmacht, wenn er für Sie handeln soll. Am einfachsten ist es deshalb, dem Bevollmächtigten das Original auszuhändigen. Dann müssen Sie mit ihm vereinbaren, unter welchen Bedingungen er oder sie tätig werden darf. Falls Sie das Dokument nicht aushändigen möchten, müssen Sie sicherstellen, dass der Bevollmächtigte weiß, wo die Urkunde verwahrt wird. Sinnvoll ist es, die Vorsorgevollmacht zusammen mit anderen wichtigen persönlichen Dokumenten aufzuheben.
- ☐ Stellen Sie sicher, dass Ihrem Bevollmächtigten die Liste sämtlicher Online-Konten und Internetaktivitäten vorliegt.

Rechtswahlbestimmung bei Vermögen im EU-Ausland

Seit dem 16.8.2012 gilt die Europäische Verordnung zum internationalen Erb- und Erbverfahrensrecht. Die Verordnung enthält einheitliche Regelungen darüber, welches Erbrecht auf einen internationalen Erbfall anzuwenden ist. Danach richtet sich dem Grunde nach die gesamte Rechtsnachfolge von Todes wegen nach dem Recht des Staates, in dem die vererbende Person zum Zeitpunkt ihres Todes ihren gewöhnlichen Aufenthalt hatte. Wenn Sie dennoch möchten, dass das Erbrecht des Staates angewendet wird, dem Sie angehören, können Sie dies durch Rechtswahl in Ihrem Testament festlegen.

Die vererbende Person kann testamentarisch bestimmen, dass ihr Vermögen nach ihrem Tod nach dem Erbrecht des Staats vererbt wird, deren Staatsangehörigkeit sie besitzt. Ein dauerhaft auf Mallorca lebender Deutscher kann also bestimmen, dass im Fall seines Todes deutsches Erbrecht gelten soll. Trifft er keine Rechtswahl, kommt spanisches Erbrecht zur Anwendung.

> **SO MACHEN SIE ES RICHTIG: Rechtswahl**
> *Ich wähle für die Zulässigkeit und materielle Wirksamkeit meiner Verfügungen von Todes wegen und die Rechtsnachfolge von Todes wegen nach meinem Tod das deutsche Recht. Mein gesamter Nachlass soll nach deutschem Recht vererbt werden. Diese Rechtswahl soll auch dann weiterhin Gültigkeit haben, wenn ich meinen Wohnsitz oder letzten gewöhnlichen Aufenthalt im Ausland habe.*

ZUSAMMENGEFASST – DAS IST WICHTIG:

Die vererbende Person kann in ihrem Testament einen Alleinerben oder eine Alleinerbin einsetzen oder mehrere Erben bestimmen. Wenn mehrere Erben eingesetzt werden, muss sich die Erbeinsetzung auf einen Bruchteil am Nachlass beziehen. Einzelne Gegenstände können nicht vererbt werden.

Die vererbende Person kann einen Erben auch in der Weise einsetzen, dass dieser oder diese erst Erbe wird, nachdem ein anderer Erbe geworden ist. Der eingesetzte Vorerbe wird zunächst Erbe der vererbenden Person, aber nur für eine bestimmte Zeit.

Gesetzliche Erben können von der vererbenden Person enterbt werden. Die Enterbung des Ehemanns, der Ehefrau oder der Kinder hat zur Folge, dass diese den Pflichtteil geltend machen können.

Mit einem Vermächtnis kann die vererbende Person einer Person einen Vermögensvorteil zuwenden, ohne dass diese Erbe ist. Die begünstigte Person wird mit dem Eintritt des Erbfalls nicht automa-

tisch Eigentümerin des vermachten Gegenstands, sondern erwirbt lediglich einen Anspruch gegen den Erben auf Erfüllung des Vermächtnisses.

Mit einer Auflage kann die vererbende Person Erben oder Vermächtnisnehmer zu einer Leistung an Dritte oder zu einem bestimmten Tun oder Unterlassen verpflichten. Wird durch die Auflage eine Person begünstigt, hat sie im Gegensatz zum Vermächtnis keinen Anspruch auf die Leistung.

Setzt die vererbende Person testamentarisch mehrere Personen als Erben ein, kann sie verfügen, wie die Erben die einzelnen Vermögensgegenstände untereinander aufteilen müssen. Die Teilungsanordnung ändert aber nichts an den Bruchteilen, zu denen ein Miterbe oder eine Miterbin am Nachlass beteiligt ist.

Mit der Anordnung der Testamentsvollstreckung kann die vererbende Person sicherstellen, dass ihr letzter Wille auch tatsächlich vollzogen wird.

6

Warum bei der Nachlassplanung Pflichtteilsansprüche zu berücksichtigen sind

Kerstin und Sven Vetter haben zwei Kinder. Sie wollen sich in einem Berliner Testament gegenseitig als Alleinerben einsetzen. Nach dem Tod des Längerlebenden sollen dann die Kinder zu gleichen Teilen erben. Von einem fachkundigen Bekannten erfahren Sie, dass bei dieser Testamentsgestaltung die Kinder beim Tod der oder des Erstversterbenden den sogenannten Pflichtteil verlangen können. Und das könnte die Alleinerbin oder den Alleinerben in finanzielle Schwierigkeiten bringen.

IN DIESEM KAPITEL ERFAHREN SIE,

was unter dem Pflichtteil zu verstehen ist
■ **Seite 140**

wer pflichtteilsberechtigt ist
■ **Seite 140**

wann Anspruch auf den Pflichtteil
besteht ■ **Seite 141**

wie der Pflichtteil berechnet wird
■ **Seite 142**

welche Folgen eine Schenkung zu Lebzeiten auf den Pflichtteilsanspruch hat
■ **Seite 145**

wie Pflichtteilsansprüche vermieden bzw. gemindert werden können
■ **Seite 149**

Grundsätzliches zum Pflichtteilsrecht

Kraft Gesetzes kann eine vererbende Person nach ihrem Belieben über ihr Vermögen nach dem Tod verfügen. Durch Testament oder Erbvertrag kann sie den oder die Erben bestimmen, aber auch gesetzliche Erben wie den eigenen Ehemann, die eigene Ehefrau oder Kinder von der Erbfolge ausschließen. Diese Testierfreiheit wird allerdings beschränkt durch den sogenannten Pflichtteil, mit dem das Gesetz den nächsten Familienangehörigen einen Mindestanteil am hinterlassenen Vermögen garantieren will.

Wenn Sie als vererbende Person von der gesetzlichen Erbfolge durch ein Testament oder einen Erbvertrag abweichen wollen, sind immer etwaige Pflichtteilsansprüche, also die gesetzlich garantierte Mindestbeteiligung Ihres Ehemanns oder Ihrer Ehefrau und der nächsten Verwandten, zu berücksichtigen. Der Pflichtteilsanspruch kann den Pflichtteilsberechtigten nur in wenigen Ausnahmefällen entzogen werden. Und damit das Pflichtteilsrecht zu Lebzeiten nicht umgangen wird, räumt das Gesetz den Pflichtteilsberechtigten den sogenannten Pflichtteilsergänzungsanspruch ein, wenn die vererbende Person zu Lebzeiten (innerhalb von zehn Jahren vor ihrem Tod) Schenkungen gemacht hat.

Das Pflichtteilsrecht ist nicht identisch mit dem Erbrecht. Pflichtteilsberechtigte sind nicht wie Erben am Nachlass beteiligt; ihnen steht nur ein Geldanspruch in Höhe ihres Pflichtteilsanspruchs gegen die Erben zu.

Pflichtteilsberechtigte Personen

Der Kreis der pflichtteilsberechtigten Personen ist gesetzlich festgelegt. Dazu zählen nur die nächsten Familienangehörigen der vererbenden Person, das sind ihre Nachkommen (Kinder, Enkel, Urenkel), auch nicht eheliche und adoptierte Kinder, soweit sie erbberechtigt sind, ihre Eltern und ihr Ehemann oder ihre Ehefrau.

Pflichtteilsberechtigt sind zunächst die Nachkommen der vererbenden Person (§ 2303 Abs. 1 BGB). Entferntere Nachkommen (zum Beispiel Enkel) kommen allerdings nur dann zum Zuge, wenn nähere Nachkommen (zum Beispiel die Tochter) keinen Pflichtteil verlangen kann oder das ihnen Hinterlassene nicht annehmen (§ 2309 BGB).

Auch den Eltern steht ein Pflichtteilsrecht zu. Sie werden aber nur berücksichtigt, wenn kein nach der gesetzlichen Erbfolge vorgehender Nachkomme vorhanden ist, der den Pflichtteil verlangen kann oder das ihm Hinterlassene annimmt (§ 2309 BGB).

BEISPIEL: Die pflichtteilsberechtigten Kinder von A schließen dessen Enkelin B und auch die Eltern des A vom Pflichtteilsrecht aus.

> **§ SO ENTSCHIEDEN DIE GERICHTE:**
> Enterbt ein Großvater nur seinen Sohn und vererbt sein Vermögen anderen Erben, kann dem Enkel ein Pflichtteils- und Pflichtteilsergänzungsanspruch zustehen (OLG Hamm, Az. 10 U 31/17).

Das Pflichtteilsrecht des Ehemanns oder der Ehefrau setzt voraus, dass eine rechtsgültige Ehe besteht. Kein Pflichtteilsrecht hat der Partner oder die Partnerin einer geschiedenen Ehe. Und das Pflichtteilsrecht des länger lebenden Ehemanns oder der länger lebenden Ehefrau ist auch dann ausgeschlossen, wenn zur Zeit des Todes der vererbenden Person die Voraussetzungen für die Scheidung der Ehe gegeben waren und die vererbende Person die Scheidung beantragt oder ihr zugestimmt hatte (§ 1933 BGB).

Nicht pflichtteilsberechtigt sind die entfernteren Verwandten der vererbenden Person, insbesondere ihre Geschwister, Onkel, Tanten, Neffen und Nichten. Auch dem nicht ehelichen Lebenspartner oder der nicht ehelichen Lebenspartnerin steht kein Pflichtteil zu.

Anspruch auf den Pflichtteil

Voraussetzung für den Pflichtteilsanspruch ist immer, dass Pflichtteilsberechtigte von der gesetzlichen Erbfolge ausgeschlossen sind (§ 2303 Abs. 1 BGB). Der Ausschluss vom Erbrecht kann ausdrücklich durch ein Testament oder einen Erbvertrag (Beispiel: „Meine Tochter ___ enterbe ich.") oder stillschweigend erfolgen, wenn der Nachlass erschöpfend anderen Personen zugewendet wird.

Nicht enterbt und damit nicht pflichtteilsberechtigt sind Personen, die auf ihr Erb- und Pflichtteilsrecht verzichtet haben (siehe Seite 33). Entsprechendes gilt grundsätzlich für Personen, die die Erbschaft ausgeschlagen haben; von diesem Grundsatz bestehen allerdings Ausnahmen:

► So kann der länger lebende Ehemann oder die länger lebende Ehefrau die Erbschaft ausschlagen und neben dem realen Ausgleich des Zugewinns den Pflichtteil verlangen (§ 2371 Abs. 2 BGB).

► Wird ein durch Testament oder Erbvertrag zugewendeter Erbteil mit der Vor- oder Nacherbfolge, einer Testamentsvollstreckung, einer Teilungsanordnung, einem Vermächtnis oder einer Auflage belastet und ist das hinterlassene Vermögen höher als der Pflichtteil, so können Pflichtteilsberechtigte die Erbschaft ausschlagen und ihren Pflichtteil verlangen (§ 2306 Abs. 1 BGB). Damit erhält ein Pflichtteilsberechtigter allerdings wertmäßig weniger, als ihm oder ihr nach dem Testament oder dem Erbvertrag zustehen würde.

► Gesetzlich verhindert wird auch der Fall, dass die vererbende Person dem

Pflichtteilsberechtigten ein Vermächtnis anstelle seines Pflichtteils aufdrängt. Sind Pflichtteilsberechtigte mit einem Vermächtnis bedacht, so können sie dieses ausschlagen und den Pflichtteil verlangen (§ 2307 BGB).

Unter Umständen kann es sinnvoll sein, die Erbschaft auszuschlagen und den Pflichtteil geltend zu machen. So muss der eingesetzte Erbe von der vererbenden Person verfügte Einschränkungen (zum Beispiel die Anordnung einer Testamentsvollstreckung) in einem solchen Fall dann nicht gegen sich gelten lassen. Bei Ausschlagung der Anordnung der Vor- und Nacherbfolge erlangen Pflichtteilsberechtigte sofort einen Geldanspruch und müssen nicht den Nacherbfall abwarten. Der länger lebende Ehemann oder die länger lebende Ehefrau kann beim Güterstand der Zugewinngemeinschaft die Erbschaft ausschlagen, den realen Ausgleich des Zugewinns und daneben den Pflichtteil verlangen und sich damit finanziell besserstellen.

GUT ZU WISSEN: Der Pflichtteilsanspruch entsteht mit dem Erbfall. Der Anspruch ist vererblich und übertragbar (§ 2317 BGB).

Höhe des Pflichtteils

Der Pflichtteil beträgt die Hälfte des gesetzlichen Erbteils (§ 2303 Abs. 1 Satz 2 BGB). Er folgt aus der Pflichtteilsquote und dem Wert des Nachlasses zum Zeitpunkt des Erbfalls.

Ermittlung der Pflichtteilsquote

Für die Pflichtteilsquote ist maßgebend, wie hoch der gesetzliche Erbteil desjenigen wäre, der seinen Pflichtteil verlangt. Die Höhe des Erbteils wiederum hängt von der Zahl der gesetzlichen Erben und der Zusammensetzung ab (Einzelheiten der gesetzlichen Erbfolge siehe Seite 42).

Zur Feststellung der Pflichtteilsquote werden nicht nur die tatsächlichen Erbinnen und Erben berücksichtigt. Mitgezählt wird auch, wer wegen Enterbung, Ausschlagung der Erbschaft oder Erbunwürdigkeit nicht Erbe geworden ist. Auch wer auf seinen Pflichtteil verzichtet hat, wird mitgezählt, nicht aber, wer auf seinen Erbteil verzichtet hat.

Die Pflichtteilsquote wird also geringer, je mehr Erbinnen und Erben es gibt. Schließlich hängt die Höhe des Erbteils von der Anzahl der Erben ab, was sich mittelbar dann natürlich auf die Höhe des Pflichtteils auswirkt.

Für Erb- und Pflichtteilsansprüche des länger lebenden Ehemanns oder der länger lebenden Ehefrau sind der eheliche Güterstand und die Anzahl der Miterben maßgebend.

- ▶ Haben die Eheleute im Güterstand der Zugewinngemeinschaft gelebt, so gibt es einen „kleinen" und einen „großen" Pflichtteil. Der große Pflichtteil wird unter Einbeziehung des zusätzlichen pauschalen Viertels aus dem Zugewinnausgleich berechnet. Der kleine Pflichtteil beträgt die Hälfte des gesetzlichen Erbteils des Ehemanns oder der Ehefrau ohne das zusätzliche Viertel. Diesen kleinen Pflichtteil erhält der Ehemann oder die Ehefrau, wenn er beziehungsweise sie die Erbschaft ausschlägt und den realen Ausgleich des Zugewinns verlangt.
- ▶ Beim Güterstand der Gütertrennung erbt der länger lebende Ehemann oder die länger lebende Ehefrau neben einem Kind die Hälfte, neben zwei Kindern ein Drittel und neben mehr als zwei Kindern ein Viertel des Nachlasses. Sein oder ihr Pflichtteil beträgt also bei einem Kind ein Viertel, bei zwei Kindern ein Sechstel und bei mehr als zwei Kindern ein Achtel des Nachlasses. Erben nur Erbinnen und Erben der zweiten Ordnung (zum Beispiel die Eltern des Erblassers) beträgt der Erbteil des länger lebenden Ehemanns oder der länger lebenden Ehefrau die Hälfte des Nachlasses, sein oder ihr Pflichtteil also ein Viertel.

BEISPIEL: A hinterlässt seine vier Kinder B, C, D und E. B hat im Wege der vorweggenommenen Erbfolge bereits ein Baugrundstück erhalten und im Gegenzug auf seinen Erbteil verzichtet. Zu Alleinerben zu jeweils gleichen Teilen sind C und D eingesetzt. C hat allerdings die Erbschaft ausgeschlagen, E wurde im Testament enterbt. Bei der Berechnung des Pflichtteils wird trotz Erbausschlagung C mitgezählt, nicht aber B, der auf seinen Erbteil verzichtet hat. Es bleiben also fiktiv drei Erben, C, D und E, deren Erbteil jeweils ein Drittel des Nachlasses betragen würde. Der Pflichtteil des enterbten E beträgt also ein Sechstel, die Hälfte seines gesetzlichen Erbteils von einem Drittel.

Ermittlung des Nachlasswerts

Die Höhe des Pflichtteils hängt zum einen davon ab, wie viele Personen neben den Pflichtteilsberechtigten erbberechtigt sind (siehe oben), zum anderen ist der Wert des Nachlasses maßgebend. Außerdem ist zwischen Aktiv- und Passivnachlass zu unterscheiden.

Zum Aktivnachlass gehören alle vermögensrechtlichen Positionen der vererbenden Person. In Betracht kommen Bargeld, Guthaben auf Girokonten, Sparkonten und Sparverträgen, Wertpapiere, Darlehensforderungen, Beteiligungen an Personen- und Kapitalgesellschaften, Hausratsgegenstände, Grundstücke, Eigentumswohnungen, Erbbaurechte, Kraftfahrzeuge, Urheber- und Patentrechte.

GUT ZU WISSEN: Beachten Sie, dass sich der Nachlass zum Zeitpunkt des Erbfalls noch dadurch erhöht, dass von Ihnen vorgenommene Schenkungen in den letzten zehn Jahren vor Ihrem Tod dem Nachlass hinzugerechnet werden. In diesem Fall entsteht der sogenannte Pflichtteilsergänzungsanspruch (siehe Seite 146).

Nicht zum Aktivnachlass gehören insbesondere laufende Forderungen auf Gehalt oder Rente, Gegenstände, die zum Voraus des Ehemanns oder der Ehefrau zählen (siehe Seite 53), gemietete und geleaste Gegenstände, Lebensversicherungen, die über eine Bezugsberechtigung außerhalb des Nachlasses an eine Person übergehen, Vermögensrechte, die mit dem Tod des Erblassers enden (zum Beispiel Nießbrauch, Wohnrecht).

Vom Aktivnachlass sind Schulden der vererbenden Person abzuziehen, die diese zum Zeitpunkt des Erbfalls hinterlässt. Nach dem Erbfall entstehende Schulden sind abzugsfähig, wenn sie rechtlich auf den Erbfall zurückzuführen sind.

Zum Passivnachlass gehören unter anderem Darlehensschulden. Darüber hinaus zählen hierzu Unterhaltsansprüche, die nicht mit dem Tod der vererbenden Person erlöschen, die Zugewinnausgleichsforderung des länger lebenden Ehemanns oder der länger lebenden Ehefrau, Beerdigungskosten, Anwalts- und Gerichtskosten, soweit sie mit dem Erbfall zusammenhängen, Kosten der Nachlassverwaltung und -sicherung, Steuerschulden des Erblassers, der Kapitalwert eines Nießbrauchs

oder Wohnrechts sowie Rückforderungsansprüche des Sozialhilfeträgers.

Nicht abzugsfähig sind unter anderem Pflichtteils- und Pflichtteilsergänzungsansprüche, Kosten der Erbschaftsteuererklärung, Erbschaftsteuer, Vermächtnisse, Auflagen, Kosten der laufenden Grabpflege sowie Kosten der Testamentsvollstreckung, wenn diese dem Pflichtteilsberechtigten keinen Vorteil bringen.

Der Pflichtteil richtet sich nach dem Wert des Nachlasses. Pflichtteilsberechtigte sind wirtschaftlich so zu stellen, als sei der Nachlass beim Tod der vererbenden Person in Geld umgesetzt worden.

Der Zeitpunkt des Erbfalls ist entscheidend für die Wertermittlung. Nachträgliche Wertsteigerungen oder -minderungen müssen außer Betracht bleiben. Für Bankguthaben ist der Wert zum Zeitpunkt des Erbfalls einschließlich Zinsen maßgebend. Für Wertpapiere ist der mittlere Tageskurs anzusetzen. Der Wert von Kraftfahrzeugen ist durch ein Sachverständigengutachten oder über die Schwacke-Liste zu ermitteln.

GUT ZU WISSEN: Maßgebend bei der Bewertung ist also grundsätzlich der Verkaufswert (Verkehrswert) des jeweiligen Nachlassgegenstands. Eine von der vererbenden Person getroffene Wertbestimmung ist nicht maßgebend.

Schwierigkeiten bereitet häufig die Bewertung von Haushaltsgegenständen, Möbeln, technischen Geräten und Kleidungsstücken. Sie sind meist nur schwer verkäuflich. Ihr Wert ist durch Schätzung zu ermitteln, wenn die Sachverständigenkosten in einem angemessenen Verhältnis zum Wert der Nachlassgegenstände stehen.

Für die Bewertung von Immobilien gelten folgende Grundsätze:

- Unbebaute Grundstücke sind nach dem Wert gleichwertiger Grundstücke zu bewerten. Maßgebend sind insbesondere die von den Städten und Gemeinden geführten Kaufpreissammlungen und die darauf abgestellten Bodenrichtwerte.
- Für das selbst genutzte Ein- oder Zweifamilienhaus und die selbst genutzte Eigentumswohnung ist das Sachwertverfahren maßgebend. Der Sachwert richtet sich nach dem Bodenwert und den Herstellungskosten. Wertmindernde Umstände wie Reparaturstau, das Alter oder Bauschäden sind zu berücksichtigen.
- Fremdgenutzte Immobilien werden nach dem Ertragswertverfahren bewertet, das auf den jährlichen Reinertrag der Immobilie abstellt.

Restpflichtteil

Einem Pflichtteilsberechtigten steht der sogenannte Restpflichtteil zu, wenn ihm oder ihr ein Erbteil hinterlassen ist, der unter dem Pflichtteil liegt. Die vererbende Person darf also ihren pflichtteilsberechtigten Erben nicht schlechterstellen als einen pflichtteilsberechtigten Enterbten. In diesem Fall hat der Pflichtteilsberechtigte einen Anspruch darauf, dass ihm oder ihr der Restpflichtteil in Höhe der Differenz zwischen dem Erbe und dem ordentlichen Pflichtteil ausgezahlt wird.

Pflichtteil bei Anrechnung von Zuwendungen zu Lebzeiten

Pflichtteilsberechtigte müssen sich auf den Pflichtteil anrechnen lassen, was ihnen von der vererbenden Person durch Rechtsgeschäft unter Lebenden mit der Bestimmung zugewendet worden ist, dass es auf den Pflichtteil angerechnet werden soll (§ 2315 Abs. 1 BGB). In Betracht kommen nur freiwillige lebzeitige Zuwendungen, insbesondere Schenkungen. Maßgeblich für die Berechnung des sogenannten Anrechnungspflichtteils ist, was die Schenkung zur Zeit ihrer Zuwendung wert war. Spätere Werterhöhungen oder -minderungen sind unerheblich. Der Wert der Zuwendung wird dem Nachlass zugerechnet (§ 2315 Abs. 2 BGB).

BEISPIEL: Der verwitwete A hat seinem Sohn B einen Bauplatz mit der Bestimmung geschenkt, dass er sich den Wert der Zuwendung von 100.000 Euro auf seinen Pflichtteil anrechnen lassen muss. A hat seinen Sohn C als Alleinerben eingesetzt und 300.000 Euro hinterlassen. Der Pflichtteil von B berechnet sich wie folgt:

Nachlass	300.000 Euro
+ Anrechnung	100.000 Euro
= Anrechnungsnachlass	400.000 Euro
Pflichtteilsquote ¼ =	100.000 Euro
- anzurechnende Zuwendung	100.000 Euro
Pflichtteilsanspruch	0 Euro

Pflichtteilsergänzung bei Schenkungen der vererbenden Person

Eine vererbende Person darf den Pflichtteilsanspruch ihrer nächsten Familienangehörigen nicht dadurch mindern, dass sie Teile ihres Vermögens durch Schenkungen zu Lebzeiten an andere Personen überträgt. Ob mit der Schenkung beabsichtigt wird, Pflichtteilsansprüche zu mindern, ist dabei ohne Bedeutung.

DAS IST WICHTIG: Wurde einem Dritten eine Schenkung gemacht, so kann der Pflichtteilsberechtigte den sogenannten Ergänzungspflichtteil verlangen. Das ist der Betrag, um den sich der Pflichtteil erhöht, wenn der Wert des Geschenks dem tatsächlichen Nachlass fiktiv zugerechnet wird (§ 2325 BGB).

Macht die vererbende Person vor ihrem Tod anderen Personen Geschenke, kann dies zu Ansprüchen auf Ergänzung des Pflichtteils gegen den Erben oder den Beschenkten führen. Durch diesen Anspruch wird ein Pflichtteilsberechtigter so gestellt, als ob die Schenkung nicht erfolgt und damit das Vermögen der vererbenden Person durch die Schenkung nicht verringert worden wäre.

Nach § 2325 Abs. 3 BGB findet eine Schenkung für die Berechnung des Ergänzungsanspruchs graduell immer weniger Berücksichtigung, je länger sie zurückliegt: Eine Schenkung im ersten Jahr vor dem Erbfall wird demnach voll in die Berechnung einbezogen, im zweiten Jahr wird sie jedoch nur noch zu 9/10, im dritten Jahr zu 8/10 und dann weiter absteigend berücksichtigt. Sind zehn Jahre seit der Leistung des verschenkten Gegenstands verstrichen, bleibt die Schenkung unberücksichtigt.

BEISPIEL: A hat sechs Jahre vor ihrem Tod ihrer Freundin B 50.000 Euro geschenkt. Dieser Betrag wird nicht in voller Höhe für die Berechnung des Ergänzungspflichtteils herangezogen, sondern nur zu 40 Prozent (10 Prozent Abzug pro Jahr), also 15.000 Euro. Dieser Betrag ist dem Nachlass von A hinzuzufügen.

Schenkung

Gesetzlich geschützt werden Pflichtteilsberechtigte nur gegen lebzeitige Schenkungen des Erblassers. Eine Zuwendung, durch die jemand aus seinem Vermögen einen anderen bereichert, ist Schenkung, wenn beide Teile darüber einig sind, dass die Zuwendung unentgeltlich ist.

§ **SO ENTSCHIEDEN DIE GERICHTE:**
Der Pflichtteilsanspruch von Nachkommen setzt nicht voraus, dass diese auch schon zum Zeitpunkt der Schenkung pflichtteilsberechtigt waren. Im Gegensatz zu seiner früheren Rechtsprechung entschied der Bundesgerichtshof (Az. IV ZR 250/11), dass ein Anspruch auch dann besteht, wenn die Schenkung bereits vor der Geburt der Nachkommen beschlossen wurde.

Problematisch ist die Einordnung von Zuwendungen unter Eheleuten, wenn diese, was im Allgemeinen der Fall ist, keine vertraglichen Festlegungen getroffen haben. So zum Beispiel, wenn jemand aus seinem Vermögen eine Eigentumswohnung kauft und den Ehemann oder die Ehefrau als Miteigentümer ins Grundbuch eintragen lässt. Solche ehebedingten Zuwendungen sind zwar unter den Eheleuten nicht als Schenkung anzusehen, werden aber erbrechtlich wie Schenkungen behandelt, wenn sie nicht der Unterhalts- oder Alterssicherung dienen.

Keine Pflichtteilsergänzungsansprüche begründen unter anderem Unterhaltsleistungen, die Gewährung eines zinslosen Darlehens, die unentgeltliche Überlassung einer Wohnung und Schenkungen, „durch die einer sittlichen Pflicht oder auf den Anstand zu nehmenden Rücksicht entsprochen wird", wie zum Beispiel Weihnachts- und Geburtstagsgeschenke (§ 2330 BGB). Ergänzungspflicht besteht allerdings bei übermäßig hohen Schenkungen, die nicht den Einkommens- und Vermögensverhältnissen der Beteiligten entsprechen.

Berechnung

Bei der Berechnung des Ergänzungspflichtteils wird der Wert des Geschenks dem realen Nachlass hinzugerechnet.

▶ Verbrauchbare Sachen (zum Beispiel Geld, Wertpapiere) werden mit dem Betrag angesetzt, den sie zur Zeit der Schenkung hatten.

- Nicht verbrauchbare Sachen (zum Beispiel Grundstücke, Kraftfahrzeuge, Kunstgegenstände, Möbel, Schmuck) werden mit dem Wert angesetzt, den sie zum Zeitpunkt des Erbfalls haben. Hat der geschenkte Gegenstand nach der Schenkung beachtlich an Wert gewonnen, so wird der niedrigere Wert angesetzt.

GUT ZU WISSEN: Im Einzelfall kann die Bewertung des Geschenks recht schwierig sein. Wenn sich die Beteiligten nicht einvernehmlich auf einen Wert einigen können, muss fachlicher Rat eingeholt werden.

Von dem rechnerisch erhöhten Nachlass wird der Gesamtnachlass entsprechend der Pflichtteilsquote errechnet. Von diesem ist der ordentliche Pflichtteil abzuziehen, der ohne den Wert des Geschenks berechnet wird. Daraus ergibt sich der Ergänzungspflichtteil.

BEISPIEL: A hinterlässt ihre Kinder F und D. Im Testament ist F als Alleinerbe eingesetzt und D damit enterbt. Das hinterlassene Vermögen beträgt 200.000 Euro.
D hätte als gesetzlicher Erbe die Hälfte des Nachlasses, also 100.000 Euro zugestanden; sein Pflichtteil beträgt die Hälfte des gesetzlichen Erbteils, also ein Viertel des Nachlasses (= 50.000 Euro).
Sieben Jahre vor seinem Tod hat A ihrem Freund B 50.000 Euro geschenkt. Dieser Betrag wird aber nicht in voller Höhe für die Berechnung des Ergänzungspflichtteils herangezogen, sondern nur zu 30 Prozent (10 Prozent Abzug für jedes Jahr), also 15.000 Euro. Dieser Betrag ist dem Nachlass von 200.000 Euro hinzuzufügen.
Der Berechnungsnachlass beträgt dann 215.000 Euro, der gesetzliche Erbteil beträgt 107.500 Euro, der Gesamtpflichtteil 53.750 Euro (50.000 Euro ordentlicher Pflichtteil + 3.750 Euro Ergänzungspflichtteil).

Berechtigte und Verpflichtete

Die Ergänzung des Pflichtteils kann nur verlangen, wer pflichtteilsberechtigt ist. Und als weitere Voraussetzung gilt, dass die vererbende Person dem Berechtigten weniger hinterlassen hat, als dessen Pflichtteil ausmachen würde, wenn man den Nachlass rechnerisch um den Wert des verschenkten Gegenstands vermehren würde.

- Pflichtteilsberechtigte können die Ergänzung des Pflichtteils auch dann verlangen, wenn ihnen die Hälfte des gesetzlichen Erbteils hinterlassen ist. Wurde einem Pflichtteilsberechtigten mehr als die Hälfte des gesetzlichen Erbteils hinterlassen, so ist der Pflichtteilsergänzungsanspruch ausgeschlossen, soweit der Wert des mehr hinterlassenen Vermögens dem Pflichtteil entspricht (§ 2326 BGB).

▶ Hat die vererbende Person dem Pflichtteilsberechtigten weniger als die Hälfte des Erbteils hinterlassen, so kann sie den Pflichtteilsrestanspruch und bei pflichtteilserhöhenden Schenkungen den Pflichtteilsergänzungsanspruch geltend machen.

Schuldner des Ergänzungsanspruchs sind grundsätzlich der oder die Erben. Die von der vererbenden Person vorgenommene Schenkung bleibt wirksam.

> § **SO ENTSCHIEDEN DIE GERICHTE:**
> Pflichtteilsansprüche stellen keine „sonstigen Einkünfte" dar und unterliegen daher nicht dem Pfändungsschutz durch § 850 i ZPO (BGH, Az. IX ZB 69/15).

Ist eine beschenkte Erbin selbst pflichtteilsberechtigt, kann sie die Ergänzung des Pflichtteils verweigern, wenn dadurch ihr eigener Pflichtteils- oder Pflichtteilsergänzungsanspruch vermindert würde. In diesem Fall kann die schenkende Person von der Beschenkten die Herausgabe des Geschenks verlangen. Allerdings kann die Beschenkte die Herausgabe des Geschenks abwenden, indem sie der Berechtigten den zum vollen Pflichtteil fehlenden Betrag zahlt (§§ 2328, 2329 BGB).

Vermeidung und Beschränkung von Pflichtteilsansprüchen

Pflichtteilsansprüche entstehen nicht, wenn die vererbende Person dem Pflichtteilsberechtigten den Pflichtteil durch Testament oder Erbvertrag entzogen oder wenn der Pflichtteilsberechtigte auf seinen Pflichtteil verzichtet hat. Die Beschränkung des Pflichtteils ist möglich, wenn der spätere Erwerb der Erbschaft durch Verschwendungssucht oder durch erhebliche Verschuldung des erbenden Nachkommen gefährdet ist. Aber auch durch besondere Gestaltungen können Pflichtteilsansprüche vermindert werden.

Durch Anordnung der Vor- und Nacherbfolge können Pflichtteilsansprüche verkürzt werden (Einzelheiten siehe Seite 106).

Entziehung des Pflichtteils

Den nächsten Familienangehörigen, das heißt dem länger lebenden Ehemann oder der länger lebenden Ehefrau, den Nachkommen (Kinder, Enkel, Urenkel) und den Eltern der vererbenden Person steht in Form des Pflichtteils eine grundsätzlich unentziehbare und bedarfsunabhängige Mindestbeteiligung am Nachlass zu. Die Enterbung eines Pflichtteilsberechtigten hat also zwangsläufig zur Folge, dass diese ihren Pflichtteil von den Erben verlangen können. Von diesem Grundsatz bestehen allerdings Ausnahmen. Gesetzlich ist im Einzelnen festgelegt, unter welchen Voraussetzungen vererbende Personen einer oder einem Berechtigten den Pflichtteil entziehen können. Dabei handelt es sich um eine Aufzählung von Sachverhalten, die ein außergewöhnlich schwerwiegendes Fehlverhalten gegenüber der vererbenden Person darstellen, sodass es für sie unzumutbar wird, diese Person gegen ihren Willen über den Pflichtteil an seinem Nachlass teilhaben zu lassen.

Die Entziehung des Pflichtteils kann nur durch ein Testament oder einen Erbvertrag erfolgen. Die vererbende Person muss die betreffende Person bezeichnen und den Entziehungsgrund angeben. Der Grund der Entziehung muss zur Zeit der Errichtung der Verfügung von Todes wegen bestehen und in der Verfügung angegeben werden. Die Entziehung des Pflichtteils ist unwirksam, wenn der Grund der Entziehung nicht angegeben, falsch oder nicht nachweisbar ist.

> **GUT ZU WISSEN:** Umstände und Details des Fehlverhaltens müssen zwar nicht zwingend beschrieben werden, aber es muss hinreichend erkennbar gemacht sein, auf welche Verfehlungen sich die Entziehung des Pflichtteils stützt. Die bloße Wiederholung des Gesetzeswortlauts reicht nicht.

Soll der oder dem Pflichtteilsberechtigten der Pflichtteil entzogen werden, so muss der Grund dafür im Testament oder im Erbvertrag konkret dargelegt werden. Eine allgemeine Feststellung, dass der Pflichtteil zum Beispiel wegen des „Lebenswandels" des Soh-

nes oder wegen durch ihn zugefügter „psychischer Qualen" entzogen wird, reicht nicht aus.

Die vererbende Person kann einem Nachkommen nach § 2333 Abs. 1 BGB den Pflichtteil entziehen, wenn dieser

1. der vererbenden Person, deren Ehemann oder Ehefrau, einem anderen Nachkommen oder einem der vererbenden Person nahestehenden Menschen nach dem Leben trachtet,

2. sich eines Verbrechens oder eines schweren vorsätzlichen Vergehens gegen eine der oben genannten Personen schuldig macht,

3. die ihm oder ihr obliegende gesetzliche Unterhaltspflicht gegenüber der vererbenden Person böswillig verletzt oder

4. wegen einer vorsätzlichen Straftat zu einer Freiheitsstrafe von mindestens einem Jahr ohne Bewährung rechtskräftig verurteilt wird und die Teilhabe des Nachkommens am Nachlass deshalb für die vererbende Person unzumutbar ist. Gleiches gilt, wenn die Unterbringung des Nachkommens in einem psychiatrischen Krankenhaus oder in einer Entziehungsanstalt wegen einer ähnlich schwerwiegenden vorsätzlichen Tat rechtskräftig angeordnet wird.

§ SO ENTSCHIEDEN DIE GERICHTE:

Da Unterhalt nur als Geldbetrag geschuldet wird, kann die Pflichtteilsentziehung nach § 2333 Abs. 1 Nr. 3 BGB nicht auf die Versagung persönlicher Pflege im Krankheitsfall gestützt werden (OLG Frankfurt a. M., Az. 15 U 61/12).

Um den Pflichtteil aus unter Punkt 4 genannten Gründen entziehen zu können, muss die Tat begangen sein und der Grund für die Unzumutbarkeit vorliegen, bevor das Testament erstellt wird. Beides muss in der Verfügung angegeben werden (§ 2336 BGB).

Die oben genannten Gründe gelten entsprechend, wenn der Pflichtteil Eltern oder dem Ehemann beziehungsweise der Ehefrau entzogen werden soll.

SO MACHEN SIE ES RICHTIG:
Entziehung des Pflichtteils

Hiermit enterbe ich meinen Sohn _____ und entziehe ihm den Pflichtteil aus folgenden Gründen:

Mein Sohn hatte in der Vergangenheit wiederholt finanzielle Schwierigkeiten. Ich habe ihn, so gut es ging, finanziell unterstützt. Am _____ hat er mich zum wiederholten Male um einen größeren Geldbetrag gebeten. Weil ich finanziell nicht in der Lage war, ihm zu helfen, kam es zu einer handgreiflichen Auseinandersetzung. Mein Sohn hat mehrmals auf mich eingeschlagen und mich getreten. Ich erlitt einen Nasenbeinbruch und schwere Rippenprellungen. Das Attest meines Arztes vom _____ ist in der Anlage beigefügt. Ich entbinde ihn ausdrücklich von der ärztlichen Schweigepflicht. Ferner steht meine Tochter _____ als Zeugin zur Verfügung.

Pflichtteilsverzicht

Pflichtteilsberechtigte Personen können, ebenso wie die gesetzlichen Erben auf ihr Erbrecht, durch Vertrag mit der vererbenden Person auf ihren Pflichtteil verzichten. Es gelten im Wesentlichen die Ausführungen zum Erbverzicht (siehe Seite 33).

Der Pflichtteilsverzichtsvertrag kann nur mit Einverständnis der oder des Pflichtteilsberechtigten geschlossen werden. Er muss notariell beurkundet werden (§ 2348 BGB). Die notarielle Beurkundung kann auch mit anderen Verträgen (zum Beispiel dem Erbvertrag) verbunden werden.

Der Verzicht auf das gesetzliche Erbrecht umfasst automatisch auch das Pflichtteilsrecht (§ 2346 Abs. 1 BGB). Allerdings kann der Verzichtsvertrag allein auf das Pflichtteilsrecht beschränkt werden. Der Pflichtteilsverzichtsvertrag umfasst automatisch auch den Verzicht auf den Pflichtteilsrestanspruch und den Pflichtteilsergänzungsanspruch. Der Pflichtteilsverzicht erstreckt sich im Zweifel automatisch auf die Nachkommen des Verzichtenden, soweit ein Abkömmling oder ein Seitenverwandter des Erblassers verzichtet.

Häufig erfolgt ein Erb- und Pflichtteilsverzicht als Gegenleistung für Zuwendungen mittels vorweggenommener Erbfolge. In diesem Fall ist eine vertragliche Festlegung sinnvoll, dass der Verzicht unwirksam ist, wenn die Gegenleistung nicht voll erbracht wird (siehe Musterformulierung auf Seite 33).

Beschränkung des Pflichtteils in guter Absicht

Durch die Pflichtteilsbeschränkung in guter Absicht ermöglicht es der Gesetzgeber, das Familienvermögen für die Nachkommen auch dann zu erhalten, wenn Kinder zur Verschwendung neigen oder verschuldet sind.

Sie als vererbende Person können Nachkommen (Kinder, Enkel, Urenkel) den Pflichtteil beschränken, wenn diese sich in einem solchen Maß verschwenderisch leben oder in einem solchen Maß überschuldet sind, dass ihr späterer Erwerb gefährdet wird (§ 2338 Abs. 1 BGB). Wenn also zu erwarten ist, dass der Erwerb durch Gläubiger der Nachkommen gepfändet oder durch die Nachkommen selbst vergeudet wird und auf diese Weise verloren geht, können Sie die „gut gemeinte" Pflichtteilsbeschränkung vornehmen.

▶ Von Verschwendungssucht ist auszugehen, wenn Betroffene durch ihre Lebensweise ihr Vermögen zweck- und nutzlos vergeuden.

▶ Überschuldung liegt vor, wenn die Verbindlichkeiten das Aktivvermögen übersteigen.

➡ **GUT ZU WISSEN:** Als vererbende Person sollten Sie alle Informationen, die eine Überschuldung oder die Verschwendungssucht belegen, dokumentieren. Der Grund der Beschränkung muss bei Errichtung der Verfügung von Todes wegen bestehen und beim Erbfall vorliegen.

Die Pflichtteilsbeschränkung in guter Absicht kann nur durch ein Testament oder einen Erbvertrag angeordnet werden. In der Verfügung muss der Grund der Beschränkung ausdrücklich angegeben sein.

Die genannten Gründe berechtigen Sie nicht zur Kürzung des Pflichtteils, sondern nur zu bestimmten Beschränkungen, nämlich der Anordnung der Vor- und Nacherbfolge oder der Dauertestamentsvollstreckung, die auch nebeneinander angewendet werden können.

▶ Die vererbende Person kann ihre pflichtteilsberechtigten Nachkommen nur zum Vorerben einsetzen und bestimmen, dass nach deren Tod deren gesetzliche Erben das ihm Hinterlassene oder den ihm gebührenden Pflichtteil als Nacherben oder als Vermächtnisnehmer nach dem Verhältnis ihrer gesetzlichen Erbteile erhalten sollen. Damit wird die Vorerbschaft vor dem Zugriff der Gläubiger der Nachkommen geschützt. Erträge der Erbschaft können nur gepfändet werden, soweit sie pfändbar sind.

▶ Die vererbende Person kann die Verwaltung des Pflichtteils für die Lebenszeit der Nachkommen einem Testamentsvollstrecker übertragen. In diesem Fall haben die Nachkommen Anspruch auf den Reinertrag. Damit wird den Nachkommen das Verfügungsrecht unter Lebenden und dessen Gläubigern der Zugriff auf den Nachlass entzogen.

➡ **GUT ZU WISSEN:** Durch Kombination der Nacherbschaft mit der Verwaltungstestamentsvollstreckung erreichen Sie den maximalen Schutz Ihres Familienvermögens.

> **SO MACHEN SIE ES RICHTIG:**
> **Pflichtteilsbeschränkung in guter Absicht**
> *Zu meinen Erben bestimme ich meine Kinder _____ und _____ jeweils zu gleichen Teilen. Mein Sohn _____ erhält seinen Erbteil jedoch nur als Vorerbe. Nacherbe sind seine gesetzlichen Erben. Der Nacherbfall tritt mit dem Tod des Vorerben ein.*
> *Sollte mein Sohn _____ die Erbschaft ausschlagen und seinen Pflichtteil verlangen, so soll dieser ebenfalls den gleichen Beschränkungen unterliegen. Diese Beschränkungen habe ich angeordnet, weil der spätere Erwerb durch eine erhebliche Überschuldung meines Sohnes gefährdet ist. Mein Sohn hat Verbindlichkeiten von mindestens _____ Euro. Er ist spielsüchtig und deshalb überschuldet.*
> *Für die Zeit der Vorerbschaft ordne ich Testamentsvollstreckung an. Der Testamentsvollstrecker hat die Aufgabe, den Erbteil zu verwalten und den jährlichen Reinertrag des Erbteils an meinen Sohn auszuzahlen. Zum Testamentsvollstrecker bestimme ich _____, ersatzweise für den Fall, dass der Testamentsvollstrecker vor oder nach dem Amtsantritt wegfällt, _____.*

Die im Testament oder im Erbvertrag verfügte Beschränkung ist unwirksam, wenn sich der Nachkomme zur Zeit des Erbfalls dauernd vom verschwenderischen Leben abgewendet hat oder die Überschuldung, die für die Anordnung der Beschränkung ausschlaggebend war, nicht mehr besteht (§ 2338 Abs. 2 Satz 1 BGB).

ZUSAMMENGEFASST – DAS IST WICHTIG:

Der Pflichtteil sichert bestimmten Erben eine Mindestbeteiligung am Nachlass der vererbenden Person. Er beträgt die Hälfte des gesetzlichen Erbteils. Der Pflichtteilsanspruch ist ein Geldanspruch, der sich gegen die Erben des Verstorbenen richtet.

Pflichtteilsberechtigt sind nur die nächsten Familienangehörigen des Erblassers. Dazu gehören seine Nachkommen (Kinder, Enkel, Urenkel), seine Eltern und der länger lebende Ehemann oder die länger lebende Ehefrau beziehungsweise eingetragener Lebenspartner und Lebenspartnerin. Auch nicht eheliche und adoptierte Kinder sind pflichtteilsberechtigt, soweit sie erbberechtigt sind.

Voraussetzung für den Pflichtteilsanspruch ist immer, dass die Pflichtteilsberechtigten von der gesetzlichen Erbfolge ausgeschlossen sind. Wurde den Pflichtteilsberechtigten ein Erbteil hinterlassen, der unter ihrem Pflichtteil liegt, steht ihnen der sogenannte Restpflichtteil zu.

Der Pflichtteilsanspruch der nächsten Familienangehörigen kann nicht dadurch gemindert werden, dass die vererbende Person Teile ihres Vermögens durch Schenkungen zu Lebzeiten an andere Personen überträgt. Deshalb werden Schenkungen, die der Erblasser in den letzten zehn Jahren gemacht hat, dem Nachlass hinzugerechnet und erhöhen damit den Pflichtteilsanspruch der Pflichtteilsberechtigten.

Nur bei einem außerordentlich schwerwiegenden Fehlverhalten gegenüber der vererbenden Person kann der oder dem Pflichtteilsberechtigten der Pflichtteil entzogen werden. Die Entziehung des Pflichtteils kann nur durch ein Testament oder einen Erbvertrag erfolgen.

Pflichtteilsberechtigte können durch Vertrag mit der vererbenden Person auf ihren Pflichtteil verzichten. Die Vereinbarung ist nur wirksam, wenn sie notariell beurkundet wird.

7 ERBSCHAFTS-STEUER

Welche steuerlichen Gesichtspunkte zu beachten sind

Steuerliche Erwägungen sollten bei der Vermögensübertragung zwar eine Rolle spielen, aber nicht zentraler Beweggrund sein. Denn in den meisten Fällen dürfte die Erbschaft- und Schenkungsteuer ohnehin keine nennenswerte Bedeutung haben. Wegen der hohen Freibeträge für den länger lebenden Ehemann, die länger lebende Ehefrau und für die Kinder werden steuerliche Gesichtspunkte im Regelfall deshalb nur eine Rolle spielen, wenn Sie als vererbende bzw. schenkende Person wohlhabend sind.

IN DIESEM KAPITEL ERFAHREN SIE,

welche Zuwendungen steuerpflichtig sind ■ **Seite 158**

welche Steuerfreibeträge gelten ■ **Seite 164**

für welche Zuwendungen keine Steuer anfällt ■ **Seite 159**

wann die Steuer fällig ist ■ **Seite 145**

wie die Erbschaft- und Schenkungsteuer berechnet wird ■ **Seite 163**

wer die Steuer schuldet ■ **Seite 167**

Steuerpflichtige Zuwendungen

Der Erbschaft- und Schenkungsteuer unterliegen insbesondere der Erwerb von Todes wegen und die Schenkungen unter Lebenden. Grundlage der Besteuerung ist das Schenkung- und Erbschaftsteuergesetz (ErbStG).

Zuwendungen von Todes wegen

Als Erwerb von Todes wegen gelten nach § 3 Abs. 1 ErbStG

- der Erwerb durch Anfall der Erbschaft,
- der Erwerb durch Schenkung auf den Todesfall,
- der Erwerb durch Vermächtnis,
- der Erwerb durch geltend gemachte Pflichtteils- und Pflichtteilsergänzungsansprüche,
- jeder Vermögensvorteil, der aufgrund eines von der vererbenden Person geschlossenen Vertrags bei deren Tod von einem Dritten unmittelbar erworben wird (zum Beispiel Renten aus einer privaten Rentenversicherung).

Als von der vererbenden Person zugewendet gelten nach § 3 Abs. 2 ErbStG unter anderem auch

- der Vermögensübergang auf eine von der vererbenden Person angeordnete Stiftung,

- der Erwerb aus der Vollziehung einer von der vererbenden Person angeordneten Auflage,
- eine Abfindung für den Verzicht auf den entstandenen Pflichtteilsanspruch,
- eine Abfindung für die Ausschlagung einer Erbschaft, eines Erbersatzanspruchs oder eines Vermächtnisses,
- was ein Vertragserbe aufgrund beeinträchtigender Schenkungen des Erblassers vom Beschenkten erhält.

→ **GUT ZU WISSEN:** Nicht als Erwerb von Todes wegen gilt der güterrechtliche Zugewinnausgleichsanspruch. Die Zugewinnausgleichsforderung des länger lebenden Ehemanns oder der länger lebenden Ehefrau ist in diesem Fall in voller Höhe steuerfrei.

Endet eine Zugewinngemeinschaft durch den Tod des Ehemanns oder der Ehefrau, kann der Zugewinn entweder nach der erbrechtlichen oder nach der güterrechtlichen Lösung ausgeglichen werden. Bei der erbrechtlichen Lösung erhält der länger lebende Ehemann oder die länger lebende Ehefrau neben dem gesetzlichen Erbteil einen pauschalen Ausgleich des Zugewinns in Höhe eines Viertels des betreffenden Erbteils. Bei der güterrechtlichen Lösung erfolgt die konkrete Berechnung des Zugewinns, der sich aus der Differenz des Anfangsvermögens bei Beginn der Ehe und des Endvermögens zum Todeszeitpunkt des Ehemanns oder der Ehefrau ergibt.

Bei der erbrechtlichen Lösung mit der pauschalen Erhöhung des Erbteils um ein Viertel bleibt nur der Betrag steuerfrei, den der länger lebende Ehemann oder die länger lebende Ehefrau bei der güterrechtlichen Abwicklung der Zugewinngemeinschaft tatsächlich als Ausgleich hätte verlangen können (§ 5 ErbStG). Deshalb muss zunächst fiktiv die Zugewinnausgleichsforderung, das heißt die Differenz zwischen Anfangs- und Endvermögen, ermittelt werden. Anfangs- und Endvermögen sind nach Verkehrswerten zu berechnen. Die so ermittelte Ausgleichsforderung ist in dem Umfang steuerrechtlich unberücksichtigt, in dem der Verkehrswert des Nachlasses zu seinem Steuerwert steht.

→ **DAS IST WICHTIG:** Vorsicht ist geboten, weil es bei der erbrechtlichen Lösung unter Umständen erbschaftsteuerlich kritisch werden kann, wenn der verstorbene Ehemann oder die verstorbene Ehefrau während der Ehe nahezu den gesamten Zugewinn erzielt hat. Wegen der recht komplizierten Berechnung wird empfohlen, eine Steuerberaterin oder einen Steuerberater einzuschalten.

Wird der Zugewinnausgleich nach der güterrechtlichen Lösung berechnet, unterliegt er nicht der Erbschaftsteuer. Der Zugewinnausgleich in pauschalierter Form, also durch Erhöhung des gesetzlichen Erbteils pauschal um ein Viertel des Erbteils (erbrechtliche Lösung), wird dagegen nicht von der Erbschaftsteuer freigestellt. Steuerfrei bleibt allerdings der Betrag, den der länger lebende Ehemann oder die länger lebende Ehefrau als Ausgleichsforderung nach der güterrechtlichen Lösung hätte geltend machen können.

Zuwendungen unter Lebenden

Als Schenkungen unter Lebenden gelten nach § 7 ErbStG unter anderem

- ▶ jede freigiebige Zuwendung unter Lebenden, soweit Begünstigte durch sie auf Kosten der oder des Zuwendenden bereichert wird,
- ▶ Schenkungen durch Vollziehung einer Auflage oder Erfüllung einer Bedingung,
- ▶ die Bereicherung, die ein Ehemann oder eine Ehefrau bei Vereinbarung einer Gütergemeinschaft erfährt,
- ▶ eine Abfindung für einen Erb- und/oder Pflichtteilsverzicht,
- ▶ eine Abfindung für den vorzeitigen Erbausgleich.

Steuerfreie Zuwendungen

Bestimmte Vermögenswerte können steuerfrei auf eine andere Person übertragen werden. Bei der Vermögensübertragung fällt dann keine Erbschaft- und Schenkungsteuer an. In Betracht kommen Zuwendungen sowohl durch Verfügungen von Todes wegen als auch unter Lebenden.

Ein Freibetrag von 41.000 Euro steht Personen der Steuerklasse I (siehe Seite 163) für Hausratgegenstände (zum Beispiel Wohnungseinrichtung, Geschirr, Fernseher, Videorekorder), Wäsche und Kleidungsstücke zu. 12.000 Euro beträgt der Freibetrag für diese Personen für andere körperliche Gegenstände (zum Beispiel für das privat genutzte Kraftfahrzeug, Schmuck). Für Personen der Steuerklassen II und III (siehe Seite 163) beträgt der Steuerfreibetrag für Hausrat und andere körperliche Gegenstände einheitlich 12.000 Euro. Die Befreiung gilt unter anderem nicht für Zahlungsmittel, Wertpapiere, Münzen und Edelsteine (§ 13 Abs. 1 Nr. 1 ErbStG).

DAS IST WICHTIG: Steuerfrei sind Zuwendungen unter Lebenden, mit denen ein Ehemann oder eine Ehefrau dem anderen Eigentum oder Miteigentum an einem im Inland gelegenen, zu eigenen Wohnzwecken genutzten Haus oder einer im Inland gelegenen, zu eigenen Wohnzwecken genutzten Eigentumswohnung (Familienwohnheim) verschafft oder den Ehepartner oder die -partnerin von eingegangenen Verpflichtungen im Zusammenhang mit der Anschaffung oder Herstellung des Familienheims freistellt (§ 13 Abs. 1 Nr. 4a ErbStG).

In Betracht kommen nur Zuwendungen unter Lebenden (zum Beispiel als Schenkung), nicht Erwerbe von Todes wegen (siehe dazu unten). Steuerfrei ist die Übertragung des Allein- oder Miteigentums oder der Kauf oder die Herstellung des Familienwohnheims aus Mitteln eines Ehemanns oder einer Ehefrau, wenn der oder dem anderen die Stellung eines Miteigentümers eingeräumt wird. Entsprechendes gilt, wenn Ehemann oder Ehefrau ein Finanzierungsdarlehen aus Mitteln des anderen tilgt und das Darlehen von einem oder beiden aufgenommen worden ist.

Ebenfalls steuerfrei ist die Übertragung selbst genutzten Wohneigentums an den Ehemann oder die Ehefrau mittels Erbfolge. Das Gleiche gilt für eingetragene Lebenspartnerinnen und Lebenspartner. Wenn die oder der Längerlebende in einer Ehe beziehungsweise der eingetragene Lebenspartner oder die -partnerin die Immobilie komplett steuerfrei erben will, muss sie aber zehn Jahre lang selbst bewohnt werden (sie darf also nicht vermietet werden). Bei einem früheren Auszug ist die Steuer nachzuzahlen, es sei denn, es wird ein Umzug in ein Pflegeheim erforderlich. Ist ein Kind der vererbenden Person Erbe des Wohneigentums, so ist die Übertragung nur dann erbschaftsteuerfrei, wenn die Immobilie maximal 200 Quadratmeter groß ist (§ 13 Abs. 1 Nr. 4c ErbStG). Darüber hinaus muss Erbschaftsteuer gezahlt werden, abzüglich des persönlichen Freibetrags von 400.000 Euro. Die für den länger lebenden Ehemann oder die länger lebende Ehefrau geltende Zehnjahresfrist gilt auch für Kinder.

Steuerfrei sind Zuwendungen bis zu 20.000 Euro an Personen, die der vererbenden Person ohne zureichendes Entgelt Pflege oder Unterhalt gewährt haben (§ 13 Abs. 1 Nr. 9 ErbStG), ferner Geldzuwendungen unter Lebenden, die Pflegende für Leistungen zur Grundpflege oder hauswirtschaftlichen Versorgung von

Pflegebedürftigen erhalten, und zwar bis zur Höhe des nach dem Sozialgesetzbuch XI gewährten Pflegegelds (§ 13 Abs. 1 Nr. 10 ErbStG).

BEISPIEL: A schenkt zu Lebzeiten seiner Tochter ein Grundstück. Nach dem Tod der Tochter erbt A das Grundstück. Der Rückfall des Vermögens an A ist steuerfrei.

Steuerfrei sind auch
- der Dreißigste (§ 13 Abs. 1 Nr. 4 ErbStG),
- die Befreiung von einer Schuld gegenüber der vererbenden Person, die ihren Grund in Unterhaltsgewährung oder einer Notlage hat (§ 13 Abs. 1 Nr. 5 ErbStG),
- der Verzicht auf die Geltendmachung des Pflichtteilsanspruchs oder des Erbersatzanspruchs (§ 13 Abs. 1 Nr. 11 ErbStG),
- Zuwendungen unter Lebenden zum Zwecke des angemessenen Unterhalts (§ 13 Abs. 1 Nr. 12 ErbStG) und
- die üblichen Gelegenheitsgeschenke für Geburtstage, Hochzeiten oder Festtage (§ 13 Abs. 1 Nr. 14 ErbStG).

GUT ZU WISSEN: Familienangehörige der vererbenden Person haben für die Zeit von 30 Tagen nach dem Erbfall einen Anspruch gegen die Erbinnen und Erben auf Unterhalt sowie auf die Benutzung der Wohnung und der Haushaltsgegenstände (Dreißigster, § 1969 BGB).

Bewertung des Vermögens

Maßgebend für die Erbschaft- und Schenkungsteuer ist die Bereicherung der Begünstigten, also der Wert des Vermögens, das diese erworben haben, soweit es nicht steuerfrei ist. Von diesem Wert sind dann die Nachlassverbindlichkeiten abzuziehen.

Die Bewertung des Vermögens richtet sich in erster Linie nach dem Bewertungsgesetz (§ 13 ErbStG). Für die Wertermittlung ist der Zeitpunkt der Entstehung der Steuer maßgebend.

In der Regel ist das Vermögen nach dem gemeinen Wert (Verkehrswert) zu bewerten, das ist der Preis, der im gewöhnlichen Geschäftsverkehr nach der Beschaffenheit des Gegenstands bei einer Veräußerung zu erzielen wäre.

- Wertpapiere, die von einer deutschen Börse zum amtlichen Handel zugelassen sind, werden mit dem niedrigsten am Stichtag notierten Kurs angesetzt.
- Fällige Lebens-, Kapital- und Rentenversicherungen werden mit der Auszahlungssumme beziehungsweise dem Kapitalwert der Rente erfasst. Noch nicht fällige Ansprüche werden mit dem nachgewiesenen Rückkaufswert angesetzt.
- Für Kapitalforderungen und -schulden ist der Nennwert maßgebend, wenn nicht besondere Umstände vorliegen.
- Nach dem Verkehrswert werden insbesondere Edelmetalle und Edelsteine,

Kunstgegenstände und Münzen bewertet.

- ▶ Wiederkehrende Leistungen und Nutzungen (zum Beispiel Nießbrauch oder Wohnrecht) und Renten werden nach dem Kapitalwert bewertet. Dessen Höhe wiederum hängt vom Jahreswert und von der Höhe des Vervielfältigers ab.

Grundstücke werden mit ihrem wirklichen Wert, das heißt mit ihrem Verkehrswert bewertet. Die Bewertung erfolgt entweder nach dem Sach- oder dem Ertragswertverfahren.

- ▶ Ein- und Zweifamilienhäuser und Eigentumswohnungen werden grundsätzlich nach dem sogenannten Ertragswertverfahren bewertet. Im Vordergrund steht der Ertrag (zum Beispiel die Miete), der am Markt erzielt werden kann. Der Wert des Gebäudes (Gebäudeertragswert) wird getrennt vom Bodenwert ermittelt. Der Bodenwert (Wert des unbebauten Grundstücks) und der Gebäudeertragswert ergeben den Ertragswert des Grundstücks. Es ist mindestens der Bodenwert anzusetzen.
- ▶ Liegen bei Eigentumswohnungen, Ein- und Zweifamilienhäusern keine oder nur wenige Vergleichswerte vor, erfolgt die Bewertung ausnahmsweise nach dem Sachwertverfahren. Auch in diesem Fall wird der Wert des Gebäudes getrennt vom Bodenwert ermittelt. Bei der Ermittlung des Gebäudesach-

werts wird von den Herstellungskosten ausgegangen.

Abzug von Nachlassverbindlichkeiten

Das Nachlassvermögen ist um die Nachlassverbindlichkeiten zu kürzen. Zu unterscheiden sind Erblasserschulden, also die Schulden der vererbenden Person, Erbfallschulden und sonstige Nachlassverbindlichkeiten.

Vom Nachlassvermögen abzuziehen sind die Schulden der vererbenden Person (§ 10 Abs. 5 Nr. 1 ErbStG). Dazu gehören beispielsweise Darlehensverbindlichkeiten oder Steuerschulden des Erblassers oder Unterhaltsansprüche des geschiedenen Ehemanns oder der geschiedenen Ehefrau. Zu den abzugsfähigen Schulden gehört auch der Zugewinnausgleich des länger lebenden Ehemanns oder der länger lebenden Ehefrau, wenn er oder sie nicht Erbin oder Vermächtnisnehmer ist.

Abzugsfähig sind ferner die Erbfallschulden, das sind die Schulden, die durch den Erbfall selbst verursacht wurden. In Betracht kommen insbesondere Verbindlichkeiten aus Vermächtnissen, Auflagen, geltend gemachten Pflichtteilen und Erbersatzansprüchen (§ 10 Abs. 5 Nr. 2 ErbStG).

GUT ZU WISSEN: Wenn die Kinder einvernehmlich Pflichtteilsansprüche geltend machen, kann das beim Berliner Testament (siehe Seite 77) dazu führen, Erbschaftsteuer zu sparen. Die Kinder können dann ihren Pflichtteil in Höhe der Freibeträge steuerfrei erwerben, der länger lebende Ehemann oder die länger lebende Ehefrau kann die Pflichtteile steuermindernd abziehen.

Schließlich sind als sonstige Nachlassverbindlichkeiten die Bestattungskosten, die Kosten für ein angemessenes Grabdenkmal, die Kosten für die übliche Grabpflege und die unmittelbar durch die Abwicklung, Regelung oder Verteilung des Nachlasses entstehenden Kosten (zum Beispiel Kosten der Eröffnung des Testaments, Gerichts- und Notarkosten) abzugsfähig. Für diese Kosten ist ein pauschaler Abzug von 10.300 Euro möglich.

Nicht abzugsfähig sind die Kosten für die Verwaltung des Nachlasses. In Betracht kommen etwa die Kosten einer Dauertestamentsvollstreckung oder die Kosten für die Instandhaltung einer ererbten Immobilie. Nicht abzugsfähig sind ferner die vom Erwerber oder von der Erwerberin selbst zu entrichtende Erbschaftsteuer und Aufwendungen, die der oder dem Beschwerten selbst zugutekommen.

Berechnung der Steuer

Grundlage für die Berechnung der Erbschaft- und Schenkungsteuer sind zunächst die Steuerklassen und innerhalb dieser die Höhe des steuerlichen Erwerbs. Der steuerpflichtige Erwerb (Bemessungsgrundlage) wird ermittelt, indem Freibeträge von der steuerpflichtigen Bereicherung abgezogen werden. Schließlich ist die Steuerschuld durch Anwendung des Steuersatzes auf die Bemessungsgrundlage zu berechnen.

Die zu zahlende Erbschaft- und Schenkungsteuer orientiert sich an folgenden Grundsätzen:

1. Schritt
Bereicherung des Erwerbers
./. Freibeträge
= steuerpflichtiger Erwerb

2. Schritt:
Berechnung der Steuer nach den entsprechenden Steuerklassen
- ► Größere Vermögen werden prozentual höher besteuert als kleinere.
- ► Der länger lebende Ehemann oder die länger lebende Ehefrau und die nächsten Verwandten zahlen weniger Erbschaftsteuer als entferntere Verwandte und beliebige Dritte.
- ► Freibeträge sind von der Besteuerung ausgenommen.

Steuerklassen

Das Erbschaft- und Schenkungsteuerrecht unterscheidet drei Steuerklassen, in denen die persönlichen Verhältnisse des Begünstigten zur vererbenden Person beziehungsweise zur schenkenden Person zum Ausdruck kommen. Je enger das Verhältnis der Beteiligten zueinander ist, desto niedriger ist die Steuer (§ 15 ErbStG). Die Steuerklassen haben Bedeutung für die Freibeträge und den individuellen Steuersatz.

Zur Steuerklasse I gehören
- der Ehemann, die Ehefrau, der eingetragene Lebenspartner und die eingetragene Lebenspartnerin,
- eheliche und nicht eheliche Kinder, Adoptivkinder und Stiefkinder (nicht Pflegekinder),
- Nachkommen der Kinder (Enkel, Urenkel usw.) und Stiefkinder,
- Eltern, Großeltern und weitere Voreltern bei Erwerben von Todes wegen (nicht bei einer Schenkung).

Zur Steuerklasse II zählen
- Eltern und Großeltern, wenn sie eine Schenkung erhalten,
- Geschwister (auch Halbgeschwister und alle Stiefgeschwister),
- Nichten und Neffen,
- Stiefeltern,
- Schwiegerkinder und die Schwiegereltern,
- der geschiedene Ehemann oder die geschiedene Ehefrau und der Lebens-partner oder die Lebenspartnerin einer aufgehobenen Lebenspartnerschaft.

Zur Steuerklasse III gehören alle entfernteren Verwandten (Cousins, Cousinen, Großnichten, Großneffen), beliebige Dritte (zum Beispiel nicht eheliche Lebenspartnerinnen und Lebenspartner, Freunde und Bekannte), ferner alle Personen- und Kapitalgesellschaften, wenn sie persönlich und nicht die dahinterstehenden Gesellschafter als Erwerbende anzusehen sind.

Allgemeine Freibeträge

Für Erwerbe von Todes wegen und für Schenkungen unter Lebenden bestehen persönliche Freibeträge, die den steuerlichen Erwerb reduzieren. Von der Person, die die Schenkung erhält, ist nur der Betrag zu versteuern, der nach Abzug des Freibetrags verbleibt.

Die gesetzlich festgelegten Freibeträge richten sich nach der Nähe des Erben beziehungsweise des Beschenkten zur vererbenden beziehungsweise zur schenkenden Person (§ 16 ErbStG).

Freibeträge

Personen	Freibetrag (in Euro)
Ehemann/Ehefrau und Lebens-partner/Lebenspartnerin	500.000
Eheliche und nicht eheliche Kinder Adoptivkinder und Stiefkinder sowie Kinder von bereits ver-storbenen Kindern	400.000
Enkel, Urenkel usw.	200.000
Eltern, Großeltern usw. bei Er-werben von Todes wegen	100.000
Eltern, Großeltern usw. bei Schenkungen, Geschwister, Neffen und Nichten, Stiefel-tern, Schwiegereltern und -kin-der, geschiedener Ehemann oder geschiedene Ehefrau	20.000
Übrige Personen der Steuer-klasse III (z. B. Partner einer eheähnlichen Lebensgemein-schaft)	20.000

BEISPIEL: Erben Sie als Ehemann oder Ehefrau ein Vermögen von 400.000 Euro, können Sie am Fiskus vor-beikommen, ohne einen Euro zu bezahlen. Ihr persönlicher Freibetrag beläuft sich auf 500.000 Euro. Als langjährige Lebensge-fährtin steht Ihnen dagegen nur ein Frei-betrag von 20.000 Euro zu. Sie müssen für den überschießenden Betrag Erbschaft-steuer zahlen.

Mehrere Erwerbe von derselben Person inner-halb der letzten zehn Jahre werden zusam-mengerechnet (§ 14 ErbStG). Folglich können die persönlichen Freibeträge alle zehn Jahre bei Zuwendungen von derselben Person er-neut in Anspruch genommen werden.

Die persönlichen Steuerfreibeträge gelten für den einzelnen steuerpflichtigen Erwerb.

BEISPIEL: Verunglücken beide El-ternteile tödlich und erben zwei Kin-der, dann liegen vier Erwerbe vor. Jedes Kind hat einen persönlichen Freibetrag von 800.000 Euro.

Besondere Versorgungsfreibeträge

Neben dem allgemeinen Freibetrag wird bei Erwerben von Todes wegen dem Ehemann oder der Ehefrau, dem eingetragenen Lebens-partner oder der Lebenspartnerin und den Kindern bis zum 27. Lebensjahr ein beson-derer Versorgungsfreibetrag gewährt. Dieser wird allerdings um den Kapitalwert steuer-freier Versorgungsbezüge gekürzt.

Für den Ehemann oder die Ehefrau beträgt der Versorgungsfreibetrag 256.000 Euro. Die-ser Betrag ist zu kürzen, wenn Ehemann oder Ehefrau durch nicht der Erbschaftsteuer un-terliegende Versorgungsbezüge, die zu kapita-lisieren sind, bereits abgesichert ist (§ 17 Abs. 1 ErbStG). Die Kürzung erfolgt in Höhe des Ka-pitalwerts dieser Bezüge, der nach dem Bewertungsgesetz ermittelt wird. Der Kapitalwert wird berechnet, indem der Jahresbetrag der Rente mit einem dem Lebensalter entsprechenden Vervielfältiger multipliziert wird. Die Vervielfältiger werden nach der Sterbetafel des Statistischen Bundesamts ermittelt (§ 14 Abs. 1 BewG).

BEISPIEL: Die Witwenrente einer 70-jährigen Frau beträgt 1.000 Euro monatlich. Die Kürzung berechnet sich nach § 14 Abs. 1 BewG mit dem Jahreswert (12.000 Euro) und dem aktuellen Vervielfältiger von 11,167. Der Versorgungsfreibetrag wird damit um 134.004 Euro (12.000 Euro x 11,167) gekürzt. Damit ist noch ein Versorgungsfreibetrag in Höhe von 121.996 Euro (256.000 - 134.004 Euro) bei der Erbschaftsteuerberechnung abzugsfähig.

Auch den Kindern stehen altersabhängige Freibeträge in folgender Höhe zu (§ 17 Abs. 2 ErbStG):

- ▸ bei einem Alter bis zu 5 Jahren in Höhe von 52.000 Euro;
- ▸ bei einem Alter von mehr als 5 bis 10 Jahren in Höhe von 41.000 Euro;
- ▸ bei einem Alter von mehr als 10 bis 15 Jahren in Höhe von 30.700 Euro;
- ▸ bei einem Alter von mehr als 15 bis 20 Jahren in Höhe von 20.500 Euro;
- ▸ bei einem Alter von mehr als 20 Jahren bis zur Vollendung des 27. Lebensjahrs in Höhe von 10.300 Euro.

Auch die Versorgungsfreibeträge der Kinder werden anteilig gekürzt, soweit das Kind Versorgungsbezüge erhält, die nicht steuerpflichtig sind.

Steuersätze

Wurde der steuerrechtlich anzusetzende Wert des Nachlasses ermittelt und die sogenannten Nachlassverbindlichkeiten (zum Beispiel Schulden der vererbenden Person und die Erbfallschulden) abgezogen, kann aus dem sich daraus ergebenden Betrag der Steuersatz angewendet werden.

Die geltenden Steuersätze sind in der folgenden Tabelle aufgelistet (§ 19 ErbStG).

Steuersätze

Wert des steuerpflichtigen Erwerbs bis einschließlich	Prozentsatz in der Steuerklasse		
	I	II	III
75.000 Euro	7	15	30
300.000 Euro	11	20	30
600.000 Euro	15	25	30
6.000.000 Euro	19	30	30
13.000.000 Euro	23	35	50
26.000.000 Euro	27	40	50
über 26.000.000 Euro	30	43	50

Wird eine bestimmte Wertgrenze (zum Beispiel 75.000 Euro) überschritten, so wird der ganze Erwerb nach dem hierfür maßgebenden Prozentsatz besteuert.

BEISPIEL: Ein Kind erbt 350.000 Euro. Nachdem der allgemeine Freibetrag bereits 400.000 Euro ausmacht, fällt keine Erbschaftsteuer an.
Der nicht eheliche Lebenspartner erbt 100.000 Euro. Der allgemeine Freibetrag beträgt 20.000 Euro und der Steuersatz 30 Prozent. Es sind mithin 24.000 Euro Erbschaftsteuer (30 Prozent auf 80.000 Euro) zu zahlen.

Bei einer nur geringfügigen Überschreitung der Wertgrenze kann es unter Umständen auch dazu kommen, dass die Steuer den Mehrbetrag nicht nur aufzehrt, sondern übersteigt. Für diesen Fall sieht das Gesetz einen Härteausgleich vor.

Persönliche Steuerpflicht

Bei der persönlichen Steuerpflicht ist zwischen der unbeschränkten und der beschränkten Steuerpflicht zu unterscheiden, je nachdem, ob die vererbende beziehungsweise die beschenkte Person ihren Wohnsitz oder Aufenthaltsort im In- oder im Ausland hat.
Bei Erwerben von Todes wegen beziehungsweise Schenkungen unter Lebenden besteht Steuerpflicht, wenn entweder die vererbende Person zur Zeit ihres Todes oder die schenkende Person zur Zeit der Ausführung der Schenkung Inländer ist. In diesem Fall besteht unbeschränkte Steuerpflicht. Als Inländer gelten insbesondere natürliche Perso-

nen, die im Inland einen Wohnsitz oder ihren gewöhnlichen Aufenthalt haben, oder deutsche Staatsangehörige, die sich nicht länger als fünf Jahre davon im Ausland aufgehalten haben, ohne im Ausland einen Wohnsitz zu haben (§ 2 Abs. 1 Nr. 1 ErbStG).

DAS IST WICHTIG: Sowohl bei der unbeschränkten als auch bei der beschränkten Steuerpflicht gilt es, im Einzelfall viele steuerliche Besonderheiten zu beachten. Bei Problemen sollten Sie deshalb rechtzeitig einen Steuerberater oder eine -beraterin einschalten.

Ist weder die vererbende beziehungsweise schenkende Person noch der Empfänger der Zuwendung Inländer, kann beschränkte Steuerpflicht bestehen. In diesem Fall tritt die Steuerpflicht nur bei Weitergabe von Inlandsvermögen ein. Dazu gehören vor allem das in Deutschland befindliche Grundvermögen und Beteiligungen. Geldvermögen dagegen auch dann nicht, wenn es im Inland aufbewahrt wird (§ 2 Abs. 1 Nr. 3 ErbStG).

Entstehung und Fälligkeit

Die Steuer entsteht nach § 9 ErbStG

- ▶ bei Erwerben von Todes wegen (zum Beispiel durch Testament oder Vermächtnis) mit dem Tod der vererbenden Person,

- bei Schenkungen unter Lebenden mit dem Zeitpunkt der Ausführung der Zuwendung.
- Für den Erwerb von Todes wegen unter einer aufschiebenden Bedingung (siehe Seite 100) oder Befristung entsteht die Steuer erst zu dem Zeitpunkt, wenn diese eintritt.

Fällig ist die Erbschaft- und Schenkungsteuer frühestens, wenn der die Steuer festsetzende Steuerbescheid mitgeteilt wird. Das Finanzamt kann auf Antrag die Steuerschuld ganz oder teilweise stunden.

DAS IST WICHTIG: Die Erbschaft- und Schenkungsteuer schulden Erwerbende (zum Beispiel die Erbin, der Vermächtnisnehmer, die Pflichtteilsberechtigte oder der Beschenkte), bei einer Schenkung auch die schenkende Person (§ 20 Abs. 1 ErbStG). Bis zur Teilung des Nachlasses haftet der gesamte Nachlass für die Steuerverbindlichkeiten.

Hat der Steuerschuldner oder die Steuerschuldnerin die Zuwendung oder Teile davon vor Entrichtung der Erbschaft- und Schenkungsteuer einer anderen Person unentgeltlich übertragen, so haftet diese andere Person in Höhe des Werts der Zuwendung persönlich für die Steuer.

Individuelle steuerliche Gestaltungsmöglichkeiten

Im Folgenden werden einige Möglichkeiten aufgezeigt, wie durch entsprechende Gestaltungen Erbschaft- und Schenkungsteuer gespart werden können. Zu unterscheiden ist zwischen Vermögensübertragungen zu Lebzeiten und erbrechtlichen Gestaltungen. Aber auch Änderungen in den persönlichen Lebensumständen haben Auswirkungen auf die steuerliche Belastung.

Zu beachten ist, dass steuerliche Erwägungen bei der Vermögensübertragung auch, aber nicht ausschließlich eine Rolle spielen sollten. In erster Linie sollten Sie sich bei der Vermögensübertragung von den eigenen Interessen und Wünschen leiten lassen. Und erst wenn die entsprechende Gestaltung den persönlichen Vorstellungen entspricht, sollten die steuerlichen Rahmenbedingungen geklärt und nach steueroptimalen Lösungen gesucht werden, um die eigenen Interessen zu realisieren.

Persönlicher Bereich

Die Steuerbelastung in der Steuerklasse III beträgt je nach dem steuerpflichtigen Betrag mindestens das Zweifache der Steuerklasse I. Neben den niedrigeren Steuersätzen in der Steuerklasse I kommt dies auch in den Freibeträgen zum Ausdruck. So steht einem Ehemann oder einer Ehefrau ein persönlicher Freibetrag von 500.000 Euro zu, einem nicht ehelichen Lebenspartner oder einer nicht ehelichen Lebenspartnerin gerade mal 20.000 Euro. Hinzu kommt noch die Möglichkeit des steuerfreien Zugewinnausgleichs. Paare in einer nicht ehelichen Lebensgemeinschaft hätten also wesentliche Steuervorteile, wenn sie sich zur Heirat entschließen würden.

→ **GUT ZU WISSEN:** Aus erbschaft- und schenkungsteuerlicher Sicht ist der gesetzliche Güterstand der Zugewinngemeinschaft wegen des steuerfreien Zugewinnausgleichs besser als die Vereinbarung einer Gütertrennung.

Haben Ehemann oder Ehefrau den erbschaft- und schenkungsteuerlich ungünstigen Güterstand der Gütertrennung vereinbart, können sie auch während der Ehe den Wechsel in die günstigere Zugewinngemeinschaft vereinbaren. Als Anfangsvermögen gilt dann jedoch nicht dasjenige zu Beginn der Ehe, sondern das Vermögen, das zum Zeitpunkt der Vereinbarung der Zugewinngemeinschaft vorhanden war. Steuerlich wird eine rückwirkende Zugewinngemeinschaft nicht anerkannt.

→ **GUT ZU WISSEN:** Um Gestaltungsmissbrauch zu vermeiden und die weiteren ehe-, erb- und steuerrechtlichen Konsequenzen bei einem Wechsel von der Zugewinngemeinschaft zur Gütertrennung zu bedenken, sollten Sie unbedingt einen Steuerberater und/oder eine Anwältin einschalten.

Ehepaare, die im Güterstand der Zugewinngemeinschaft leben, können den Güterstand wechseln und durch Abschluss eines notariell beurkundeten Ehevertrags Gütertrennung vereinbaren. In diesem Fall muss der Zugewinn ausgeglichen werden, der steuerfrei auf den Ehepartner oder die -partnerin übertragen werden kann. Wurde also ein besonders hoher Zugewinn erzielt, weil nur der Ehemann oder nur die Ehefrau während der Ehe erwerbstätig war, kann der Ausgleichsanspruch schenkungsteuerfrei auf den nicht erwerbstätigen Ehemann oder die Ehefrau übertragen werden.

Für Ehepaare ohne Kinder kann die Adoption des eingesetzten Erben sinnvoll sein. Das Adoptivkind ist dem leiblichen Kind erbschaft- und schenkungsteuerlich gleichgestellt. Es gehört der Steuerklasse I an; ihm steht neben einem Versorgungsfreibetrag ein allgemeiner Freibetrag von 400.000 Euro zu.

Einen Wohnsitz im Ausland zu gründen löst in der Regel keine Steuerprobleme, wenn zugleich ein Wohnsitz im Inland aufrechterhalten bleibt.

Vermögensübertragung zu Lebzeiten

Steuervorteile bei der Vermögensübertragung zu Lebzeiten bestehen unter anderem bei
- mehrfacher Ausnutzung der allgemeinen Freibeträge,
- steuerfreien Zuwendungen zum Zwecke des angemessenen Unterhalts

oder zur Ausbildung der oder des Begünstigten,

▶ der Einrichtung eines gemeinschaftlichen Bank- oder Wertpapierdepots.

GUT ZU WISSEN: Wenn Sie ein großes Vermögen möglichst steuergünstig an Ihre Kinder weitergeben wollen, ist es sinnvoll, sich frühzeitig von Vermögenswerten zu trennen.

Die folgenden Ausführungen beschränken sich darauf, einen Überblick über mögliche steuergünstige Gestaltungen zu geben. Sie berücksichtigen nicht die jeweiligen besonderen persönlichen Lebensumstände. Bei komplizierten steuerlichen Gestaltungen wird empfohlen, steuerrechtlichen Rat einzuholen.

Die persönlichen Freibeträge können alle zehn Jahre genutzt werden. So können dem Ehemann oder der Ehefrau alle zehn Jahre 500.000 Euro steuerfrei zugewendet werden. Jedem Kind steht bei Schenkungen eines Elternteils alle zehn Jahre ein allgemeiner Freibetrag von 400.000 Euro zu. Sinnvoll kann es also sein, den Kindern frühzeitig Geldbeträge unter Ausnutzung der alle zehn Jahre wiederauflebenden Freibeträge zuzuwenden.

Eine steuergünstige Übertragung von Vermögenswerten kann über die Einschaltung eines Zwischenerwerbers erfolgen. Denn auf diese Weise können Freibeträge besser ausgenutzt und die Vermögensübertragung kann über eine günstigere Steuerklasse vorgenommen werden. Die Gefahr bei einer solchen Kettenschenkung besteht darin, dass die Finanzverwaltung von einem Gestaltungsmissbrauch ausgeht und die Schenkung steuerlich als Direktschenkung behandelt.

GUT ZU WISSEN: Vermeiden Sie in jedem Fall, dass mit der Schenkung ausdrücklich eine Verpflichtung zur Weitergabe verbunden wird. Ferner sollte die Weitergabe der Schenkung nicht vor Ablauf eines Jahres erfolgen.

Zuwendungen unter Lebenden, um der oder dem Bedachten einen angemessenen Unterhalt zu zahlen oder eine Ausbildung zu ermöglichen, sind steuerfrei. Der Grad der Verwandtschaft mit Begünstigten ist dabei ohne Bedeutung. Sinnvoll ist es deshalb, sich von einer Steuerberaterin oder einem fachkundigen Anwalt beraten zu lassen.

BEISPIEL: A zahlt an seinen Bruder B monatlich 500 Euro, weil dieser wegen einer körperlichen Behinderung nicht arbeiten kann und nur eine geringe Rente bezieht.

Eine beliebte Form der Versorgung des Ehemanns, der Ehefrau, der Partnerin oder des Partners in einer nicht ehelichen Lebensgemeinschaft ist die Lebensversicherung. Zu beachten ist allerdings, dass die fällige Lebensversicherung, die an Bezugsberechtigte ausgezahlt wird, der Erbschaft- und Schenkungsteuer unterliegt.

BEISPIEL: A will seine nicht eheliche Lebenspartnerin B versorgen. Er schließt eine Lebensversicherung auf sein Leben ab und benennt seine Lebenspartnerin B als Bezugsberechtigte. Wenn A stirbt, wird die Lebensversicherung an B ausgezahlt. B ist allerdings erbschaftsteuerpflichtig; sie hat nur einen allgemeinen Freibetrag von 20.000 Euro und zählt zur schlechtesten Steuerklasse III.

Keine Erbschaftsteuer fällt an, wenn der Versicherungsnehmer gleichzeitig bezugsberechtigte Person und Prämienzahlender ist, ein Dritter aber die versicherte Person. Diese Variante bietet sich insbesondere an, um Ehemann oder Ehefrau, Partnerin oder Partner einer nicht ehelichen Lebensgemeinschaft abzusichern.

BEISPIEL: A will seine nicht eheliche Lebenspartnerin B versorgen. B schließt eine Lebensversicherung auf das Leben ihres Partners A ab und wird als Bezugsberechtigte benannt. B ist also Versicherungsnehmerin und Bezugsberechtigte, A ist Risikoperson. Wenn A stirbt, erhält B die Versicherungssumme, ohne dass dafür Erbschaftsteuer anfällt.

Steuerlich vorteilhaft kann auch die Einrichtung eines gemeinschaftlichen Bank- oder Wertpapierdepots von Ehemann oder Ehefrau, Menschen in einer Lebenspartnerschaft oder in einer nicht ehelichen Lebensgemeinschaft sein. Dabei wird nämlich grundsätzlich davon ausgegangen, dass den jeweiligen Personen die Einlagen zu gleichen Teilen zustehen. Nicht von Bedeutung ist, ob ein Konto-/Depotinhaber nur gemeinschaftlich oder einzeln verfügungsberechtigt ist. Bei der Einrichtung eines gemeinschaftlichen Bank- oder Wertpapierdepots ist deshalb grundsätzlich nicht von einer schenkweisen Übertragung eines Teils oder des gesamten auf dem Konto beziehungsweise im Depot befindlichen Guthabens auf den jeweils anderen Konto-/Depotinhaber auszugehen.

Erbrechtliche Gestaltungen

Als steuergünstige erbrechtliche Gestaltungen kommen unter anderem in Betracht,

- ▶ den Nachlass auf möglichst viele Erwerberinnen und Erwerber zu verteilen oder
- ▶ bei der Vererbung Generationen zu überspringen.

GUT ZU WISSEN: Unter erbschaftsteuerlichen Aspekten ist es sinnvoll, den Nachlass auf möglichst viele Personen zu verteilen. Damit können Sie die persönlichen Freibeträge steueroptimal ausschöpfen und der progressiven Staffelung der Steuersätze entgegenwirken.

Die nachfolgenden Ausführungen beschränken sich darauf, einen Überblick über mögliche erbrechtliche Gestaltungen zu geben. Besondere persönliche Lebensumstände werden hierbei nicht berücksichtigt. Bei komplizierten steuerlichen Gestaltungen wird empfohlen, den Rat eines Steuerberaters einzuholen.

Bei Eheleuten mit Kindern ist das Berliner Testament (siehe Seite 77) unter erbschaftsteuerlichen Gesichtspunkten insbesondere dann eine ungünstige Gestaltungsform, wenn beim zweiten Erbfall die persönlichen Freibeträge überschritten werden. Häufig führt ein solches Testament zu einer Überversorgung des oder der Längerlebenden; schließlich wird sie oder er Alleinerbe bei gleichzeitiger Enterbung der Kinder. In diesem Fall ist es sinnvoll, die steuerlichen Nachteile zu korrigieren, gleichwohl aber die wirtschaftliche Versorgung des oder der Längerlebenden zu gewährleisten.

> **GUT ZU WISSEN:** Beim Berliner Testament wird das Vermögen des Erstversterbenden zweimal der Erbschaftsteuer unterworfen. Und die persönlichen Freibeträge der Kinder gehen beim ersten Erbfall verloren.

Dies kann in der Weise erfolgen, dass den Kindern Geldvermächtnisse (zum Beispiel in Höhe ihres persönlichen Freibetrags) ausgesetzt werden, die zwar beim Tod des Erstversterbenden anfallen, aber erst später fällig werden. Alternativ kann die Versorgung des länger lebenden Ehemanns oder der länger lebenden Ehefrau auch dadurch gewährleistet werden, dass Kinder als Erben eingesetzt und der oder dem Längerlebenden die Erträge und Nutzungen aus dem Nachlass oder an einzelnen Nachlasswerten eingeräumt werden. Insgesamt ist darauf zu achten, das Vermögen auf

mehrere Köpfe zu verteilen. Je mehr Personen bei einem größeren Vermögen bedacht werden, desto geringer ist im Regelfall die Erbschaftsteuer.

Erbschaftsteuerlich ebenso ungünstig wie das Berliner Testament kann auch die Versorgung des oder der Längerlebenden durch die Vor- und Nacherbfolge sein. Unter erbschaftsteuerlichen Gesichtspunkten bestehen ähnliche Probleme wie beim Berliner Testament: Dasselbe Vermögen wird zweimal besteuert. Persönliche Freibeträge gehen verloren.

Unter erbschaftsteuerlichen Gesichtspunkten kann es auch sinnvoll sein, bei der Einsetzung von Erbinnen und Erben eine Generation zu überspringen.

> **BEISPIEL:** Die Großeltern setzen als Erben nicht ihren Sohn, sondern dessen Nachkommen, also ihr Enkelkind ein.

Der Generationensprung hat erbschaftsteuerlich den Vorteil, dass nicht das gleiche Vermögen sowohl beim Tod der Großeltern als auch beim Tod des Vaters oder der Mutter besteuert wird. Und in Bezug auf den Steuersatz wird das Enkelkind nicht schlechter behandelt als Vater oder Mutter: Beide gehören der Steuerklasse I an. Wenn nötig, kann Vater oder Mutter über ein Nießbrauchsvermächtnis (siehe Seite 118) wirtschaftlich abgesichert werden.

ZUSAMMENGEFASST – DAS IST WICHTIG:

Der Besteuerung unterliegen Erwerbe von Todes wegen. Dazu gehören neben der angefallenen Erbschaft auch Vermächtnisse und geltend gemachte Pflichtteilsansprüche. Steuerpflichtig sind auch Zuwendungen unter Lebenden, insbesondere Schenkungen.

Bestimmte Vermögenswerte können steuerfrei an eine andere Person übertragen werden. Steuerbefreiungen bestehen insbesondere im Zusammenhang mit der Übertragung des Familienwohnheims auf den Ehemann oder die Ehefrau bzw. eingetragenen Lebenspartner oder eingetragene -partnerin und auf die Kinder.

Bemessungsgrundlage für die Erbschaft- und Schenkungsteuer ist die Bereicherung der oder des Erwerbenden. Diese ergibt sich aus der Differenz zwischen dem angefallenen Vermögen und den Nachlassverbindlichkeiten. Davon sind die Freibeträge abzuziehen. Auf die sich daraus ergebende Bemessungsgrundlage ist die Steuerschuld durch Anwendung des Steuersatzes zu berechnen.

Für Erwerbe von Todes wegen und für Schenkungen bestehen persönliche Freibeträge, die vom steuerlichen Erwerb abzuziehen sind. Daneben bestehen für den länger lebenden Ehemann oder die länger lebende Ehefrau und für die Kinder der vererbenden Person besondere Versorgungsfreibeträge.

Die Steuer entsteht bei Erwerben von Todes wegen mit dem Tod der vererbenden Person, bei Schenkungen mit dem Zeitpunkt der Ausführung der Schenkung. Fällig ist die Erbschaft- und Schenkungsteuer mit der Mitteilung des Steuerbescheids durch das Finanzamt.

Steuerschuldner ist bei Erwerben von Todes wegen die oder der Erwerbende, also insbesondere Erbin oder Erbe. Bei Schenkungen schuldet auch die schenkende Person die Steuer. Schenkende wie auch Beschenkte sind Gesamtschuldner. Allerdings muss sich das Finanzamt in erster Linie an den Beschenkten halten.

8

Wie über Vermögen in individuellen Lebenssituationen verfügt werden kann

Für die richtige Nachlassplanung gibt es kein Patentrezept. Jeder Fall ist anders. Praktisch gibt es mehrere Möglichkeiten, Vermögen beziehungsweise einzelne Vermögensteile zu übertragen. Grundlage für die richtige Entscheidung sind immer die individuellen Lebensumstände und persönlichen Vorstellungen und Wünsche. Gleichwohl können für typische Vermögens- und Familienverhältnisse gängige Lösungen aufgezeigt, bewertet und Gestaltungsmodelle vorgestellt werden.

IN DIESEM KAPITEL ERFAHREN SIE,

wie der länger lebende Ehemann oder die länger lebende Ehefrau versorgt werden kann ■ **Seite 176**

wie Menschen in einer nicht ehelichen Lebenspartnerschaft einander finanziell absichern können ■ **Seite 194**

wie Kinder versorgt und warum Pflichtteilsansprüche berücksichtigt werden müssen ■ **Seite 184**

wie Sie Ihr Vermögen bei pflegebedürftigen und verschuldeten Erben schützen können ■ **Seiten 189** und **198**

welche Besonderheiten bei Patchworkfamilien zu beachten sind ■ **Seite 192**

wie für Tiere Vorsorge getroffen werden kann ■ **Seite 201**

Vermögensübertragung auf den Ehemann oder die Ehefrau

Die Versorgung des länger lebenden Ehemanns oder der länger lebenden Ehefrau dürfte in den meisten Fällen von vorrangigem Interesse sein. Sie kann erfolgen durch die Vermögensübertragung

- zu Lebzeiten,
- unter Lebenden auf den Todesfall oder
- mittels des Erbrechts.

Verfügt ein Ehemann oder eine Ehefrau über ein großes Vermögen, kann es unter erbschaftsteuerlichen Gesichtspunkten sinnvoll sein, bereits zu Lebzeiten Vermögenswerte auf die Ehepartnerin oder den -partner zu übertragen, um so die erbschaftsteuerlichen Freibeträge optimal auszunutzen (Vor- und Nachteile der lebzeitigen Vermögensübertragung siehe Seite 18).

Neben Schenkungen kommen auch sogenannte ehebedingte Zuwendungen in Betracht, die allerdings der Schenkungsteuer unterliegen. Schenkungsteuerfrei ist die lebzeitige Zuwendung des zu eigenen Wohnzwecken genutzten Hauses oder der selbst bewohnten Eigentumswohnung.

GUT ZU WISSEN: Unter steuerlichen Gesichtspunkten kann es sinnvoll sein, wenn Sie mit Ihrem Ehemann oder mit Ihrer Ehefrau ein gemeinschaftliches Bank- oder Wertpapierdepot unterhalten. Dann ist grundsätzlich davon auszugehen, dass beiden Eheleuten die Einlagen zu gleichen Teilen zustehen (siehe Seite 50).

Ob lebzeitige Verfügungen zur Versorgung des Ehemanns oder der Ehefrau bei normalen Einkommens- und Vermögensverhältnissen sinnvoll sind, hängt von den persönlichen Umständen ab. Aus erbschaftsteuerlicher Sicht dürften sie angesichts der dem anderen zustehenden hohen persönlichen Freibeträge (Seite 164) nicht geboten sein. Zu beachten ist auch, dass Schenkungen an den Ehemann oder an die Ehefrau Pflichtteilsergänzungsansprüche zur Folge haben.

Die wirtschaftliche Versorgung des Ehemanns oder der Ehefrau kann insbesondere auch durch eine Lebensversicherung gewährleistet werden. Dabei handelt es sich um eine Vermögensübertragung unter Lebenden auf den Todesfall, die zur Folge hat, dass der Vermögenswert (in diesem Fall die Versicherungssumme) zum Zeitpunkt des Erbfalls nicht in den Nachlass fällt. Damit können auch Pflichtteilsansprüche der Kinder gemindert werden.

➤ **DAS IST WICHTIG:** Zu beachten ist, dass die fällige Lebensversicherung, die an die Bezugsberechtigte oder den Bezugsberechtigten ausgezahlt wird, der Erbschaftsteuer unterliegt. Keine Erbschaftsteuer fällt an, wenn der Versicherungsnehmer gleichzeitig die bezugsberechtigte Person und der Beitragszahlende ist, ein Dritter aber die versicherte Person ist (siehe Seite 170).

Der Ehemann oder die Ehefrau gehört zu den gesetzlichen Erben (Einzelheiten zum gesetzlichen Erbrecht unter Eheleuten siehe Seite 50). Er oder sie erbt bei der Zugewinngemeinschaft, den pauschalierten Zugewinnausgleich eingeschlossen,

- ▶ neben Erben der ersten Ordnung (zum Beispiel neben Kindern) die Hälfte des Nachlasses,
- ▶ neben Erben der zweiten Ordnung (zum Beispiel neben den Eltern oder den Geschwistern des Erblassers) drei Viertel des Nachlasses.
- ▶ Konkurriert der länger lebende Ehemann oder die länger lebende Ehefrau ausschließlich mit Erben der dritten Ordnung (also Großeltern und deren Nachkommen), so erhält er den ganzen Nachlass, es sei denn, einzelne Großelternteile würden noch leben.

➤ **GUT ZU WISSEN:** Junge, noch kinderlose Eheleute, bei denen sich das Vermögen auf den Hausrat beschränkt, werden zu Beginn der Ehe mit der gesetzlichen Erbfolge zufrieden sein. Neben dem gesetzlichen Erbteil und dem pauschalierten Zugewinnausgleich stehen dem länger lebenden Ehemann oder der länger lebenden Ehefrau die zum ehelichen Haushalt gehörenden Gegenstände als Voraus zu (siehe Seite 53).

Soll ein Ehemann oder eine Ehefrau abweichend von der gesetzlichen Erbfolge versorgt werden, muss ein Testament erstellt (oder ein Erbvertrag abgeschlossen) werden. Für die Vermögensübertragung stehen verschiedene Gestaltungsmodelle zur Verfügung. In Betracht kommen insbesondere

- ▶ das gemeinschaftliche Testament ohne Einsetzung von Schlusserben,
- ▶ das Berliner Testament,
- ▶ die Vor- und Nacherbfolge,
- ▶ die Zuwendung eines Vermächtnisses.

Gemeinschaftliches Testament ohne Einsetzung von Schlusserben

In einem gemeinschaftlichen Testament können sich Eheleute wechselseitig zu Alleinerben einsetzen, ohne Schlusserben zu bestimmen.

> **SO MACHEN SIE ES RICHTIG:**
> **Unbeschränkte Alleinerben**
> Wir, _____, und _____, setzen uns wechselseitig, das heißt nach dem Erstversterbenden den Längerlebenden von uns, zu unbeschränkten Alleinerben ein.

Stirbt ein Ehemann oder eine Ehefrau, so erbt die oder der Längerlebende allein; sie beziehungsweise er kann ohne Beschränkungen über den Nachlass verfügen.

Ein gemeinschaftliches Testament ohne Einsetzung von Schlusserben kann bei kinderlosen Eheleuten in Betracht kommen. Durch die gegenseitige Einsetzung als Alleinerben wird eine Erbengemeinschaft mit den Verwandten der oder des Verstorbenen verhindert.

Auch bei Eheleuten mit Kindern ist ein entsprechendes gemeinschaftliches Testament denkbar, wenn man dem länger lebenden Ehemann oder der länger lebenden Ehefrau freie Hand nach dem Erbfall lassen will. Gegenüber dem Berliner Testament hat dieses Testament den Vorteil, dass die oder der Längerlebende auf Pflichtteilsansprüche der Kinder dadurch reagieren könnte, dass sie im Todesfall nicht mehr berücksichtigt werden.

Berliner Testament

Mit dem Berliner Testament setzen sich die Eheleute wechselseitig zu Alleinerben ein und verfügen, dass nach dem Tod der oder des Zuletztversterbenden der beiderseitige Nachlass an einen Dritten, in der Regel an die gemeinsamen Kinder, fallen soll.

> **SO MACHEN SIE ES RICHTIG:**
> **Kinder als Schlusserben**
> Wir, _____, und _____, setzen uns gegenseitig zu alleinigen und unbeschränkten Erben ein. Nach dem Tod des Längerlebenden sollen unsere gemeinsamen Kinder _____ und _____ je zur Hälfte Schlusserben werden.

Mit dem Tod der oder des Erstversterbenden geht deren bzw. dessen Vermögen in das des länger lebenden Ehemanns oder der länger lebenden Ehefrau über. Er oder sie sind Vollerbe und nicht nur Vorerbe der verstorbenen Person. Die Schlusserben (in der Regel die Kinder) erben beim ersten Erbfall nichts; sie erlangen lediglich eine rechtlich begründete Aussicht, künftig Erbe zu werden. Sie können aber nur Erbe werden, wenn sie den letztlebenden Ehemann oder die letzlebende Ehefrau überleben.

Das Berliner Testament kommt insbesondere für Eheleute in jungen und mittleren Jahren mit Kindern in Betracht, wenn die oder der Längerlebende durch das beiderseitige Vermögen versorgt werden soll. Empfohlen wird die Aufnahme einer Pflichtteils- (siehe Seite 80) und einer Wiederverheiratungsklausel (siehe Seite 82). Von den persönlichen Umständen beziehungsweise vom gegenseitigen Vertrauen hängt es ab, ob und inwieweit der länger lebende Ehemann oder die länger lebende Ehefrau in Bezug auf die vom anderen für den Tod getroffenen Verfügungen gebunden sein soll. Eine zu enge Bindung ist im Regelfall zu vermeiden, weil andernfalls nicht mehr auf bestimmte Ereignisse (zum Beispiel Streit mit den Kindern) reagiert werden kann.

► Beim Berliner Testament wird das Vermögen der oder des Erstverstorbenen zweimal der Erbschaftsteuer unterworfen. Bei Eheleuten mit größerem Vermögen ist das Berliner Testament unter erbschaftsteuerlichen Gesichtspunkten dann nicht sinnvoll, wenn der länger lebende Ehemann oder die länger lebende Ehefrau das Vermögen der oder des Erstversterbenden nicht für den eigenen Unterhalt benötigt. Deshalb sollte das Vermögen (oder wesentliche Teile davon) bereits beim ersten Erbfall an die Schlusserben fallen.

► Erbschaftsteuerlich kann das Berliner Testament auch deshalb nachteilig sein, weil die steuerlichen Freibeträge der Kinder nach dem Tod des ersten Elternteils nicht ausgenutzt werden. Bei größerem Vermögen sollte deshalb daran gedacht werden, das Vermögen bereits beim ersten Erbfall auf mehrere Generationen zu verteilen und die Kinder schon beim Tod des erstversterbenden Elternteils in irgendeiner Form am Nachlass zu beteiligen. Und auch bei geringerem Vermögen sollte in Betracht gezogen werden, Vermögensteile, deren der länger lebende Ehemann oder die länger lebende Ehe-

frau nicht bedarf, durch die Zuwendung von Vermächtnissen den Kindern zu übertragen.

► Für ältere Ehepaare mit Kindern kann das Berliner Testament insoweit sinnvoll sein, als der länger lebende Ehemann oder die länger lebende Ehefrau wegen der Bindung vor unvernünftigen Verfügungen geschützt wird. Gleichzeitig kann es geboten sein, die Bindung insoweit zu beschränken, als Kinder, die sich um den oder die Längerlebende besonders kümmern, bevorzugt werden können.

Vor- und Nacherbfolge

8

Eheleute können ihre Versorgung auch dadurch gewährleisten, dass einer den anderen als Vorerben und einen Dritten (im Regelfall die gemeinsamen Kinder) als Nacherben einsetzt.

> **SO MACHEN SIE ES RICHTIG:**
> **Vor- und Nacherbfolge**
>
> Wir, _____, und _____, setzen uns ge-
> genseitig zu alleinigen Vorerben ein.
> Nacherben des erstversterbenden Ehe-
> manns oder der Ehefrau und zugleich
> Erben der oder des Längerlebenden
> sind unsere drei Kinder _____, _____
> und _____ zu gleichen Teilen.
> Der Nacherbfall tritt mit dem Tod des
> Letztversterbenden ein.
> Wenn eines unserer Kinder nach dem
> Tod der oder des Erstversterbenden,
> aber vor dem Tod der oder des Län-
> gerlebenden stirbt, treten seine bezie-
> hungsweise ihre Nachkommen an seine
> Stelle.

Mit dem Tod des Ehemanns oder der Ehefrau wird der länger lebende Ehemann oder die länger lebende Ehefrau nicht Vollerbe, sondern nur Vorerbe. Der Nachlass des erstverstorbenen Ehemanns oder der erstverstorbenen Ehefrau fällt nicht mit dem Vermögen der oder des Längerlebenden zusammen. Beim Nacherbfall erhält also der Dritte (zum Beispiel die Kinder) zwei verschiedene Vermögensmassen: das Vermögen des erstverstorbenen Ehemanns oder der erstverstorbenen Ehefrau als Nacherbe und das Vermögen der oder des zuletzt Verstorbenen als Vollerbe (Einzelheiten siehe Seite 104).

▶ Die Anordnung der Vor- und Nacherbfolge führt häufig zu Problemen und Belastungen zwischen Vor- und Nacherben. Diese verfolgen meist ganz

unterschiedliche Interessen. Insbesondere die Einsetzung des länger lebenden Ehemanns oder der länger lebenden Ehefrau als Vorerben und der Kinder als Nacherben hat häufig Konsequenzen, die von der vererbenden Person nicht gewollt sind. Im Regelfall dürfte deshalb die Vor- und Nacherbfolge nicht das richtige Gestaltungsmittel sein, wenn die vererbende Person den länger lebenden Ehemann oder die länger lebende Ehefrau versorgt wissen will.

▶ Die Anordnung der Vor- und Nacherbfolge kommt in Betracht, wenn die oder der Längerlebende von den Erträgen des Nachlasses (Zinserträge, Mieteinnahmen) leben kann. Ist zu erwarten, dass der länger lebende Ehemann oder die länger lebende Ehefrau den Nachlass in seiner Substanz angreifen muss, muss die vererbende Person ihn beziehungsweise sie als befreiten Vorerben einsetzen (siehe Seite 110).

> **SO MACHEN SIE ES RICHTIG:**
> **Befreiter Vorerbe**
> Wir, _____, und _____, setzen uns gegenseitig zu alleinigen Vorerben ein. Nacherben des oder der Erstversterbenden und zugleich Erben des oder der Längerlebenden sind unsere zwei Kinder _____ und _____. Der Vorerbe ist von den gesetzlichen Beschränkungen befreit und zur freien Verfügung über den Nachlass berechtigt.
> Der Nacherbfall tritt mit dem Tod des Letztversterbenden ein.

- Verfügen beide Eheleute über ein großes Vermögen und ist der länger lebende Ehemann oder die länger lebende Ehefrau imstande, einen angemessenen Unterhalt aus eigenem Vermögen zu bestreiten, so ist die Vor- und Nacherbfolge aus erbschaftsteuerlichen Gesichtspunkten nicht sinnvoll (die steuerlichen Nachteile entsprechen denen beim Berliner Testament, siehe Seite 77). In diesem Fall sollte das Vermögen schon beim ersten Erbfall an die oder den Endbedachten übertragen werden.
- Zweckmäßig kann die Vor- und Nacherbfolge sein, wenn die oder der Längerlebende verschuldet ist. In Verbindung mit einer Dauertestamentsvollstreckung kann so verhindert werden, dass Gläubiger des Ehemanns oder der Ehefrau in den Nachlass zugreifen können (Einzelheiten siehe Seite 198).
- Als Gestaltungsmodell kann die Vor- und Nacherbschaft auch dann sinnvoll sein, wenn die vererbende Person den Ehemann oder die Ehefrau aus zweiter Ehe versorgen und ihre Kinder aus erster Ehe als Nacherben einsetzen will. In diesem Fall setzt sie Ehemann oder Ehefrau als Vorerben und ihre Kinder als Nacherbe nebst Pflichtteilsverzicht des Ehemanns oder der Ehefrau ein. Das Vermögen fällt dann den leiblichen Nachkommen zu, während dem länger lebenden Ehemann oder der länger lebenden Ehefrau zuvor die Nutzungen zustehen.
- In Betracht kommt die Vor- und Nacherbfolge auch dann, wenn nach einer Ehescheidung vermieden werden soll, dass der frühere Ehemann oder die frühere Ehefrau indirekt am Nachlass partizipiert, indem ein gemeinschaftliches Kind beerbt oder Pflichtteilsansprüche erworben werden.

Zuwendung eines Vermächtnisses

Wirtschaftlich kann der Ehemann oder die Ehefrau auch über die Zuwendung von Vermächtnissen versorgt werden. In diesem Fall werden die gemeinsamen Kinder in einem gemeinschaftlichen Testament als Erben eingesetzt und die Versorgung des länger lebenden

Ehemanns oder der länger lebenden Ehefrau wird durch die Zuwendung eines Vermächtnisses gesichert.

Durch ein Nießbrauchsvermächtnis werden dem Ehemann oder der Ehefrau die Erträge und Nutzungen (zum Beispiel Zinserträge, Mieteinnahmen, Dividenden, Gewinnanteile) aus dem Nachlass oder einzelnen Nachlasswerten eingeräumt. Mit einem Rentenvermächtnis können dem Ehemann oder der Ehefrau periodisch wiederkehrende Geldleistungen auf Lebenszeit oder während eines festgelegten Zeitraums vermacht werden. Die Geldleistung kann als Leibrente oder als dauernde Last gezahlt werden (siehe Seite 30). Mit einem Wohnungsrechtsvermächtnis kann dem Ehepartner oder der -partnerin ein dingliches Wohnrecht eingeräumt werden (siehe Seite 118).

▶ Unter Umständen können die Lebensumstände des Ehemanns oder der Ehefrau mit einem Vermächtnis besser abgesichert werden, als dies durch das gesetzliche Erbrecht möglich ist. Insbesondere kann damit auch dessen Unabhängigkeit von den Kindern gewährleistet werden.

▶ Die vererbende Person sollte Vorkehrungen treffen, damit das angeordnete Vermächtnis erfüllt wird. So kann sie den Ehemann oder die Ehefrau bevollmächtigen, sich die Zuwendung (zum Beispiel das Sparbuch) nach dem Anfall des Vermächtnisses selbst zu übertragen. Hierzu erteilt die vererbende Person eine Vollmacht und befreit ihn oder sie vom gesetzlichen Verbot, mit

sich selbst Geschäfte abzuschließen. Sinnvoll kann es auch sein, einen Testamentsvollstrecker zu bestellen und diesen zu beauftragen, das Vermächtnis zu erfüllen.

▶ Gegenüber dem Berliner Testament und der Anordnung einer Vor- und Nacherbfolge hat der Nießbrauch für den länger lebenden Ehemann oder die länger lebende Ehefrau den Nachteil, dass dieser Person eine schwächere Stellung eingeräumt wird. Sie ist dann nicht Inhaber des Vermögens, sondern darf dieses „nur" nutzen. Andererseits ist der Nachlass bereits auf die Erben übergegangen; diese wiederum können ihn nur beschränkt nutzen. Das kann zu Spannungen zwischen dem Ehemann oder der Ehefrau und den Kindern als Erben führen.

▶ Die Zuwendung eines Vermächtnisses kommt als erbrechtliche Gestaltung bei Eheleuten mit einseitigen Kindern in Betracht, wenn das eigene Vermögen zuletzt nur den eigenen Kindern zufallen, dem länger lebenden Ehemann oder der länger lebenden Ehefrau aber zuvor die Nutzungen zustehen sollen. In diesem Fall erfolgt die Erbeinsetzung des einseitigen Kindes und Zuwendung eines Nießbrauchvermächtnisses an den Ehepartner oder die -partnerin am ganzen Nachlass oder Teilen davon nebst Pflichtteilsverzicht des Ehemanns oder der Ehefrau.

▸ Gegenüber dem Berliner Testament und der Vor- und Nacherbfolge hat die wirtschaftliche Versorgung des Ehemanns oder der Ehefrau durch ein Vermächtnis den erbschaftsteuerlichen Vorteil, dass das Vermögen nur einmal vererbt und besteuert wird.

Verfügungen getrennt lebender Eheleute

Erbrechtlich ist es ohne Bedeutung, wenn die Eheleute getrennt leben. Das gesetzliche Erbrecht des Ehemanns oder der Ehefrau ist erst dann ausgeschlossen, wenn zur Zeit des Erbfalls die Voraussetzungen für die Scheidung der Ehe gegeben waren und die vererbende Person die Scheidung beantragt oder ihr zugestimmt hatte.

➡ **GUT ZU WISSEN:** Haben Sie zusammen mit Ihrem getrennt lebenden Ehemann oder Ihrer getrennt lebenden Ehefrau ein gemeinschaftliches Testament erstellt, müssen Sie beachten, dass der einseitige Widerruf einer wechselbezüglichen Verfügung nur durch eine vom Notar beurkundete Erklärung gegenüber der oder dem anderen erfolgen kann. Die Widerrufserklärung wird erst wirksam, wenn sie der oder dem anderen zugegangen ist (siehe Seite 75).

Leben Sie als die vererbende Person getrennt von ihrem Ehemann oder von ihrer Ehefrau und wollen Sie vermeiden, dass dieser beziehungsweise diese erbt, so müssen Sie ihn oder sie durch eine Verfügung von Todes wegen enterben. Allerdings bleibt der Pflichtteilsanspruch des anderen bestehen.

Wurde mit dem getrennt lebenden Ehemann oder der getrennt lebenden Ehefrau ein Erbvertrag geschlossen und hat sich die vererbende Person darin kein Rücktrittsrecht vorbehalten, besteht unter Umständen die Möglichkeit, den Erbvertrag wegen eines Motivirrtums anzufechten. In diesem Fall sollte fachkundiger Rat eingeholt werden.

Verfügungen geschiedener Eheleute

Mit der Scheidung der Ehe erlischt automatisch das gesetzliche Erb- und Pflichtteilsrecht des Ehemanns oder der Ehefrau. Im Zweifel ist auch eine zugunsten des Ehepartners oder der -partnerin getroffene Verfügung von Todes wegen unwirksam. Allerdings ist zu beachten, dass der frühere Ehemann oder die frühere Ehefrau wieder indirekt am Nachlass partizipiert, wenn ein gemeinschaftliches Kind beerbt oder Pflichtteilsansprüche erworben werden.

Der Ex-Ehemann oder die Ex-Ehefrau kann das Vermögen erwerben, wenn ein gemeinsames Kind stirbt, ohne selbst Nachkommen zu hinterlassen, nachdem es Erbe des erstversterbenden Elternteils geworden ist. Der länger lebende Elternteil wird dann nicht Erbe, wenn das Kind eine anderweitige Verfügung von Todes wegen trifft. Allerdings wird der länger lebende Elternteil dann über sein Pflichtteilsrecht nach dem Kind am Vermögen des geschiedenen Ehemanns oder der geschiedenen Ehefrau mittelbar beteiligt, wenn das Kind selbst noch keine Nachkommen hinterlassen hat.

BEISPIEL: A ist von Ihrem früheren Ehemann B geschieden und hat einen Sohn C aus dieser Ehe. Würde A ihren Sohn C als Alleinerben einsetzen, dann würde B, wenn C stirbt und keine Nachkommen hinterlässt, gesetzlicher Erbe des Sohnes sein und damit auch das Vermögen von A erben. Wenn C im Erbfall noch minderjährig wäre, stünde die elterliche Sorge über ihn und damit auch die Verwaltung des Nachlasses dem länger lebenden Ehemann allein zu.

Durch die Anordnung der Vor- und Nacherbfolge kann die indirekte Teilhabe des früheren Ehemanns oder der früheren Ehefrau beziehungsweise den Verwandten am Nachlass verhindert werden. Hierzu werden die Kinder aus der geschiedenen Ehe als befreite Vorerben berufen. Ferner ist zu bestimmen, welche Personen nach dem Vorerben Nacherbe werden sollen. In Betracht kommen in erster Linie die Nachkommen des Vorerben, in zweiter Linie die gesetzlichen Erben des Vorerben zum Zeitpunkt des Nacherbfalls mit Ausnahme des geschiedenen Elternteils beziehungsweise dessen Verwandten. Den Zeitpunkt des Nacherbfalls kann die vererbende Person frei bestimmen. Falls sie keine Bestimmung getroffen hat, tritt der Nacherbfall mit dem Tod des Vorerben ein. Sinnvoll kann es sein, die Vor- und Nacherbschaft zeitlich zu beschränken.

Mit der Befristung der Nacherbschaft wird erreicht, dass die Kinder zu einem späteren Zeitpunkt doch Vollerben werden und über das ererbte Vermögen durch Verfügung von Todes wegen frei verfügen können.

SO MACHEN SIE ES RICHTIG: Vor- und Nacherbschaft
Ich setze meinen Sohn/meine Tochter _____ als befreiten Vorerben ein. Nacherben sind die Kinder meines Sohnes/ meiner Tochter; mehrere Kinder erben zu gleichen Teilen. Zu Ersatznacherben berufe ich _____. Der Nacherbfall tritt bei Tod des Vorerben ein.
Die Anordnung der Nacherbschaft endet, wenn mein Sohn/meine Tochter das 25. Lebensjahr vollendet hat.

GUT ZU WISSEN: Eine erbrechtliche Gestaltung, die vermeiden soll, dass Ihr geschiedener Ehemann oder Ihre geschiedene Ehefrau indirekt über gemeinsame Kinder an Ihrem Nachlass partizipiert, ist recht kompliziert. Sie sollten deshalb fachkundigen Rat einholen und darüber mit Ihren Kindern sprechen.

Eine geringere Beeinträchtigung der Kinder wird erreicht, wenn diese als Vollerben eingesetzt und mit Vermächtnissen belastet werden, die erst nach dem Tod anfallen. Den Kreis der Vermächtnisnehmer kann die vererbende Person selbst bestimmen oder dieses Recht einem von ihr bestellten Testamentsvollstrecker übertragen.

Verwaltungsbefugnisse des geschiedenen Ehemanns oder der geschiedenen Ehefrau können verhindert werden, wenn entweder eine Testamentsvollstreckung angeordnet oder diese Person von der Verwaltung des Nachlasses ausgeschlossen wird.

Vermögensübertragung auf die Kinder

Die Versorgung der Kinder wird im Regelfall davon abhängen, ob und inwieweit auch Zuwendungen an den Ehepartner oder die Ehepartnerin erfolgen (siehe oben). Ferner wird von Bedeutung sein, ob Vermögen an erwachsene oder minderjährige Kinder übergehen soll. Unterschiedliche Interessen müssen unter Umständen bei der Versorgung nicht ehelicher oder adoptierter Kinder berücksichtigt werden. Und besondere Vorsorge muss für behinderte und pflegebedürftige Kinder getroffen werden.

Vermögensübertragung auf erwachsene Kinder

Zunächst muss entschieden werden, ob Vermögenswerte bereits zu Lebzeiten oder erst mit dem Tod der vererbenden Person auf die Kinder übertragen werden sollen (Vor- und Nachteile der Vermögensübertragung zu Lebzeiten, siehe Seite 18). Danach muss geklärt werden, wem – also Ehemann, Ehefrau oder Kindern – Priorität bei der Versorgung eingeräumt, ob einzelne Kinder bevorzugt oder sogar enterbt werden sollen.

Wie im Kapitel 2 ausgeführt, kann es sinnvoll sein, bereits zu Lebzeiten Vermögen auf die Kinder zu übertragen. Damit erhalten diese Zuwendungen zu einer Zeit, wenn sie für ein Studium, für den Aufbau einer eigenen beruflichen Existenz oder die Gründung einer Familie benötigt werden. Die Zuwendungen zu Lebzeiten auf die Kinder erfolgen in der Regel als Schenkung, gemischte Schenkung oder als Ausstattung.

Wird Kindern zu Lebzeiten Vermögen übertragen, sollte man sich darüber bewusst sein, dass dieses Vermögen verloren geht. Prüfen Sie also, ob Sie auf das Vermögen verzichten können. Prüfen Sie auch, ob Sie die Vermögensübertragung von einer Gegenleistung abhängig machen wollen, indem Sie sich insbesondere Nutzungsvorbehalte, Versorgungsleistungen, einen Erb- und Pflichtteilsverzicht, Abfindungs- und Ausgleichszahlungen, die Übernahme von Schulden oder Rückforderungsansprüche vorbehalten wollen (siehe Seiten 28, 31, 34).

DAS IST WICHTIG: Denken Sie daran, dass eine Schenkung zu Lebzeiten Pflichtteilsergänzungsansprüche auslösen kann (siehe Seite 146). Dagegen begründet eine Ausstattung keinen Pflichtteilsergänzungsanspruch, soweit sie nicht im Übermaß gewährt wurde (Seite 25).

Einem Kind kann Vermögen auch durch ein Rechtsgeschäft unter Lebenden auf den Todesfall übertragen werden. In Betracht kommen insbesondere Verträge zugunsten Dritter in Form von Lebensversicherungen. Begünstigte erhalten die Zuwendung erst mit dem Tod der vererbenden Person. Die Zuwendung fällt nicht in den Nachlass.

GUT ZU WISSEN: Über eine Lebensversicherung können Sie insbesondere ein Kind versorgen, wenn Sie befürchten müssen, dass es wegen des betreffenden Kindes zu Streitigkeiten innerhalb der Erbengemeinschaft kommen wird. In diesem Fall können Sie das Kind durch eine Verfügung von Todes wegen enterben. Ihm steht dann sein Pflichtteil gegen die Erben zu (zum steueroptimalen Abschluss einer Lebensversicherung siehe Seite 195).

Mittels des gesetzlichen Erbrechts werden Kinder als gesetzliche Erben versorgt. Sie sind die Erben erster Ordnung. Kraft ihrer Testierfreiheit kann die vererbende Person davon abweichen und durch eine Verfügung von Todes wegen, also durch ein Testament oder durch einen Erbvertrag, andere Anordnungen treffen. Durch den Pflichtteil wird den Nachkommen allerdings ein Mindestanteil am Nachlass garantiert.

Kinder sind gesetzliche Erben erster Ordnung. Sie schließen alle anderen Verwandten von der Erbfolge aus. Sind mehrere Kinder vorhanden, so erben sie zu gleichen Teilen. Neben dem länger lebenden Ehemann oder der länger lebenden Ehefrau erben die Kinder beim Güterstand der Zugewinngemeinschaft die Hälfte des Nachlasses (siehe Seite 50).

Sollen Kinder abweichend von der gesetzlichen Erbfolge versorgt werden, muss die vererbende Person ein Testament erstellen oder einen Erbvertrag abschließen. Von Bedeutung wird in diesem Zusammenhang sein, wie neben den Kindern der Ehemann oder die Ehefrau versorgt werden soll.

▶ Beim gemeinschaftlichen Testament mit wechselseitiger Einsetzung zu Alleinerben, ohne Schlusserben zu bestimmen (Seite 177), und beim Berliner Testament werden die Kinder zwangsläufig enterbt mit der Folge, dass diese ihre Pflichtteilsansprüche geltend machen können. Mit dem Berliner Testament, in dem sich Ehemann oder Ehefrau gegenseitig als Erben einsetzen und bestimmen, dass nach dem Tod der oder des Längerlebenden der beiderseitige Nachlass an die Kinder fallen soll, kann mittelbar die Versorgung der Kinder gewährleistet werden, weil der oder die Längerlebende an die getroffenen Verfügungen gebunden ist.

▶ Wenn Ehemann oder Ehefrau von den Erträgen des Nachlasses (zum Beispiel Mieteinnahmen, Zinserträge) leben kann, kann es sinnvoll sein, den Ehemann oder die Ehefrau als Vorerben und die Kinder als Nacherben einzusetzen.

► Wenn der Ehemann oder die Ehefrau über ein großes Vermögen verfügt und imstande ist, einen angemessenen Unterhalt aus eigenen Mitteln zu bestreiten, sollte das Vermögen aus erbschaftsteuerlicher Sicht schon beim ersten Erbfall den Kindern überlassen werden. Damit wird vermieden, dass zweimal Erbschaftsteuer fällig wird.

► Bei einem großen Vermögen ist es unter erbschaftsteuerlichen Gesichtspunkten sinnvoll, den Nachlass auf den Ehemann oder die Ehefrau und die Kinder zu verteilen. Damit können die persönlichen Freibeträge optimal ausgenutzt und der progressiven Staffelung der Steuersätze entgegengewirkt werden.

► Unter Umständen kann es sinnvoll sein, die Kinder als Erben einzusetzen und Ehemann oder Ehefrau durch Zuwendung eines Vermächtnisses (zum Beispiel eines Geldvermächtnisses) zu versorgen.

► Aufgrund ihrer Testierfreiheit, also der Freiheit, nach Belieben über sein Vermögen durch Testament oder Erbvertrag zu verfügen, kann die vererbende Person ihre Kinder auch als Alleinerben einsetzen und den Ehemann oder die Ehefrau enterben. Dem Ehemann oder der Ehefrau verbleiben dann der Pflichtteil und der Anspruch auf Ausgleich des Zugewinns beim Güterstand der Zugewinngemeinschaft. Die Verteilung des Nachlasses unter den Kindern steht im Belieben der vererbenden Person; sie kann Kinder bevorzugen oder benachteiligen. Gegebenenfalls steht dem jeweiligen Kind sein Pflichtteil beziehungsweise Pflichtteilsrestanspruch zu.

Vermögensübertragung auf minderjährige Kinder

Minderjährige, also Personen, die das 18. Lebensjahr noch nicht vollendet haben, können im Wege der vorweggenommenen Erbfolge oder mittels des Erbrechts versorgt werden.

Ein minderjähriges Kind kann ohne Weiteres Alleinerbe oder Miterbe sein. Allerdings gibt es gegenüber einem volljährigen Erben einige Besonderheiten. So werden Minderjährige bei der Annahme der Erbschaft durch gesetzliche Vertreter, in der Regel von den Eltern vertreten. Diese haben das Vermögen (wenn es den Wert von 15.000 Euro übersteigt), das ihr Kind von Todes wegen erwirbt, zu verzeichnen und das Nachlassverzeichnis beim Familiengericht einzureichen.

Das von Minderjährigen geerbte Vermögen wird von den Eltern beziehungsweise vom sorgeberechtigten Elternteil verwaltet. In einigen Fällen bedürfen die Eltern zu Rechtsgeschäften für das Kind der Genehmigung des Familiengerichts, so etwa für diverse Grundstücksgeschäfte, für Miet- und Pachtverträge,

Kreditaufnahmen und Bankgeschäfte. Liegt die Genehmigung nicht vor, so ist das Rechtsgeschäft unwirksam.

Die vererbende Person kann auch einen Testamentsvollstrecker einsetzen, der das Vermögen des Kindes verwaltet, bis es ein bestimmtes Alter erreicht hat. In diesem Fall würden allerdings die Eltern die gesetzlichen Kontrollrechte über den Testamentsvollstrecker ausüben.

→ **GUT ZU WISSEN:** Wenn Sie einem minderjährigen Kind etwas vererben wollen, können Sie in Ihrer Verfügung von Todes wegen anordnen, wie die Eltern des Kindes beziehungsweise ein Elternteil das vererbte Vermögen zu verwalten haben. Sie können aber auch bestimmen, dass sich die Vermögenssorge der Eltern nicht auf das vom Kind geerbte Vermögen erstrecken soll (siehe Seite 132).

Die vererbende Person hat auch das Recht, durch eine Verfügung von Todes wegen den Eltern oder einem Elternteil das Recht zu entziehen, das dem Kind vererbte Vermögen zu verwalten. In diesem Fall muss das Familiengericht eine Pflegschaft anordnen, wobei der Erblasser ausdrücklich anweisen kann, welche Person als Pfleger zu bestellen ist. Er kann auch einen Pfleger benennen. In diesem Fall kann dann das Kind mit Vollendung des 18. Lebensjahrs sein Vermögen selbst verwalten.

Wer einem minderjährigen Kind etwas vererbt, kann auch anordnen, wie der Ehepartner oder die -partnerin das vererbte Vermögen zu verwalten hat.

📎 **SO MACHEN SIE ES RICHTIG: Verwaltungsanordnung**
Ich vererbe meinem minderjährigen Kind _____ 20.000 Euro und bestimme, dass 10.000 Euro auf einem Sparbuch anzulegen und 10.000 Euro in Aktien zu investieren sind.

An die Anordnungen sind nur die Eltern beziehungsweise der Elternteil, nicht das Kind gebunden. Mit Vollendung des 18. Lebensjahrs kann das Kind frei über das Vermögen verfügen. Die Bindung der Eltern beziehungsweise des Elternteils an die Anordnungen beschränkt sich allerdings auf das Innenverhältnis. Die Verfügungen der vererbenden Person, die von ihren Anordnungen abweichen, bleiben also trotzdem wirksam.

Vermögensübertragung auf nicht eheliche oder adoptierte Kinder

Einem nicht ehelichen oder einem adoptierten Kind steht ein gesetzliches Erb- und Pflichtteilsrecht zu. Soll vermieden werden, dass das nicht eheliche beziehungsweise adoptierte Kind mit den leiblichen Kindern Mitglied einer Erbengemeinschaft wird, kann das nicht eheliche beziehungsweise adoptierte Kind aus dem Kreis der gesetzlichen Erben durch Zuwendungen im Rahmen der vorweggenommenen Erbfolge gegen einen Erb- und Pflichtteilsverzicht (siehe Seite 33) ausgeschlossen werden. Das Kind kann aber auch außerhalb des Nachlasses durch eine Verfügung unter Lebenden auf den Todesfall (zum Beispiel durch eine Lebensversicherung) versorgt und ein Erb- und Pflichtteilsverzicht vereinbart werden.

Erbrechtlich kann die vererbende Person es auch bei der gesetzlichen Erbfolge belassen. In diesem Fall steht dem nicht ehelichen beziehungsweise adoptierten Kind der gleiche Erbteil wie den leiblichen Kindern zu. Natürlich kann das nicht eheliche beziehungsweise adoptierte Kind auch gegenüber den leiblichen Kindern bevorzugt werden. Dann sind unter Umständen Pflichtteilsansprüche beziehungsweise Pflichtteilsrestansprüche der leiblichen Kinder zu berücksichtigen. Im Erbvertrag kann das nicht eheliche beziehungsweise adoptierte Kind verpflichtet werden, dasjenige, was es von der vererbenden Person erbt, an deren leibliche Kinder zu vererben.

→ DAS IST WICHTIG: Soll das Vermögen nur an die leiblichen Kinder vererbt werden, muss das nicht eheliche beziehungsweise adoptierte Kind enterbt werden. Diesem steht dann allerdings der gesetzliche Pflichtteil zu.

Bei der Adoption eines Volljährigen ist zu beachten, dass die erbrechtlichen Beziehungen zwischen dem Adoptierten und seinen leiblichen Verwandten bestehen bleiben. Vermögen, das dem adoptierten Kind übertragen wird, kann also beim Tod des Adoptierten gesetzlich oder durch Verfügung von Todes wegen auf dessen Verwandten übergehen. Diese Folgen lassen sich vermeiden, wenn das adoptierte Kind nur zum Vorerben eingesetzt und als Nacherben zum Beispiel die leiblichen Kinder oder andere Verwandte bestimmt werden. Das adoptierte Kind kann aber auch durch einen Erbvertrag verpflichtet werden, seine leiblichen Verwandten von der Erbfolge auszuschließen. Allerdings würde diesen dann der Pflichtteil verbleiben.

Vermögensübertragung auf Kinder mit Behinderung oder pflegebedürftige Kinder

Für Kinder mit Behinderung oder pflegebedürftige Kinder ist besondere Vorsorge zu treffen. Trotz Pflegeversicherung sind für Pflegeheim- und Pflegekosten von den Eltern häufig eigene Zuzahlungen zu erbringen. Schutzbedürftig sind vor allem Kinder mit Behinderung, die nach dem Tod der Eltern versorgt werden müssen. Probleme ergeben sich in diesen Fällen dann, wenn die im Rahmen der Pflegebedürftigkeit erforderlichen Aufwendungen mangels eigener Einkünfte vom Sozialamt oder der Grundsicherung übernommen werden.

Eine pflegebedürftige Person oder eine Person mit Behinderung hat grundsätzlich ihr eigenes Vermögen einzusetzen, um die Lebenshaltungskosten, Betreuungskosten oder die Kosten für eine Heimunterbringung zu bestreiten. Neben dem Einsatz des Einkommens wird von Hilfesuchenden verlangt, dass sie ihr Vermögen verbrauchen beziehungsweise veräußern, bevor sie Sozialhilfe beanspruchen können. Ausgenommen ist das sogenannte Schonvermögen. Hierzu zählen

- ein angemessener Hausrat (zum Beispiel Möbel, Fernsehgerät, Haushaltsgeräte),
- Gegenstände, die zur Aufnahme oder Fortsetzung der Berufsausbildung oder der Erwerbstätigkeit unentbehrlich sind (zum Beispiel Arbeitsgeräte, Schutzkleidung),
- Familien- und Erbstücke (zum Beispiel Schmuckstücke, Kunstgegenstände), deren Veräußerung für die Hilfesuchenden oder ihre Familie eine besondere Härte bedeuten würde,
- Gegenstände zur Befriedigung geistiger und künstlerischer Bedürfnisse, beispielsweise Bücher oder Musikinstrumente (ausgenommen Luxusgegenstände) sowie
- ein den Verhältnissen angemessenes Hausgrundstück, das von den Hilfesuchenden allein oder mit Angehörigen bewohnt wird.

Kleinere Beträge in bar oder sonstige Geldwerte (die Höhe wird jeweils gesetzlich festgelegt) dürfen den Hilfesuchenden zur Verfügung stehen.

Alles übrige Vermögen des Kindes, also auch die Erbschaft, wandert zur Finanzierung seiner Sozialhilfe an den Sozialhilfeträger. Und dieser kann, wenn das Kind mit Behinderung Erbe wird, aus dem Nachlass auch für zurückliegende Sozialhilfeleistungen Ersatz verlangen. Dies kann dann innerhalb kürzester Zeit dazu führen, dass die gesamte

Erbschaft verbraucht ist, sodass das Kind mit Behinderung oder das pflegebedürftige Kind aus dem ersparten und vererbten Vermögen keine Vorteile erzielt. Und dass es nach dem Verbrauch des Vermögens wieder auf Sozialhilfe angewiesen sein wird, ohne besondere Vorteile aus der Erbschaft gezogen zu haben.

→ **GUT ZU WISSEN:** Natürlich können Eltern bereits zu Lebzeiten Schenkungen vornehmen und dabei ihr Kind mit Behinderung oder ihr pflegebedürftiges Kind übergehen. Wenn allerdings ein Elternteil oder beide Elternteile innerhalb von zehn Jahren nach der Zuwendung versterben, steht dem Kind mit Behinderung der Pflichtteilsergänzungsanspruch zu, der dann gesetzlich auf den Sozialhilfeträger übergeleitet wird.

Besser als Vermögensübertragungen zu Lebzeiten (zum Beispiel eine Schenkung) sind erbrechtliche Gestaltungen. Mit dem sogenannten „Behindertentestament" können Eltern erreichen, dass das Vermögen der Familie erhalten bleibt und ein Zugriff des Sozialhilfeträgers darauf ausgeschlossen wird. Darüber hinaus kann dem behinderten oder pflegebedürftigen Kind im Erbfall eine über die normale Sozialhilfe hinausgehende Lebensqualität gewährleistet werden, indem Zuwendungen an das Kind erfolgen, die ihm vom Sozialhilfeträger nicht weggenommen werden können.

Dieses Ziel wird nicht mit der Enterbung des Kinds mit Behinderung oder des pflegebedürftigen Kindes oder mit einer geringeren Erbquote als dem Pflichtteilsanspruch erreicht. Entsprechendes gilt für die Zuwendung eines Vermächtnisses mit einem geringeren Wert als dem Pflichtteilsanspruch. Auch ein Berliner Testament, das gemeinsam mit dem Ehemann oder der Ehefrau errichtet wird und in dem sich die Eheleute wechselseitig zu Alleinerben einsetzen und damit das Kind mit Behinderung zunächst enterben, ist nicht hilfreich. Denn der Sozialhilfeträger würde den Pflichtteilsanspruch des Kindes auf sich überleiten und ihn im Erbfall gegen den länger lebenden Ehepartner geltend machen.

> **DAS IST WICHTIG:** Ein Kind mit Behinderung darf in einer Verfügung von Todes wegen nicht übergangen werden, weil dann sofort mit dem Erbfall der Pflichtteilsanspruch entsteht, den der Sozialhilfeträger auf sich überleitet und gegen die Erben geltend macht.

Dem klassischen Behindertentestament liegt die Anordnung einer Vor- und Nacherbfolge zugrunde:

- Das Kind wird in Höhe eines Erbteils, der zumindest geringfügig über dem gesetzlichen Pflichtteil liegen muss, zum sogenannten nicht befreiten Vorerben eingesetzt. Damit wird erreicht, dass das Kind keine Verfügungsbefugnis über den Nachlassanteil hat, das ererbte Vermögen also von ihm nicht verwertet werden und der Sozialhilfeträger auf diesen Vermögensanteil auch nicht zugreifen kann. Die Erträge des Nachlasses (zum Beispiel Zinser-

träge) müssen eingesetzt werden, bevor Sozialhilfe verlangt werden kann.
- Als Nacherbe wird eine andere Person (zum Beispiel der länger lebende Ehemann, die länger lebende Ehefrau oder die Geschwister des Kindes mit Behinderung) eingesetzt. Der Nacherbfall tritt mit dem Tod des Vorerben ein.
- Die Vor- und Nacherbfolge wird durch Anordnung einer Dauertestamentsvollstreckung ergänzt. Damit werden die Nutzungen aus dem Erbteil vor Zugriffen von Gläubigern des Erben geschützt.
- Der Testamentsvollstrecker, den die vererbende Person selbst bestimmen kann, wird angewiesen, dem Kind mit Behinderung besondere Annehmlichkeiten zu sichern, die kein Grundbedarf sind, den der Sozialhilfeträger zu gewährleisten hat. In Betracht kommen geringere Geldbeträge zur freien Verfügung, Urlaubsaufenthalte oder Geschenke zu besonderen Anlässen.

SO MACHEN SIE ES RICHTIG: Behindertentestament

Zu meinen Erben bestimme ich meine Tochter _____ zu sieben Zehntel und meinen Sohn _____ zu drei Zehntel. Mein Sohn wird jedoch nur Vorerbe. Nacherbe nach meinem Sohn wird meine Tochter _____ und ersatzweise ihre Nachkommen entsprechend den

8

> *Regelungen über die gesetzliche Erbfolge.*
>
> *Der Nacherbfall tritt mit dem Tod des Vorerben ein.*
>
> *Weil mein Sohn wegen seiner Behinderung zurzeit nicht imstande ist, seine Angelegenheiten selbst zu besorgen, insbesondere die ihm zufallenden Vermögensteile selbst zu verwalten, ordne ich für den Fall meines Todes für den Erbteil meines Sohnes Testamentsvollstreckung an. Zur Testamentsvollstreckerin benenne ich meine Tochter ____, ersatzweise ____. Der Testamentsvollstrecker ist von allen gesetzlichen Beschränkungen, soweit zulässig, befreit.*
>
> *Der Testamentsvollstrecker hat den Nachlass zu verwalten. Er ist verpflichtet, meinem Sohn entsprechende Mittel aus den Erträgen des Erbteils zur Verfügung zu stellen für ____ (zum Beispiel Taschengeld, Kleidung, Kuraufenthalte usw.).*

> ➤ **GUT ZU WISSEN:** Wenn Sie ein Behindertentestament errichten wollen, sollten Sie unbedingt einen Notar oder eine fachkundige Anwältin aufsuchen. Die Gestaltung eines solchen Testaments ist sehr komplex. In jedem Fall müssen die persönlichen Lebensumstände und die individuellen Wünsche der Beteiligten immer berücksichtigt werden. Ein vorformuliertes Standard-Behindertentes-

tament genügt diesen Anforderungen im Regelfall nicht.

Vermögensübertragung in der Patchworkfamilie

Fast die Hälfte aller in Deutschland geschlossenen Ehen wird wieder geschieden. Mehr als die Hälfte aller geschiedenen Mütter und Väter hat dann wieder einen Partner oder eine Partnerin. Neue Familien werden gegründet. In diese Familien bringen die Ehepartner ihre Kinder mit. Dann ist jeder zugleich Vater und Mutter eines leiblichen Kindes und Stiefmutter oder Stiefvater des Kindes der oder des neuen Partners oder Partnerin, und häufig bekommt das Paar noch neue gemeinsame Kinder. Allerdings ist das deutsche Erbrecht auf solche „komplizierten" Familienverhältnisse nicht ausgelegt.

Gesetzliche Erbfolge

Das Vermögen der Partner in einer Patchworkfamilie verteilt sich je nachdem, welcher Partner zuerst verstirbt. Beim Tod eines Partners erben dessen leibliche Kinder, das heißt einseitige beziehungsweise gemeinsame Kinder. Daneben erbt die oder der Längerlebende die Hälfte des Nachlasses, wenn sie verheiratet waren und im gesetzlichen Güterstand der Zugewinngemeinschaft gelebt haben. Waren die Partner nicht verheiratet, erben jeweils nur die leiblichen Kinder. Haben die Eheleute einer Patchworkfamilie kein Testament gemacht, so hängt die Höhe des Erbes der nicht gemeinsamen Kinder davon ab, welcher Partner zuerst stirbt. Das zeigt das folgende Beispiel:

BEISPIEL: Die Eheleute A+B leben im Güterstand der Zugewinngemeinschaft. Ehemann wie Ehefrau haben jeder ein Vermögen von 60.000 Euro. Sie haben zwei gemeinsame Söhne und jeweils eine Tochter aus einer früheren Beziehung.
Der Ehemann A stirbt zuerst: Wenn der Ehemann zuerst stirbt, erbt die Frau B die Hälfte des Vermögens, also 30.000 Euro, die Söhne und die Tochter des Ehemanns erhalten jeweils ein Drittel, also 10.000 Euro. Einige Jahre später stirbt die Ehefrau B. Ihre Kinder erhalten 60.000 Euro ihres Vermögens plus die 30.000 Euro aus der Erbschaft des verstorbenen Ehemanns. Die drei Kinder der Ehefrau erhalten also je 30.000 Euro.
Die Ehefrau B stirbt zuerst: Stirbt die Ehefrau zuerst, erbt der Ehemann ebenfalls die Hälfte des Vermögens, also 30.000 Euro. Jeweils 10.000 Euro fallen an die gemeinsamen Söhne und die Tochter der Ehefrau. Ein paar Jahre später stirbt der Ehemann. Seine Kinder erben zusammen die Summe des eigenen Vermögens und des nach der vorverstorbenen Ehefrau geerbten Vermögens, zusammen also 90.000 Euro, wovon jedes Kind 30.000 Euro erhält.

Das Beispiel zeigt, dass die Höhe des geerbten Vermögens für die Kinder vom Zufall abhängig ist, je nachdem, wer zuerst verstirbt – der leibliche Elternteil des einseitigen Kindes oder der Stiefelternteil. Die Kinder der oder des Längerlebenden werden nach der gesetzlichen Erbfolge bevorzugt. Zudem geht so ein Teil des Vermögens der oder des zuerst Versterbenden an die einseitigen Kinder des länger lebenden Ehemanns oder der länger lebenden Ehefrau. Wenn Sie diese gesetzliche Erbfolge nicht akzeptieren wollen, müssen Sie eine Verfügung von Todes wegen errichten und darin nach Ihren Wünschen Anordnungen treffen.

Abweichende testamentarische Verfügungen

Für von der gesetzlichen Erbfolge abweichende testamentarische Regelungen sind entsprechend Ihren persönlichen Wünschen verschiedene Gestaltungen denkbar:

▶ Die Eheleute sind sich einig, dass jeweils nur die eigenen Kinder erben sollen. Sie selbst wollen sich gegenseitig nicht beerben. In diesem Fall muss jeder die eigenen Kinder als Erben einsetzen, und die Eheleute müssen gegenseitig auf ihr Erb- und Pflichtteilsrecht sowie auf den Zugewinnausgleich (wenn sie im Güterstand der Zugewinngemeinschaft leben) verzichten.

▶ Die Eheleute sind sich einig, dass zunächst die oder der Längerlebende finanziell abgesichert werden soll. Danach soll das Vermögen an die leiblichen Kinder übergehen. In diesem Fall können der länger lebende Ehemann oder die länger lebende Ehefrau als Vorerbe und die eigenen Kinder des oder der Verstorbenen als Nacherben eingesetzt werden (siehe dazu im Einzelnen Seite 104). Die Vor- und Nacherbfolge kann unterschiedlich gestaltet werden. So kann zum Beispiel festgelegt werden, dass die oder der Längerlebende zwar die Miet- und Zinseinnahmen bekommt, die Substanz des Vermögens aber den leiblichen Kindern des verstorbenen Ehemanns oder der verstorbenen Ehefrau erhalten bleiben muss. In jedem Fall aber müssten die Eheleute einen Pflichtteilsverzicht regeln.

► Die Eheleute wollen alle Kinder, also die leiblichen Kinder und die Stiefkinder gleichbehandeln. In diesem Fall müssen sie sich gegenseitig zu Alleinerben einsetzen und ihre beiderseitigen Kinder zu Schlusserben zu gleichen Teilen (siehe dazu im Einzelnen Seite 77). Probleme ergeben sich in diesem Fall, wenn leibliche Kinder nach dem Tod der oder des zuerst Versterbenden beziehungsweise nach dem Tod der oder des Längerlebenden ihren Pflichtteil verlangen.

► Die Stiefkinder sind noch minderjährig, wenn sie erben. Damit liegt das Sorgerecht, zu dem auch die Sorge über das Vermögen des Kindes ge-

hört, nicht beim Stiefelternteil, sondern ausschließlich beim Expartner oder der Expartnerin der vererbenden Person. Die oder der Längerlebende muss sich also mit dem Expartner des verstorbenen Ehemanns oder der verstorbenen Ehefrau auseinandersetzen. Diese unter Umständen unangenehme Situation kann vermieden werden, wenn der Ehemann oder die Ehefrau als Testamentsvollstrecker eingesetzt wird. Dann kann er das Erbe des Kindes verwalten, bis es volljährig ist.

→ **GUT ZU WISSEN:** Die gesetzliche Erbfolge in Patchworkfamilien ist ungerecht. Diese Rechtslage durch entsprechende testamentarische Gestaltungen auszugleichen, ist allerdings kompliziert. Vor allem müssen bei den verschiedenen Gestaltungen jeweils auch die Pflichtteilsansprüche der Beteiligten berücksichtigt werden. Hier kann eine Notarin oder ein fachkundiger Anwalt helfen, die persönlichen Wünsche der Beteiligten in einem Testament wasserdicht umzusetzen.

Vermögensübertragung auf den nicht ehelichen Lebenspartner

Immer häufiger entscheiden sich Menschen dafür, anstatt in einer Ehe in einer nicht ehelichen Lebensgemeinschaft zusammenzuleben. Darunter wird eine Lebensgemeinschaft zwischen zwei Personen verstanden, die auf Dauer angelegt ist, daneben keine weitere Lebensgemeinschaft gleicher Art zulässt und sich durch innere Bindungen auszeichnet, die ein gegenseitiges Einstehen füreinander begründen, also über die Beziehungen in einer reinen Haushalts- und Wirtschaftsgemeinschaft hinausgehen.

➜ **DAS IST WICHTIG:** Das deutsche Erbrecht berücksichtigt in erster Linie nach wie vor die Ehe. Anders als dem länger lebenden Ehemann oder der länger lebenden Ehefrau (siehe Seite 49) steht dem nicht ehelichen Lebensgefährten oder der nicht ehelichen Lebensgefährtin beim Tod des anderen kein gesetzliches Erbrecht zu. Diesen bleibt nur der Anspruch auf den sogenannten Dreißigsten: Nach dem Tod des Lebenspartners oder der Lebenspartnerin können sie von den Erben 30 Tage lang Unterhalt verlangen. Im Übrigen besteht nur die Möglichkeit, die oder den Längerlebenden durch Vermögensübertragungen zu Lebzeiten, Vermögensübertragungen unter Lebenden auf den Todesfall und durch eine Verfügung von Todes wegen wirtschaftlich zu versorgen.

Schenkungen zu Lebzeiten

Auf den nicht ehelichen Lebenspartner oder die nicht eheliche Lebenspartnerin kann zu Lebzeiten Vermögen übertragen werden. In Betracht kommen insbesondere unentgeltliche Zuwendungen in Form von Schenkungen. Zu beachten ist allerdings, dass damit Vermögenswerte verloren gehen, selbst wenn sich die vererbende Person die Nutzung (zum Beispiel die Mieteinnahmen bei Übertragung eines Hauses) vorbehalten hat oder sie sich im Gegenzug Versorgungsleistungen (zum Beispiel Pflegeleistungen) hat zusichern lassen. Im Übrigen verlangt die Vermögensübertragung zu Lebzeiten eine Prognose der künftigen Lebensumstände. Hierbei ist zu bedenken, dass sich die eigenen wirtschaftlichen Verhältnisse anders entwickeln können oder die Partnerschaft endet. Wer Vermögen bereits zu Lebzeiten auf den nicht ehelichen Lebenspartner oder die nicht eheliche Lebenspartnerin überträgt, geht diese Risiken ein. Insoweit sollten vererbende Personen bei einer nicht ehelichen Lebensgemeinschaft, insbesondere wenn sie noch nicht lange besteht, mit den Vermögensübertragungen zu Lebzeiten eher zurückhaltend sein.

➜ **GUT ZU WISSEN:** Auch unter schenkungsteuerlichen Gesichtspunkten ist die Vermögensübertragung zu Lebzeiten auf nicht eheliche Lebenspartner oder die nicht eheliche Lebenspartnerin wenig sinnvoll. Steuerlich als beliebiger Dritter behandelt, wird er oder sie in die schlechteste Steuerklasse III eingestuft. Wie lange die Partnerschaft dauert, ist ohne Bedeutung. Damit steht Ihrem nicht ehelichen Partner oder Ihrer nicht ehelichen Partnerin nur ein allgemeiner Steuerfreibetrag von 20.000 Euro zu.

Unter steuerlichen Gesichtspunkten kann es sinnvoll sein, mit dem nicht ehelichen Ehepartner oder der -partnerin ein gemeinschaftliches Bank- oder Wertpapierdepot zu unterhalten. In diesem Fall ist grundsätzlich davon auszugehen, dass beiden die Einlagen zu gleichen Teilen zustehen.

Versorgung durch eine Lebensversicherung

Sinnvoll kann es sein, den nicht ehelichen Lebenspartner oder die nicht eheliche Lebenspartnerin über eine Lebensversicherung zu versorgen. Die oder der als bezugsberechtigt Eingesetzte erwirbt den Anspruch gegen die Versicherung mit dem Erbfall. Die Versicherungssumme fällt nicht in den Nachlass und wird deshalb auch nicht von Pflichtteilsansprüchen erfasst. Der Versicherungsnehmer kann die Bezugsberechtigung jederzeit ändern, insbesondere dann, wenn die nicht eheliche Lebensgemeinschaft nicht mehr besteht.

DAS IST WICHTIG: Zu beachten ist, dass es zwischen der vererbenden Person und der oder dem als bezugsberechtigt Benannten nicht ehelichen Partner oder Partnerin eines rechtlichen Grunds bedarf, damit dieser oder diese die

Versicherungssumme behalten darf. Andernfalls können nämlich die Erben die Herausgabe der Versicherungssumme verlangen. Als rechtlicher Grund kommt regelmäßig eine Schenkung in Betracht.

Die fällige Lebensversicherung unterliegt der Schenkung- und Erbschaftsteuer. Steuerpflichtig ist die ganze Versicherungssumme, nicht nur der Prämienaufwand der oder des Versicherungsnehmers. Zur Versorgung des Lebenspartners oder der Lebenspartnerin ist die Absicherung über die Bezugsberechtigung aus einer Lebensversicherung unter steuerlichen Gesichtspunkten nicht optimal.

GUT ZU WISSEN: Keine Schenkungsteuer fällt an, wenn Ihr nicht Partner oder Partnerin Versicherungsnehmer und Prämienzahler und gleichzeitig bezugsberechtigte Person ist und Sie die versicherte Person sind.

Erbrechtliche Versorgung

Sie können Ihren Partner oder Ihre Partnerin einer nicht ehelichen Lebensgemeinschaft durch Testament oder Erbvertrag als Erbe einsetzen. Sinnvoll ist es, das Motiv der Erbeinsetzung anzugeben (zum Beispiel jahrelange partnerschaftliche Verbundenheit), um von vornherein den Einwand der Sittenwidrigkeit auszuschließen. Nicht möglich ist es allerdings, ein gemeinschaftliches Testament zu errichten; das ist nur Eheleuten vorbehalten.

Der Nachteil des Testaments liegt insbesondere darin, dass es jederzeit widerrufen oder geändert werden kann. Die als Erbe eingesetzte Person muss nicht informiert werden. In der Praxis hat das schon zu bösen Überraschungen geführt, weil das Testament „hinter dem Rücken" der oder des anderen geändert wurde.

Zulässig ist es, dass beide ein Einzeltestament verfassen und den jeweils anderen zum Erben einsetzen. In diesem Fall kann dann der Fortbestand des vom anderen erstellten Testaments zur Bedingung der eigenen Anordnung gemacht werden.

Außer durch Testament kann die Erbeinsetzung eines nicht ehelichen Lebenspartners oder einer nicht ehelichen Lebenspartnerin auch durch einen Erbvertrag vorgenommen werden. Dabei schließt die vererbende Person einen Vertrag mit ihrem sogenannten Vertragserben, um ihm oder ihr so die Erbschaft rechtlich zu sichern. Während Verfügungen in Form des Testaments jederzeit frei widerrufen werden können, ist das bei vertragsmäßigen Anordnungen im Erbvertrag nicht einfach möglich.

> **GUT ZU WISSEN:** Weil nur der Erbvertrag letztlich gewährleistet, dass keiner ohne Wissen des anderen seine Verfügung von Todes wegen ändern kann, ist dies erbrechtlich die richtige Form, den nicht ehelichen Lebenspartner oder die nicht eheliche Lebenspartnerin zu versorgen.

Der Nachteil des Erbvertrags für Menschen in einer nicht ehelichen Lebensgemeinschaft besteht darin, dass bindende Verfügungen wie die Einsetzung eines Erben grundsätzlich nur im Einvernehmen mit dem eingesetzten Vertragserben aufgehoben werden können. Allein das Scheitern der Lebensgemeinschaft hat nicht automatisch zur Folge, dass der Erbvertrag ohne Weiteres gegenstandslos wird oder dass der vererbenden Person ein gesetzliches Rücktrittsrecht zusteht. Deshalb sollten im Erbvertrag unbedingt Regelungen für das Scheitern der Lebensgemeinschaft getroffen werden.

Folgende Möglichkeiten bestehen:

> Die gegenseitige Erbeinsetzung kann unter der Bedingung vorgenommen werden, dass die Lebensgemeinschaft beim Tod des Erstversterbenden noch besteht oder dass die Erbeinsetzung im Testament des Lebenspartners oder der -partnerin noch wirksam ist.

8

SO MACHEN SIE ES RICHTIG: Gegenseitige Erbeinsetzung

Wir setzen uns gegenseitig vertragsmäßig zu Alleinerben für den Fall ein, dass unsere Partnerschaft beim Tod der oder des Erstversterbenden noch besteht. [Oder]

Die Erbeinsetzung steht unter der Bedingung, dass mich mein Lebensgefährte/meine Lebensgefährtin ebenfalls wirksam als Alleinerbe eingesetzt hat.

▶ die vererbende Person kann sich im Erbvertrag ein bedingungsloses Rücktrittsrecht oder ein Rücktrittsrecht nur für den Fall vorbehalten, dass die Lebensgemeinschaft nicht mehr besteht. Bei Letzterem kann allerdings das Problem auftreten, das Nichtbestehen der Lebensgemeinschaft konkret glaubhaft zu machen. Im Regelfall ist deshalb dem bedingungslosen Rücktrittsvorbehalt der Vorzug zu geben.

Bei der Erbeinsetzung des nicht ehelichen Lebenspartners oder der nicht ehelichen Lebenspartnerin ist die ungünstige erbschaftsteuerliche Situation zu bedenken. Insoweit gilt das im Zusammenhang mit der Vermögensübertragung zu Lebzeiten Gesagte entsprechend.

Alternativ zur Erbeinsetzung kann die oder der Längerlebende in einer nicht ehelichen Lebensgemeinschaft durch die Zuwendung von Vermächtnissen wirtschaftlich abgesichert werden. In Betracht kommen insbesondere Nießbrauchs-, Renten- oder Wohnungsrechtsvermächtnisse.

➡ **GUT ZU WISSEN:** Weil es bei der Zuwendung eines Vermächtnisses zur Versorgung Ihres nicht ehelichen Lebenspartners oder Ihrer -partnerin zu Streitigkeiten mit Ihren Erben (zum Beispiel Ihren Kindern) kommen kann, sollten Sie Vorkehrungen für die Erfüllung des Vermächtnisses treffen. Sinnvoll kann es sein, einen Testamentsvollstrecker zu bestellen und diesen zu beauftragen, das Vermächtnis zu erfüllen.

Vermögensübertragung auf verschuldete Personen

Probleme gibt es, wenn einer verschuldeten Person (zum Beispiel dem Ehemann oder der Ehefrau, den Kindern oder anderen Personen) zu Lebzeiten oder durch Verfügung von Todes wegen Vermögen übertragen werden soll. Wenig Sinn macht es nämlich, Vermögen an eine verschuldete Person zu übertragen, wenn dann deren Gläubiger sofort auf dieses Vermögen zugreifen können. Im Wesentlichen geht es also darum, die Zuwendungen auf pfändungsfreie Vermögenswerte zu beschränken und bei Geldzuwendungen die Pfändungsfreigrenzen zu beachten.

Zuwendungen zu Lebzeiten (insbesondere Schenkungen) werden nur dann in Betracht kommen, wenn sie nicht der Pfändung unterworfen sind. Unpfändbar ist insbesondere eine normale Wohnungseinrichtung mit Schrank, Bett, Sitzmöglichkeit, Tisch, den üblichen Haushaltsgeräten einschließlich Kühlschrank und Waschmaschine sowie die Bekleidung. Ebenso nicht pfändbar sind Radio- und Fernsehgerät, wobei Gläubiger allerdings in diesen Fällen im Wege einer sogenannten „Austauschpfändung" ein wertvolles Gerät durch ein einfacheres ersetzen können. Ein Pkw ist dann unpfändbar, wenn er zur Berufsausübung (Vertreter, Monteurin) oder aus gesundheitlichen Gründen (zum Beispiel wegen einer Schwerbehinderung) für Schuldner unentbehrlich ist.

GUT ZU WISSEN: Wegen der bei Geldzuwendungen für die betreffende Person geltenden Pfändungsfreigrenzen sollten Sie sich bei einer Schuldnerberatungsstelle erkundigen, zum Beispiel bei Ihrer Verbraucherzentrale.

Erbrechtlich muss in der Verfügung von Todes wegen einerseits verhindert werden, dass durch die Vermögensübertragung die Gläubiger der Erben, Pflichtteilsberechtigten oder Vermächtnisnehmer auf das Vermögen zugreifen können. Andererseits soll diesen Personen jedoch ein angemessener Unterhalt gewährleistet werden. Hierzu gibt es folgende Möglichkeiten:

- Soll ein verschuldeter Nachkomme (zum Beispiel ein Kind oder ein Enkel) bedacht werden, so besteht das Problem darin, dass die Gläubiger auf dessen Pflichtteil zugreifen können. Für diesen Fall kann die vererbende Person dem Nachkommen – auch gegen dessen Willen – den Pflichtteil lediglich als Vorerbe zukommen lassen und die gesetzlichen Erben des Pflichtteilsberechtigten (zum Beispiel ihr Ehemann oder ihre Ehefrau oder ihre Kinder) zu dessen Nacherben bestimmen. In diesem Fall ist nicht nur der Pflichtteil der Pfändung entzogen, sondern auch die Nutzungen (Zinserträge), soweit diese für den standesgemäßen Unterhalt der Pflichtteilsberechtigten und deren Familien erforderlich sind. Entsprechendes gilt, wenn die Verwaltung für die Lebenszeit eines Nach-

kommen einem Testamentsvollstrecker übertragen wird. Dann hat der Nachkomme Anspruch auf den jährlichen Reinertrag.

- Die Anordnung der Pflichtteilsbeschränkung wird unwirksam, wenn zur Zeit des Erbfalls die den Grund der Anordnung bildende Überschuldung nicht mehr besteht. Für die Unwirksamkeit ist es nicht notwendig, dass das Testament angefochten wird. Die Unwirksamkeit kann sowohl von dem Nachkommen als auch von einem Gläubiger geltend gemacht werden.

GUT ZU WISSEN: Die Pflichtteilsbeschränkung muss in einer Verfügung von Todes wegen, also in einem Testament oder in einem Erbvertrag erfolgen. Als vererbende Person sollten Sie sich vor einer entsprechenden Anordnung von einem Notar oder einer fachkundigen Anwältin beraten lassen.

- Soll an eine andere verschuldete Person als einem Nachkommen der vererbenden Person (zum Beispiel der Ehemann oder die nicht eheliche Lebenspartnerin) ein Vermögenswert übertragen werden, ist zunächst darauf zu achten, dass es sich um pfändungsfreie Vermögenswerte beziehungsweise um Geldzuwendungen handelt, die die Pfändungsfreigrenzen nicht überschreiten. Im Übrigen bleibt nur die Anordnung der Vor- und Nacherbfolge und einer Dauertestaments-vollstreckung, um die Substanz des Nachlasses vor Gläubigern der oder des Bedachten zu schützen. Denkbar ist auch die Lösung, die überschuldete Person nicht als Erbe einzusetzen, sondern nur mit einem Vermächtnis zu bedenken, das nicht pfändbar ist.

SO MACHEN SIE ES RICHTIG:
Beschränkung des Pflichtteils in guter Absicht

Ich setze meine Kinder _____ und _____ je zur Hälfte zu meinen Erben ein.
Mein Sohn/Meine Tochter _____ ist hoch verschuldet. Ein Antrag auf Eröffnung des Insolvenzverfahrens über sein/ihr Vermögen wurde mangels Masse abgelehnt. Durch die Überschuldung ist ein späterer Erwerb erheblich gefährdet. Ich setze deshalb gemäß § 2338 BGB meinen Sohn/meine Tochter bezüglich seines/ihres Erbteils nur zum Vorerben ein. Nacherbe sind seine/ihre gesetzlichen Erben. Der Nacherbfall tritt mit dem Tod des Vorerben ein.
Für die Zeit der Vorerbschaft ordne ich Testamentsvollstreckung an. Der Testamentsvollstrecker hat die Aufgabe, den Erbteil zu verwalten und den jährlichen Reinertrag des Erbteils an meinen Sohn/meine Tochter auszuzahlen. Zum Testamentsvollstrecker bestimme ich _____ ersatzweise für den Fall, dass der Testamentsvollstrecker vor oder nach dem Amtsantritt wegfällt _____. Für die Übernahme des Amts erhält der Testamentsvollstrecker eine einmalige Vergütung in Höhe von _____ Euro.
Sollte mein Sohn/meine Tochter den Erbteil ausschlagen und den Pflichtteil verlangen, gelten für den Pflichtteil die gleichen Beschränkungen wie ich sie vorstehend für den Erbteil angeordnet habe.

Verfügungen einer alleinstehenden Person

Bei Unverheirateten und Kinderlosen gilt die gesetzliche Erbfolge, sofern keine Verfügung von Todes wegen erstellt wurde. In diesem Fall erben die Eltern. Leben zur Zeit des Erbfalls noch beide Elternteile, so erben sie zu gleichen Teilen. Lebt ein Elternteil nicht mehr, so treten dessen Nachkommen an seine Stelle. Sind keine Geschwister vorhanden, erbt der länger lebende Elternteil allein.

Wer von dieser Erbfolge abweichen will, muss eine Verfügung von Todes wegen erstellen. Lebt nur noch ein Elternteil und soll dieser Alleinerbe werden, die Geschwister jedoch nicht erben, muss dies in einem Testament festgeschrieben werden. Entsprechendes gilt, wenn nicht die Geschwister, wohl aber Neffen und Nichten als Erben eingesetzt werden sollen. Eines Testaments bedarf es auch, wenn zwar die Eltern Erbe sein, aber den Geschwistern Vermächtnisse zugewendet werden sollen.

→ **GUT ZU WISSEN:** Sinnvoll ist es, das Testament in amtliche Verwahrung zu geben, um eine Unterdrückung zu vermeiden. Sie können es aber natürlich auch Eltern oder Geschwistern oder einer anderen vertrauenswürdigen Person zur Aufbewahrung anvertrauen.

Bei der Verteilung seines Nachlasses unterliegt die vererbende Person keinen Bindungen. Bei einem größeren Vermögen sollten unter Umständen erbschaftsteuerliche Gesichtspunkte beachtet und der Nachlass auf mehrere Personen verteilt werden, um Erbschaftsteuer zu sparen.

→ **DAS IST WICHTIG:** Wenn Streitigkeiten unter den Erben zu befürchten sind, kann die Anordnung einer Testamentsvollstreckung sinnvoll sein. Dem Testamentsvollstrecker sollten Sie dann im Rahmen einer Vollmacht die Befugnis erteilen, die unmittelbar nach Ihrem Tod anstehenden Aufgaben wahrzunehmen.

Testamentarische Gestaltung für die Versorgung von Tieren

Wenn Sie nach Ihrem Tod den Hund, die Katze oder ein anderes geliebtes Haustier gut versorgt wissen wollen, sollten Sie rechtzeitig rechtliche Vorsorge treffen. Die erbrechtliche Versorgung eines Tieres ist nämlich gar nicht so einfach.

Wem das Tier nach dem Erbfall gehört

Enthält das Testament keine bestimmte Regelung, wer das Tier erhalten und wer sich um das Tier kümmern soll, gehört es ganz normal zum Nachlass der oder des Verstorbenen. Das Tier wird dann von den Erben neben den anderen Nachlassgegenständen mitgeerbt und geht in deren Eigentum über. Erben mehrere Personen (zum Beispiel der länger lebende Ehemann oder die länger lebende Ehefrau und die Eltern der vererbenden Person), steht das Tier der Erbengemeinschaft zu. In diesem Fall müssen die Miterben dann gemeinsam für das Tier sorgen. Es steht aber im Belieben der Erben, das Tier zu behalten, es zu verkaufen oder einschläfern zu lassen.

Das Haustier kann in einem Testament auch an eine bestimmte Person vererbt werden. Diese Person muss nicht zu den gesetzlichen Erben gehören. Sinnvoll ist es aber, mit der betreffenden Person im Vorfeld abzuklären, ob sie bereit ist, sich um das Tier zu kümmern. Andernfalls besteht die Gefahr, dass die Person das Erbe ausschlägt. In diesem Fall erben dann die gesetzlichen Erben das Tier.

Tier kann kein Erbe sein

Nach deutschem Erbrecht können nur Personen erben. In Betracht kommen natürliche Personen (zum Beispiel der Ehemann, die Ehefrau oder die Verwandten) oder juristische Personen (zum Beispiel der Tierschutzverein). Tiere gelten zwar rechtlich nicht mehr als Sachen, allerdings sind auf sie die für Sachen geltenden Vorschriften entsprechend anzuwenden. Sie können also nicht durch ein Testament als Erbe eingesetzt werden.

➡ **DAS IST WICHTIG:** Ein Testament, in dem ein Tier als Erbe eingesetzt wird, ist unwirksam. Unter Umständen kann allerdings die Verfügung als Erbeinsetzung eines Tierheims oder eine Auflage für die Erben ausgelegt werden.

Versorgung des Tiers durch testamentarische Verfügungen

Die Versorgung des Tieres kann gewährleistet werden, indem die Erben testamentarisch in Form einer Auflage verpflichtet werden, das Tier aufzunehmen und angemessen zu versorgen. Sinnvoll ist es, einen Testamentsvollstrecker einzusetzen, der dann überwacht, dass sich die Erben angemessen um das Tier kümmern und die Auflage eingehalten wird.

📎 **SO MACHEN SIE ES RICHTIG: Versorgung des Tieres durch Auflagen**

Meinem Erben mache ich zur Auflage, dass er _____ [Beschreibung des Tieres] aufnimmt und angemessen versorgt.

Als Testamentsvollstrecker setze ich _____ ein. Er hat die Einhaltung dieser Auflage zu überwachen. Kommt er zu dem Schluss, dass die Auflage nicht ordnungsgemäß erfüllt wird, so ist er berechtigt, das Tier auf Kosten des Erben in Pflege zu geben und hierfür monatlich _____ Euro aufzuwenden.

Möglich ist es auch, eine bestimmte Person zum Erben einzusetzen und diese Erbschaft mit der Pflege des Tieres zu verbinden. Damit kommt die betreffende Person nur solange in den Genuss der Erbschaft, solange das Tier lebt.

Mit der Versorgung des Tieres kann auch eine Person betraut werden, die nicht Erbe ist. In diesem Fall kann zugunsten dieser Person ein Vermächtnis angeordnet werden mit der Auflage, sich um das Tier zu kümmern. Das Vermächtnis muss enthalten, dass das Tier einem Vermächtnisnehmer zugewendet wird. Ferner sollte dieser Person ein bestimmter Geldbetrag vermacht werden, der den Unterhalt für das Tier für die voraussichtliche Lebensdauer abdeckt. Auch die Zuwendung des Vermächtnisses sollte mit einer Testamentsvollstreckung verbunden werden.

ZUSAMMENGEFASST — DAS IST WICHTIG:

Der länger lebende Ehemann oder die länger lebende Ehefrau ist gesetzlicher Erbe. Soll er oder sie über den gesetzlichen Erbteil hinaus bedacht werden, bedarf es einer Verfügung von Todes wegen. In Betracht kommt insbesondere ein gemeinschaftliches Testament ohne Einsetzung von Schlusserben oder ein Berliner Testament.

Der nicht eheliche Lebenspartner oder die nicht eheliche Lebenspartnerin ist nicht gesetzlicher Erbe. Er oder sie kann von der vererbenden Person durch ein Einzeltestament, besser jedoch durch einen Erbvertrag versorgt werden. Auch Schenkungen zu Lebzeiten kommen in Betracht. Gegenüber Eheleuten bestehen für nicht eheliche Lebensgemeinschaften in jedem Fall steuerliche Nachteile.

Kinder der vererbenden Person, auch nicht eheliche oder adoptierte, sind gesetzliche Erben. Von der gesetzlichen Erbfolge kann durch testamentarische oder erbvertragliche Verfügungen abgewichen werden. Dabei sind die Pflichtteilsansprüche der Kinder zu berücksichtigen.

Durch das sogenannte Behindertentestament kann erreicht werden, dass das ererbte Vermögen der Familie erhalten bleibt und dem Zugriff des Sozialhilfeträgers entzogen wird. Darüber hinaus kann dem Kind im Erbfall eine über die normale Sozialhilfe hinausgehende Lebensqualität gewährleistet werden.

Das Vermögen in einer Patchworkfamilie verteilt sich je nachdem, welcher Partner oder welche Partnerin zuerst verstirbt. Die Höhe des Erbteils der Kinder hängt vom Zufall ab, je nachdem, wer zuerst verstirbt – der leibliche Elternteil des einseitigen Kindes oder der Stiefelternteil.

Bei Zuwendungen an verschuldete Personen muss darauf geachtet werden, dass Gläubiger nicht auf das Vermögen zugreifen können. Bei Zuwendungen zu Lebzeiten ist zu berücksichtigen, dass sie nicht der Pfändung unterliegen. Erbrechtlich kann eine Vor- und Nacherbschaft angeordnet und diese mit einer Testamentsvollstreckung kombiniert werden.

Tiere können nicht als Erbe eingesetzt werden. Aber eine bestimmte Person kann zum Erben oder durch Vermächtnis eingesetzt und diese Erbschaft mit der Pflege des Tieres verbunden werden.

Stichwortverzeichnis

A

Abänderungsvorbehalt 79, 82
amtliche Verwahrung 66, 68
Anfall des Vermächtnisses 121, 182
Anfechtungsverzicht 85
Anordnungen 58, 59, 129, 186, 188, 193, 197
  erbrechtliche 96
Anstandsschenkung 22, 23
Anwachsung 101
Aufhebung 91
Aufhebungstestament 92
Auflage 35, 90, 91, 122, 123, 125, 126, 141, 158, 159, 202
  unmögliche Vollziehung 125
  Unwirksamkeit 124
  Vollziehungsberechtigte 124
Auseinandersetzung
  des Nachlasses 25, 37
Auseinandersetzung der Erbengemeinschaft 126, 129
Ausgleichung 35
Ausstattung 24, 25, 36, 185, 186

B

Behindertentestament 190, 191
Berliner Testament 59, 77, 85, 106, 107, 108, 109, 110, 114, 163, 172, 177, 178, 179, 182, 186, 191
  Abänderungsvorbehalte 80
Beschwerter 115, 116, 119, 120, 121, 122, 123, 125
Bestimmungsvermächtnis 116
Bezugsberechtigung 73, 144, 196

D

dauernde Last 118, 182
Dauervollstreckung 127, 128
digitaler Nachlass 133, 134, 135
Dreißigster 53

E

ehebedingte Zuwendungen 24, 26
Ehescheidung 71, 141, 181, 183
Einsetzung des Erben/der Erbin *siehe* Erbeinsetzung
Einzeltestament 76
Enkel 35, 43, 45, 51, 52, 53, 199
Enterbung 73, 82, 103, 104, 142, 149, 172, 190
Erbeinsetzung 36, 43, 60, 61, 73, 76, 80, 84, 87, 90, 92, 98, 99, 103, 113, 130, 182, 196, 197, 198
  auflösende Bedingung 101
  aufschiebende Bedingung 100
  gegenseitige 197
Erbengemeinschaft 45
  Auseinandersetzung 129
Erbfolge 9, 10, 12, 18, 19, 24, 32, 34, 44, 48, 49, 52, 53, 58, 59, 69, 82, 85, 99, 101, 102, 103, 120, 132, 140, 152, 160, 177, 186, 187, 192, 194
  gesetzliche 40, 42, 46, 49, 51, 192, 193, 200
  vorweggenommene 25, 27, 188
Erblasser 18 *siehe* vererbende Person
Erbschaftsteuer 27, 78, 121, 144, 159, 160, 163, 165, 167, 171, 172, 177, 179, 187, 196, 201
Erbvertrag 9, 36, 37, 42, 43, 45, 53, 56, 58, 59, 61, 62, 76, 86, 89, 103, 112, 114, 120, 125, 126, 127, 128, 141, 150, 177, 183, 186, 189, 196, 197, 198, 199
  Aufhebung 91
  Rücktritt 92
Erbverzicht 20, 34
Ergänzungspflichtteil 147
Ersatzerbe 101, 102, 103, 112
Ersatzerbschaft 102
Ersatzvermächtnis 117

Ertragswertverfahren 162
Erwerb von Todes wegen 158
EU-Ausland 136

F

Forderungsvermächtnis 117

G

Gattungsvermächtnis 115
Gelegenheitsgeschenk 161
Gesamtrechtsnachfolge 99, 113
Geschäftsfähigkeit 61, 86, 91
Geschwister 23, 24, 32, 43, 48, 51, 52, 102, 141, 164, 191, 200, 201
Gütertrennung 50, 52, 53, 143, 169

H

Handschenkung 20

K

Kettenschenkung 22, 170
Kinder 18, 25, 32, 35, 43, 44, 52, 78, 109, 160, 163, 178, 181, 185, 186, 187
 adoptierte 47, 140, 169, 188
 eheliche 45, 46, 164
 enterbte 81
 Fehlverhalten 79
 leibliche 189, 192, 194
 mit Behinderung 189
 nicht eheliche 43, 46, 188
 pflegebedürftige 189

L

Lebensgemeinschaft
 nicht eheliche 71, 196
Lebenspartner/Lebenspartnerin 21, 164, 165
 eingetragene 26, 160, 165
 nicht eheliche 98, 118, 141, 167, 169, 195, 197, 198
Lebensversicherung 9, 73, 170, 171, 176, 177, 186, 189, 196
lebzeitige Vermögensübertragung 10, 18
 Instrumente 19
 Nachteile 19
 Vorteile 18
Leibrente 30, 118, 182

M

Minderjährige 187 *siehe* Kinder

N

Nacherbe 79, 102, 104, 107, 109, 111, 112, 120, 154, 180, 181, 184, 191, 200
Nacherbfall 108
Nachlassverbindlichkeit 122
Nachlassverbindlichkeiten 162
Nachlasswert 143
Nachvermächtnis 117
Nießbrauch 26, 27, 28, 118, 144, 162, 182
Nießbrauchsrecht 29
Nießbrauchsvermächtnis 113, 118, 182
notarielles Testament 66, 68, 69
Notbedarf verarmter Schenker 24
Nutzungsvorbehalte 26, 28, 185

P

Patchworkfamilie 192
Pflegeverpflichtung 33
Pflichtschenkung 22

Pflichtteil 28, 34, 37, 46, 81, 85, 104, 130, 141, 143, 144, 146, 148, 149, 150, 152, 163, 186, 187, 189, 191, 199
  Anrechnung von Zuwendungen 145
  Entziehung 149, 151
  Höhe 142
Pflichtteilsanspruch
  Verzicht 158
Pflichtteilsbeschränkung in guter Absicht 152, 154
Pflichtteilsergänzung 23, 146
Pflichtteilsergänzungsanspruch 22, 25, 38, 140, 141, 148, 149, 152, 186, 190
Pflichtteilsquote 142
Pflichtteilsrecht 140
Pflichtteilsstrafklausel 82
  erweiterte 82
Pflichtteilsverzicht 26, 33, 81, 152, 159, 181, 182, 185, 188, 194

R

Rechtswahlbestimmung 136
Rentenvermächtnis 118
Rentenzahlung 10, 31
Restpflichtteil 145
Rückforderung 20, 21, 23, 25
Rückforderungsansprüche 24, 35, 144, 185
Rücktritt 91
Rücktrittsrecht 93
Rücktrittsvorbehalt 89, 92, 198

S

Schenkung 19, 21, 23, 25, 28, 34, 38, 73, 90, 110, 127, 145, 146, 147, 148, 149, 158, 160, 164, 167, 168, 170, 185, 186, 190, 195, 196
  gemischte 22, 23
Schenkungsteuer 21, 26, 157, 158, 159, 161, 163, 168, 170, 176, 196 *siehe* Erbschaftsteuer

Schenkungsteuergesetz 20
Schulden 13
Selbstanfechtung 85
Sicherung des Vermächtnisanspruchs 121
Stückvermächtnis 114

T

Teilungsanordnung 129, 131, 141
Teilungsverbot 131
Testament 9, 36, 37, 42, 43, 53, 56, 58, 59, 61, 99, 101, 103, 112, 120, 124, 125, 126, 127, 128, 131, 134, 136, 141, 150, 151, 167, 177, 178, 193, 194, 196, 197, 201
  Änderungen 65
  Aufbewahrung 66, 75, 201
  durch mündliche Erklärung 68
  eigenhändiges 63, 66, 70, 74, 89, 92
  einseitiges 77
  gemeinschaftliches 45, 58, 71, 76, 81, 83, 88, 89, 107, 109, 114, 177, 181, 183, 186
  negatives 103
  notarielles 61, 68, 74, 75, 92
  Tier 98, 201
  Widerruf 67, 75
Testamentsvollstrecker 107, 120, 121, 122, 124, 125, 126, 128, 153, 154, 182, 185, 188, 191, 192, 194, 198, 199, 201, 202
  Aufgaben 127
  Vergütung 128
Testamentsvollstreckung 80, 121, 125, 126, 127, 128, 129, 130, 131, 141, 142, 154, 185, 192, 201, 202
  Anordnung 126
  Umfang 127
Testierfähigkeit 61, 68, 69
Testierfreiheit 59, 60, 72, 78, 88, 104, 140, 186, 187
Testierunfähigkeit 62
Tiere 122, 175, 202

U

Übergabevertrag 20, 27, 28, 30, 31, 35

V

vererbende Person 25, 49, 65, 66, 68, 69, 70, 71, 73, 77, 86, 89, 92, 93, 94, 98, 99, 101, 104, 105, 106, 107, 114, 120, 122, 125, 128, 130, 136, 140, 146, 148, 150, 158, 167, 180, 181, 183, 184, 186, 191, 195, 198, 201

Verfügung
  Aufhebung 89
  wechselbezügliche 89

Verfügung von Todes wegen 37, 42, 45, 48, 52, 58, 59, 60, 72, 82, 90, 91, 98, 99, 101, 102, 107, 108, 109, 120, 122, 128, 150, 183, 186, 188, 191, 193, 198

Vermächtnis 36, 46, 84, 91, 112, 113, 116, 120, 121, 122, 141, 158, 167, 183, 198, 200, 202
  Fälligkeit 120
  gemeinschaftliches 116
  unwirksames 119

Vermächtnisnehmer 99, 113, 115, 117, 119, 120, 121, 122, 123, 126, 162, 168, 185, 202

Vermögenssorge 132

Vermögensübertragung 10, 11, 12, 19, 25, 27, 35, 45, 59, 81, 86, 113, 114, 159, 168, 169, 170, 176, 177, 185, 187, 188, 189, 192, 195, 198 siehe Verfügung von Todes wegen
  Instrumente 58

Vermögensverzeichnis 12

Vermögenswerte 9, 13, 18, 24, 90, 98, 113, 159, 176, 185, 195
  pfändungsfreie 198, 199

Verschaffungsvermächtnis 116

Versorgungsfreibeträge 165
  Kinder 166

Vertragserbe 90, 158, 197

Vertragsschenkung 20

Verwahrung
  amtliche 70, 71, 75, 90, 201

Verwaltungsanordnung 131, 132, 188

Verwandtschaft 43, 44, 170

Verzicht 73, 161

Verzichtsvertrag 34, 152

Vollerbe 78, 112, 178

Voraus 30, 53, 54, 93, 177

Vorausvermächtnis 115, 129, 130, 131

Vorerbe 78, 104, 105, 106, 107, 108, 109, 111, 112, 154, 178, 180, 181, 191, 194, 199
  rechtliche Stellung 109

Vorerbin 104

Vormund 133

Vorsorgevollmacht
  digitale 135

Vor- und Nacherbfolge 79, 104, 105, 106, 108, 109, 110, 117, 142, 149, 153, 172, 177, 179, 180, 184, 191, 194, 200
  Anordnung 107, 108
  Vor- und Nachteile 105

W

Wahlvermächtnis 115

wechselbezügliche Verfügungen 59, 72, 75, 77, 79, 88

Widerruf 21, 23, 25, 58, 59, 60, 66, 70, 71, 127, 183

Wiederverheiratungsklausel 83, 178

Wohneigentum 28, 160

Wohnungsrecht 29

Wohnungsrechtsvermächtnis 118

Z

Zugewinnausgleich 12, 34, 50, 51, 52, 53, 143, 159, 162, 169, 177, 193

Zugewinngemeinschaft 26, 34, 50, 52, 53, 54, 142, 143, 158, 159, 169, 177, 186, 187, 193

Zugewinnviertel 51

Zuwendung eines Vermächtnisses 182

Zweckvermächtnis 116

4. Auflage, Mai 2023
© Verbraucherzentrale NRW, Düsseldorf

Das Werk einschließlich aller seiner Teile ist urheberrechtlich geschützt. Jede Verwertung, die nicht ausdrücklich vom Urheberrechtsgesetz zugelassen ist, bedarf der vorherigen Zustimmung der Verbraucherzentrale NRW. Das gilt insbesondere für Vervielfältigungen, Bearbeitungen, Übersetzungen, Mikroverfilmungen und die Einspeicherung und Verarbeitung in elektronischen Systemen. Das Buch darf ohne Genehmigung der Verbraucherzentrale NRW auch nicht mit (Werbe-)Aufklebern o. Ä. versehen werden. Die Verwendung des Buchs durch Dritte darf nicht zu absatzfördernden Zwecken geschehen oder den Eindruck einer Zusammenarbeit mit der Verbraucherzentrale NRW erwecken.

ISBN 978-3-86336-653-7
Printed in Germany

Bildnachweis
Umschlagfoto: nicodemos/iStockphoto
Innen: stock.adobe.com
Seite 4,6: H_Ko
Seite 4,16: Viacheslav Yakobchuk
Seite 5, 56: AnnaStills
Seite 11, 156: Coloures-Pic
Seite 30: Parichat
Seite 32: Jeanette Dietl
Seite 38: NAMPIX
Seite 40: kwarner
Seite 43: Gundolf Renze
Seite 67: and.one
Seite 96: Benjamin Haas
Seite 136: Jürgen Fälchle
Seite 138: WavebreakMediaMicro
Seite 151: Halfpoint
Seite 153: MQ-Illustrations
Seite 154: Robert Kneshke
Seite 175: Jirapong

Impressum

Herausgeber
Verbraucherzentrale Nordrhein-Westfalen e. V.
Mintropstraße 27, 40215 Düsseldorf
Telefon 02 11/38 09–555
Fax 02 11/38 09–235
ratgeber@verbraucherzentrale.nrw
www.verbraucherzentrale.nrw

Text
Dr. Otto N. Bretzinger

Koordination
Dr. Mechthild Winkelmann

Lektorat
Christina Seitz, Düsseldorf
www.christina-seitz.de

Layout und Satz
Lala Majidova, Düsseldorf
www.lav-ka.de

Gestaltungskonzept
Grazyna Rojek, Essen
www.grazynarojek.de

Umschlaggestaltung
Ute Lübbeke, Köln

Druck
AZ Druck und Datentechnik GmbH, Kempten

Dieses Buch wurde auf Recyclingpapier aus 100 Prozent Altpapier gedruckt. Druck und Weiterverarbeitung erfolgen in Deutschland. So schonen wir Ressourcen und begrenzen die CO_2-Emissionen durch kurze Transportwege.

Redaktionsschluss: April 2023